दलित साहित्य का सौंदर्यशास्त्र

दलित साहित्य का सौन्दर्यशास्त्र

डॉ. शरणकुमार लिंबाले

सम्पादक

रमणिका गुप्ता

वाणी प्रकाशन

वाणी प्रकाशन
4695, 21-ए, दरियागंज, नयी दिल्ली 110 002

फ़ोन : +91 11 23273167 फ़ैक्स : +91 11 23275710

शाखाएँ

अशोक राजपथ, पटना 800 004, बिहार

कॉफ़ी हाउस कैम्पस, महात्मा गांधी मार्ग, इलाहाबाद 211 001, उत्तर प्रदेश

महात्मा गांधी अन्तरराष्ट्रीय हिन्दी विश्वविद्यालय, वर्धा 442 001, महाराष्ट्र

सुल्तानिया रोड, मोतिया पार्क, भोपाल 462 001, मध्य प्रदेश

www.vaniprakashan.com
marketing@vaniprakashan.in
sales@vaniprakashan.in

DALIT SAHITYA KA SAUNDARYASHASTRA
Edited by Dr. Sharan Kumar Limbale
Translated by Ramnika Gupta

ISBN : 978-93-5072-775-1
Dalit Literature

प्रथम संस्करण 2016
आवृत्ति 2020

मूल्य : ₹ 195

सिटी प्रेस, दिल्ली-110 095 में मुद्रित

वाणी प्रकाशन का लोगो मक़बूल फ़िदा हुसेन की कूची से

आदरणीय राजेन्द्र यादव जी को
सादर समर्पित

अनुक्रम

दलित चेतना की ऊर्ध्वमुखी-यात्रा

जब मैंने डॉ. शरणकुमार लिंबाले की 'अक्करमाशी' पढ़ी तो लगा कि किसी ने बंद तहखाने का दरवाजा खोल कर सदियों से दबे रहने को मजबूर यथार्थ के कंकाल निकाल बाहर रख दिये हैं जिससे पूरा बाहरी जगत बेखबर था, हालाँकि भारतीय गानस अपने इस कृत्य को अपना अधिकार मानता था। न जाने ऐसी कितनी सुरंगों में कंकाल बना लड़ रहा था—या कहूँ आज भी लड़ने को मजबूर किया जा रहा है समाज का एक हिस्सा।

सत्य कहने का जोखिम विरले ही उठा पाते हैं और अपना सत्य कहने का जोखिम तो बहुत ही दुष्कर कार्य है, कठिन है। पर डॉ. लिंबाले ने यह किया। इसलिए 'अक्करमाशी' अपने सत्य के साथ-साथ पूरे समाज के सत्य का दस्तावेज बनकर सामने आई, जो उन्हें जरूर शर्मिंदा कर गई जो मनुष्य हैं।

दलित चेतना के विकास का जीता-जागता उदाहरण स्वयं लिंबाले हैं। उनका साहित्य दलित सोच का विकास है। वे केवल आत्मकथा लेखक नहीं एक इतिहासज्ञ एवं एक चिंतक भी हैं। उन्होंने अपने जीवन के विकास के साथ-साथ दलित चेतना और उसके साहित्य को विकसित होते देखा है—महसूसा है—या यूँ कहूँ उन्होंने इस विकास को जिया है!

एक अनाम बालक पूछता है "मैं कौन हूँ? मेरा दोष क्या है?" वही दलित चेतना में उसके सौंदर्यशास्त्र पर विवेचना करते हुए सत्यं, शिवं, सुंदरम् की नई परिभाषा करता है क्योंकि उसने उसे अपनी दृष्टि से देखा और यह भी कि उसे सवर्णों के सत्यं, शिवं, सुंदरम् से बिलकुल भिन्न और विपरीत पाया है ! अपनी आत्मकथा 'अक्करमाशी' के बालक लिंबाले के प्रश्नों के मील-पत्थर गाड़ती हुई, 'देवता आदमी' (कथा संग्रह) की कथाओं में दलित चेतना के हर आयाम को समेटती, कविता, उपन्यास एवं सामाजिक-राजनीतिक तथा वैचारिक आलेखों की विधाओं के धरातल पर ठोस कदम धरती हुई, 'दलित साहित्य का सौंदर्यशास्त्र' तक डॉ. शरणकुमार लिंबाले की लेखकीय-यात्रा दरअसल मराठी दलित-चेतना की ऊर्ध्वमुखी-यात्रा रही है। (डॉ. लिंबाले की अब तक 25 पुस्तकें प्रकाशित हो चुकी हैं—आत्मकथा, उपन्यास, कहानी, कविता, आलेख,

विधाओं में।) यह पुस्तक मराठी दलित साहित्य का दस्तावेजी इतिहास तो है ही, साथ ही यह उसके अंतर्द्वंद्वों, विभिन्न साहित्यिक धाराओं से उसके संबंध, विभिन्न दार्शनिक, वैचारिक, राजनीतिक एवं साहित्यिक प्रणालियों से उसका तुलनात्मक अध्ययन भी है। यह पुस्तक दलित साहित्य की परिभाषा, व्याख्या, परिप्रेक्ष्य और दिशा की भी पड़ताल करने का एक यथार्थपरक अन्वेषण है। इसके छः अध्याय, छः शीर्षकों में बँटे हैं जो दलित साहित्य क्या है से शुरू हो कर अम्बेडकरवाद, मार्क्सवाद, नीग्रो साहित्य और दलित साहित्य के सौंदर्यशास्त्र पर व्यापक रूप से प्रकाश डालते हैं। इस पुस्तक में डॉ. लिंबाले ने दलित साहित्य पर बौद्ध साहित्यकारों की प्रतिक्रिया का भी विशेष उल्लेख किया है। मराठी के विभिन्न साहित्यकारों, आलोचकों की उक्तियों के साथ-साथ, दलित चेतना से जुड़े दलित साहित्य और उसके राजनीतिक प्रारूप दलित पैंथर के विकास और साहित्य पर उसके प्रभाव का उल्लेख इस पुस्तक को दलित साहित्य का एक दस्तावेजी रूप देता है। अमरीकन नीग्रो साहित्य के तुलनात्मक विश्लेषण में, उन्होंने नीग्रो साहित्य के आरंभ से लेकर अद्यतन लेखकों की उक्तियाँ देकर, नीग्रो साहित्य के दलित साहित्य से साम्य और अलगाव की एक विस्तृत, गंभीर और वस्तुपरक विवेचना की है।

डॉ. लिंबाले ने बिना पक्षपात किये सभी के यानि दलित विरोधी व दलित पक्षधर, दोनों के मंतव्य उद्धृत किये हैं जिससे स्वतः ही पाठक स्वयं ही तार्किक निष्कर्ष पर पहुँच जाता है, जो डॉ. लिंबाले के इच्छित निष्कर्ष से मेल खाता है। कई जगह वे प्रश्नों के जरिये ही पाठक के मन में अपेक्षित उत्तर उतार देते हैं। यह डॉ॰ लिंबाले की संप्रेषणीयता की सफलता है।

इस पुस्तक से मराठी और हिंदी दलित साहित्य के उद्‌भव और विकास की प्रक्रिया का अंतर समझ में आता है। मराठी दलित साहित्य महात्मा फुले की समृद्ध सोच के परिप्रेक्ष्य में, डॉ. अंबेडकर की विचारधारा के प्रभाव में सीधे आंदोलन के गर्भ से उत्पन्न हुआ और ग्रामीण स्तर तक भी लोक-साहित्य, लोक-कला, नाटक, जलसा आदि के जरिये दलित चेतना के विकास का एक कारगर हथियार बना। दरअसल मराठी दलित नेतृत्व सुधारवादी न होकर परिवर्तनवादी रहा ।

यह सर्वविदित है कि दलितों की शिक्षा की शुरुआत अँग्रेजों से ही हुई। यह भी सत्य है कि बंबई अंग्रेजों का पहला व्यापारिक केंद्र था और यही समृद्धि का केंद्र भी बना। यही बना नई-पुरानी संस्कृति और विचारधाराओं का संगम स्थल भी। महाराष्ट्र में ही प्रार्थना सभा की शुरुआत हुई और रानाडे और ज्योतिबा फुले पैदा हुए जिन्होंने परंपराओं से हट कर समाज को बदलने की चेष्टा की। शिक्षा, विशेषकर स्त्री शिक्षा की प्रवर्तक तो सावित्री बा फुले थीं, जो भारत की प्रथम महिला समाजसेवी थीं। इन्होंने दलितों और स्त्रियों की शिक्षा को अपना लक्ष्य बनाया, भीषण आंतरिक और बाहरी विरोध सह कर भी !

गोपाल गुरु की पुस्तक 'दलित कल्चरल मूवमेंट एंड डाइलैक्टीकल ऑफ दलित पॉलिटिक्स इन महाराष्ट्र' की भूमिका में वे कहते हैं–"महाराष्ट्र के दलित सांस्कृतिक आंदोलन ने दो ऐतिहासिक काम किये। एक तो इन्होंने दलित जनता की सांस्कृतिक जरूरतों तथा आकांक्षाओं को पूरा करने के लिए अपनी कविता, लोकगीत और वाद्य संगीत के यंत्र बनाए, दूसरे इन्होंने डॉ. अंबेडकर के नेतृत्व तथा उनके बाद चल रही मुक्ति (Emanicipation) की राजनिति के लिए रैडिकल संदर्भ निर्मित किया। बाबा साहब के नेतृत्व में उतरने के बाद नौजवान पीढ़ी जो कुछ भी पढ़ी-लिखी थी साहित्य के मंच पर उतरी। इसमें गैरदलित वाम-पंथियों का भी साथ रहा और वे एक साथ काम किये, भले बाद में अंतर्विरोध पैदा हुए और बुद्धिज्म, अंबेडकरवाद तथा मार्क्सवाद के स्तर पर मतभेद बढ़े। लेकिन इन तीनों की जमात एक ही थी–जो दलित थी–सर्वहारा थी, जिसके लिए बदलाव अपेक्षित था। बदलाव केवल राजनीतिक नहीं बल्कि सामाजिक स्तर पर भी, समानता केवल वर्गीय अर्थात् आर्थिक स्तर पर नहीं प्रत्युत सामाजिक स्तर पर भी। अंबेडकरवादी और मार्क्सवादी वर्ण और वर्ग की प्राथमिकताओं पर अलग थे, लेकिन सोच के वैज्ञानिक आधार पर दोनों एकमत थे। बौद्ध, केवल बौद्ध साहित्य लिखने के पक्षधर थे दलित साहित्य के नहीं। बौद्धों की इस सोच को दलित लेखकों ने नकारा। डॉ. लिंबाले ने अपनी इस पुस्तक में इन तीनों के विभिन्न पहलुओं पर बड़ी सूक्ष्म एवं तथ्य-परक चर्चा की है।

दलित चेतना और दलित आंदोलन के विकास के साथ-साथ दलित साहित्य भी विकसित हुआ जिसने जनवाद-प्रगतिवाद के सांस्कृतिक मुद्दों को अपने अनुभव और यथार्थ की खराद पर घिस कर, अपने अनुरूप तराश कर, विधा को प्रखरतम किया। जहाँ कहीं उनका विरोध हुआ वहाँ डट कर प्रतिवाद भी किया और अपनी प्राथमिकताओं को उभारा। कहीं समझौता नहीं किया। उनका दलित साहित्य सृजन डॉ॰ अंबेडकर की विचारधारा के आधार पर जारी रहा।

नीग्रो साहित्य ने दलित साहित्य और आंदोलन दोनों को आंदोलित एवं आलोकित किया–संबल दिया और जो दलित साहित्य के सृजन पर ही प्रश्न उठाते थे उन्हें मुँह-तोड़ जवाब देने के लिए एक ढाल का काम भी किया। हालाँकि नीग्रो साहित्य की दलित साहित्य से बहुत-सी समानताएँ हैं, इसके बावजूद बहुत असमानताएँ भी हैं जिन्हें डॉ. लिंबाले ने विस्तृत रूप से रखा है उदाहरणों के साथ। उन्होंने नीग्रो साहित्य में व्याप्त विभिन्न मतभेदों को भी उदाहरण और उक्तियों के साथ रखा है।

ऐसे भी नीग्रो ईसाई थे, जिनमें जन्मजात जाति नहीं होती लेकिन वर्ण (रंग) के आधार पर उनका दमन होता था। उनका दमन करने वाले भी ईसाई ही थे, जो गोरे थे। यह लोग इन्हें रंग के आधार पर गुलाम तो बनाते थे पर वे इन्हें प्रशिक्षित भी करते थे जिससे इनका व्यक्तिगत विकास होता रहता था। गुलाम, मालिक को अपने दाम चुका कर आजाद भी हो सकते थे। व्यक्तिगत विकास और शिक्षा के लिए उन

पर कोई धार्मिक प्रतिबंध नहीं था। भारतीय दमनकारी भी सवर्ण हिंदू हैं और दलित भी हिंदू ही हैं जिन्हें जन्मजात जाति के आधार पर तो अछूत-शूद्र बनाया ही गया लेकिन धर्म और शास्त्र द्वारा उन्हें अशिक्षित-निर्धन तथा अस्पृश्य बने रहने के लिए बाध्य भी किया गया। शास्त्र द्वारा उनका आर्थिक, सामाजिक, राजनीतिक तीनों स्तर पर विकास प्रतिबंधित कर दिया गया। दलित मुक्त ही नहीं हो सकते इस जातीय 'स्टिग्मा' से। जीते जी इनके घर, टोले, गाँव से दूर, अलग-थलग तो होते ही हैं पर मरने पर भी इनका श्मशान अलग ही होता है। नीग्रो के साथ ऐसा नहीं था।

मराठी साहित्य में ग्राम साहित्य का भी काफी दखल रहा है। इस पर भी डॉ लिंबाले ने अपनी पुस्तक में प्रकाश डाला है। ग्राम साहित्यकारों का ये तर्क कि जब ग्राम साहित्य है ही तो अलग से दलित साहित्य की क्या दरकार है चूँकि दलित ग्राम में शुमार होते ही हैं, कितना थोथा है—इसे भी डॉ॰ लिंबाले ने प्रमाण सहित सिद्ध किया है। दरअसल ग्राम साहित्यकार भी हिंदू संस्कृति के अनुरूप, दलितों के बगैर ही ग्राम समस्याओं पर लिखते रहे हैं, ठीक उसी प्रकार जैसे दलित हिंदू होने पर भी सवर्णों द्वारा हिंदू धर्म के दायरे के बाहर माने जाते रहे। अगर कहीं उनका जिक्र है भी तो वह सतही (Super fluas) ढंग का है। ऊपरी तौर पर बस जहाँ-तहाँ। दरअसल ये ग्राम साहित्यकार भी दलितों की पीड़ा और उनके अनुभवों से अनजान ही थे। दलित उनके सेवक थे—मनोरंजन और घृणा के पात्र थे—दमन के आधार थे—शिकारी के शिकार थे—निशानेबाज का निशाना थे ! गैरदलितों का सुख, दलितों का दुःख था। इसलिए ग्राम साहित्यकार दलित पीड़ा और आक्रोश का अनुभव ही नहीं कर सकते थे। मराठी दलित साहित्यकारों ने ग्राम साहित्यकारों के इस दावे को तर्कपूर्ण और सशक्त ढंग से नकारा कि ग्राम साहित्य के रहते दलित साहित्य की अलग से दरकार नहीं है।

हिंदी पट्टी में दलित साहित्य की पृष्ठभूमि

जब इधर मराठी साहित्य में इतनी सूक्ष्म, विशद्, व्यापक और इतनी दूर तक बहस चल रही थी तो उधर हिंदी पट्टी में एक दूसरी धारा बह रही थी।

मराठी में दलित चेतना आंदोलन जब संघर्ष, शिक्षा, संगठन और साहित्य के बल पर आत्मसम्मान, स्वाभिमान और समाज में आमूल-चूल परिवर्तन की तरफ बढ़ रहा था तथा राजनीतिक भागीदारी के लिए संघर्षरत था तो हिंदी पट्टी में सामाजिक स्तर पर सुधारवादी धारा चल रही थी। साहित्यिक स्तर पर इनकी दबी-दबी, इक्का-दुक्का आवाजें उठती तो थीं पर नक्कारखाने में तूती की आवाज-सी गुम हो जाती थीं। कभी अकेला पड़ जाने के कारण तो कभी सवर्णों की धमकियों के डर से इनकी आवाज कमजोर पड़ जाती थी। राजनीतिक स्तर पर हिंदी पट्टी में अंबेडकर की काट के लिए नेतृत्व खड़ा करने की हड़बड़ाहट में पैरवीकार, सवर्णों का गुलाम और दलाल किस्म का नेतृत्व आगे लाया जा रहा था। क्रांतिकारिता का तो सवाल ही नहीं था। यदि कोई

क्रांतिकारी रुझान के हुए भी, वे अकेले पड़ गये। उनके अपने दलित समाज ने भी उनका साथ नहीं दिया। खुद दलित समाज घोर मनुवादी और सामंती सोच में आकंठ डूबा था।

स्वामी दयानंद सरस्वती ने जो महाराष्ट्र में पैदा हुए थे, हिंदी पट्टी में खास कर पश्चिमी उत्तर प्रदेश के मेरठ और सहारनपुर आदि क्षेत्रों एवं पंजाब को अपना केंद्र बनाया था। पंजाब में पहले ही से सिख धर्म के कारण हिंदू कट्टरता कम थी। पंज प्यारों के कारण अछूत, अस्पृश्य और शूद्र 'निहंग सिख' व 'कूके' के रूप में गुरुद्वारों में समानता का दर्जा पा गये थे और जनता में एक मर्यादा भी उन्हें प्राप्त हो गयी थी। लेकिन यह भी सच है कि उनका सवर्ण सिखों के साथ समानता का यह रिश्ता, गुरुद्वारे तक ही सीमित था। उनके साथ बेटी-रोटी का रिश्ता आज भी कायम नहीं हुआ। लेकिन यह भी एक बड़ा सत्य है कि सिख बनने के बाद वे 'अछूत' नहीं रहे। गुरुद्वारे में पूरी जनता उन्हीं के हाथों बाँटा गया कड़ाह-प्रसाद खाती है। अमृत भी इन्हीं के हाथों लोगों को छकाया जाता है। इनका पेशा भी मैला ढोने का नहीं रहा। गुरुद्वारे की हर शोभा यात्रा में ये ही अगुवाई करते हैं, तलवारें लेकर आगे-आगे चलते हैं और लोगों की श्रद्धा के प्रतीक माने जाते हैं बस श्रद्धा के प्रतीक।

उत्तर प्रदेश में 19वीं सदी में ही बाबा साहब से कुछ पहले ही स्वामी अछूतानंद ने 'आदि हिंदू आंदोलन' चलाया जिसके फलस्वरूप जाति पर प्रहार करने वाला प्रचार और साहित्य लिखा जाने लगा था। कंवल भारती ने अपने आलेख 'दलित साहित्य की अवधारणा' (युद्धरत आम आदमी 41-42 अंक—पृष्ठ 90) में इसका जिक्र किया है। उन दिनों जो भजन गाया जाता था इन सुधारकों द्वारा वह सीधे मनु पर कबीर की शैली में चोट करने वाला है। जरा देखें—

मनुजी तैने वर्ण बनाए चार,
जा दिन तूने वर्ण बनाए, न्यारे रंग बनाए क्यों न ?
गोरे ब्राह्मण, लाल क्षत्री, बनिये पीत बनाए क्यों न ?
कैसे हो पहचान पोप की, दो अक्षर डलवाए क्यों न ?
पाँच तत्त्व तो सब में दीखें, ज्यादा तत्त्व लगाए क्यों न ?
वह सर्वज्ञ सर्व में व्यापक, उससे जुदे बनाए क्यों न ?
पाँच तत्त्व गुण तीन बराबर, बढ़कर तत्त्व लगाये क्यों न ?
एक चूक बड़ भारी पड़ गयी, न्यारा मुल्क बसाए क्यों न ?
लोहे के बर्तन पर पानी, कंचन को दिया डार !
मनु जी तैने वर्ण बनाए चार!

इस भजन की रचना शंकरानंद ने 19वीं सदी के अंत में ही की थी। स्वामी अछूतानंद जी ने नवंबर 1928 में बाबा साहब से मुलाकात की थी और उन्हें अपना नेता

ही नहीं बल्कि भारत के दलितों का प्रतिनिधि भी माना था। उन्होंने 1927 में ही यह घोषणा की थी कि भारत में दलितों को पूर्ण आजादी चाहिए। कई पुस्तकें भी उन्होंने लिखीं लेकिन वे प्रचारित-प्रसारित नहीं हो पाईं—हिंदी पट्टी के सामंतों और सवर्णों के विरोध के चलते।

दरअसल स्वामी दयानंद सरस्वती के प्रभाव के अंतर्गत हिंदी पट्टी में चलाया जा रहा अछूतोद्धार का अभियान सुधारात्मक ही था। वह वर्ण-व्यवस्था को सुरक्षित रखते हुए भेद-भाव मिटाने की बात तो चलाते थे लेकिन मनु द्वारा बनाई वर्ण-व्यवस्था को खत्म करने की बात नहीं करते थे। ब्राह्मण नामक जीव को वे श्रेष्ठ मानते थे और शूद्रों को नीच--हाँ, उस तथाकथित शूद्र यानी नीच को ब्राह्मण का श्रेष्ठत्व प्राप्त करने की आजादी के वे पक्षधर जरूर थे, पर ब्राह्मणत्व की छाया तले रह कर ही। समानता की मुहिम वे नहीं चलाते थे। यह एक प्रकार का ढोंग था—एक छद्म आजादी के नाम पर। ठीक इसके विपरीत महाराष्ट्र में बाबा साहब ने मनु के विधान को नष्ट करने की बात कही थी जिसे उन्होंने मनुस्मृति दहन कर एक आंदोलनात्मक स्वरूप दिया था। स्वामी दयानंद की सोच सुधारवादी के साथ-साथ धर्म पर आधारित थी जबकि बाबा साहब पूरी तरह वैज्ञानिक सोच पर परिवर्तनवादी मुहिम चला रहे थे जिसके शिक्षा, संघर्ष और संगठन हथियार थे, धर्म नहीं। यही जमीन-आसमान का फर्क हिंदी पट्टी और महाराष्ट्र के साहित्य के उद्भव और उनकी सोच तथा एप्रोच का है। इस अंतर को मोहनदास नैमिशराय ने अपने आलेख **'हिंदी में दलित साहित्य की उपस्थिति : एक पड़ताल'**, (दलित चेतना सोच, पृष्ठ 35, नवलेखन प्रकाशन, हजारीबाग) में यूँ व्यक्त किया है—"उत्तर में कबीर आये, नानक आये, रैदास आये पर ज्योति बा फुले और बाबा साहेब डॉ. अंबेडकर जैसे व्यक्तित्व न आए। यह हमारे लिए अफसोस की बात क्यों नहीं होनी चाहिए। हमने तो ज्योति बा फुले और बाबा साहेब का जन्म होते ही उन्हें अपना मान लिया था। उनके विचारों को आत्मसात किया था। हमें लगा था कि उन्होंने हमारे ही घर में जन्म लिया है। मेरा घर, मेरी बस्ती, मेरा नगर ही क्यों, संपूर्ण हिंदी क्षेत्र में हमने क्रांतिकारी आह्वान किया था।"

मोहनदास नैमिशराय की यह उक्ति उनकी उस टीस को दर्शाती है जो उत्तर भारत को सालती रही है। सामंती प्रभाव से पीड़ित, कट्टर सनातनी मनुवाद से आतंकित यह हिंदी पट्टी, किसी दलित की आवाज को बर्दाश्त करने से नफरत करती थी। यहाँ सुधारवादी आंदोलन ही एक सीमित दायरे में चलाया जा सकता था, जो चला भी। बाकी क्षेत्र तो उससे भी अछूते रह गये। मोहनदास नैमिशराय उसी आलेख में आगे लिखते हैं—"इलाहाबाद के रामचंद्र बनोधा ने धनंजय कीर से भी पूर्व 1950 के पहले ही हिंदी में बाबा साहब की आत्मकथा लिख दी थी। उत्तर प्रदेश में आगरा में बाबा साहब का अधिक प्रभाव पड़ा। जिन लोगों ने सामाजिक एवं साहित्यिक दिशा में उन दिनों योगदान किया उनमें भगवान दास यादवेंदु, डॉ. खेमचंद बोहरे, बाबू करण सिंह केन, गोपी चंद पिप्पल और छत्रपति अंबेश प्रमुख थे। भगवान दास का 'अछूत का

बेटा' तथा 1950 से 60 के बीच मेरठ के देवीदयाल सैम का उपन्यास 'मानव की परख' दिल्ली के आत्माराम एंड संस ने प्रकाशित किया था। उन्होंने कई कहानियाँ भी लिखी थीं जो धर्मयुग आदि में छपी थीं। उन्हीं दिनों सीताराम खोडावाल की 'पुत्रहंता', 'विश्वामित्र' और 'शंकराचार्य का अंतर्द्वंद्व' काफी चर्चित हुईं जो 'आजकल' में छपी थीं। खोडावाल जी की देवली और साढ़ूपुर हत्याकांडों की प्रतिक्रिया में उत्तर प्रदेश में 'जाति वैमनस्य' नामक लेख हिंदुस्तान साप्ताहिक में छपा था जिसके चलते उन्हें सवर्णों के लगभग एक सौ धमकी भरे पत्र आए थे। इन पत्रों में उन्हें जान से मार देने की धमकी भी दी गयी थी। उन्हीं दिनों उन्हीं का एक कहानी संग्रह 'मन चंगा तो कठौती में गंगा' भी प्रकाशित हुआ था। कवि बिहारी लाल 'हरित' की 'अछूतों का पिस्तौल', 'फूल और शूल', 'गुरु दक्षिणा' आदि रचनाएँ प्रमुख रहीं। उसी पीढ़ी में डॉ. सोहन लाल शास्त्री, डॉ. शंकरानंद शास्त्री, नानक चंद रत्तू एवं डॉ. वी.पी. वरुण, डॉ. छेदी लाल साथी, गया प्रसाद 'प्रशांत' हुए जिन्होंने साहित्यिक योगदान दिया। चंद्रिका प्रसाद 'जिज्ञासु' ने बाबा साहब के साहित्य को संकलित किया जो हिंदी पट्टी में दलित साहित्य का प्रेरणा स्रोत बना।" (दलित चेतना : सोच, पृ. 35-36)

लेकिन इन्हें हिंदी के आभिजात साहित्यकारों, आलोचकों ने नजरअंदाज किया। हिंदी पट्टी में दलितों का अपना कोई सशक्त संगठन या नेतृत्व नहीं था जो महाराष्ट्र की तरह उन्हें आंदोलन से जोड़ सकता। रामचंद्र शुक्ल जैसे आलोचक भला क्यों इनकी पड़ताल करते। वे तो तुलसी को महिमामंडित करने में लगे थे। उन्हें नई पीढ़ी के दलित साहित्यकार भला क्यों नजर आते ? कोई और सशक्त आंदोलन भी तो उन दिनों हिंदी पट्टी के दलित नेता, समाज सुधारक या साहित्यकार नहीं चला पाए कि रामचंद्र शुक्ल जैसों का मजबूरन ध्यान खिंच जाता। वे तो राहुल सांकृत्यायन जैसे दलित समर्थक जो ब्राह्मण होकर भी जाति-विहीन समाज के प्रबल समर्थक थे, को खारिज कर निराला को प्रतिस्थापित करने और महाकवि बनाने में एड़ी-चोटी का जोर लगाने में जुटे थे।

महाराष्ट्र में दलित नेता और साहित्यकार अपने बल पर और अपने संगठन के आधार पर डॉ. अंबेडकर के नेतृत्व में उनके विचारों से लैस हो सामाजिक के साथ-साथ राजनीतिक प्रतिबद्धता और पुष्ट दृष्टिकोण के साथ उभरे। इसी कारण वहाँ दलित साहित्य एक क्रांतिकारी और स्पष्ट समझ के साथ विकसित हुआ और आज वह महाराष्ट्र में मुख्य धारा का साहित्य बन गया है, जबकि हिंदी पट्टी में अभी उसे भारतेंदु काल की शैशवावस्था के दायरे में ही माना जाता है। इस धारणा से भी अभी बहुत ही सीमित सवर्ण आलोचक सहमत हैं। अधिकांश तो इन्हें साहित्यकार ही नहीं मानते। हिंदी में भी दलित लेखक, कवि, कहानीकार, उपन्यासकार, आलोचक, विचारक भारी संख्या में अपनी उपस्थिति दर्ज करा चुके हैं और करवा रहे हैं, पर सवर्ण पूर्वाग्रह अभी भी बरकरार है।

इसका एक कारण यह भी है कि हिंदी पट्टी में दलित सवर्णों के मंच पर राजनीति या राजसत्ता में आए और पनपे, जबकि महाराष्ट्र में उन्होंने स्वतंत्र राजनीतिक सत्ता का नेतृत्व किया, भले विपक्ष में ही रहकर। वहाँ उन्हें वामपंथियों का भी जबरदस्त समर्थन मिला। 'दलित पैंथर' उनका एक प्रतिबद्ध संगठन रहा जो सामाजिक और राजनीतिक मंच को सँभालता रहा। बाद में उसमें भी विभाजन हुए और वे बिखर गये जो पूँजीवादी सोच का अनिवार्य प्रतिफल होता है। कई दलित साहित्यकार भी बौद्धिकता की ऊँचाइयों पर पहुँचकर व्यक्तिवादी हो गये, जैसा कि प्रायः बौद्धिक लोगों के साथ होता है—लेकिन उनका उद्‌भव और विकास किसी सवर्ण या राजनीतिक स्रोत पर कभी आश्रित नहीं रहा। उन्होंने अपना निर्माण स्वयं किया जबकि हिंदी पट्टी में उनका उद्‌भव ही कांग्रेस या ऐसी प्रतिगामी राजनीतिक शक्तियों पर आधारित रहा जो उन्हें वोट-बैंक की तरह इस्तेमाल करती रहीं या दंगों में ठेलती रहीं। ये शक्तियाँ उन्हें डॉ. अंबेडकर के विरुद्ध मोहरा बनाती रहीं और राजसत्ता व पद देकर सवर्ण हितों को साधती रहीं। आज उत्तर भारत में दलित दो विपरीत ध्रुवों (Extremes) में बँट गये हैं। शुरू में वे कांग्रेसी रहे। उत्तर प्रदेश खास कर पूर्वी उत्तर प्रदेश तथा बिहार में वे समाजवादियों से जुड़े। बाद में वे वामपंथी हो गये और अब वे ही नक्सलवाद से जुड़ गये हैं। उत्तर प्रदेश एवं मध्य प्रदेश में दलितों का बहुमत काँशीराम से जुड़ गया। इन राज्यों में वे सत्ता और विपक्ष दोनों भूमिकाओं में रहे। यहाँ तक कि हिन्दी पट्टी में वे दलित हितों की विरोधी मनुवादी सवर्ण पार्टी भाजपा में भी नेतृत्व करने लगे। उन्हें डॉ. अम्बेडकर या बाबा फुले की समाजसुधार की उस प्रतिबद्धता या निष्ठा के बदले सत्ता में भागीदारी के प्रति अधिक आकर्षण हो गया चूँकि वहाँ उन्हें व्यक्तिगत तौर पर जल्दी और अधिक मात्रा में सुविधाएँ उपलब्ध होती हैं। वामपंथी नक्सलवादी या दलित पैंथर जैसी संस्था से जुड़ने में प्रतिबद्धता जरूरी है। सवर्ण, अभिजात हिंदी पट्टी के सत्ताधारी सदैव इन्हें तरह-तरह के पद या प्रलोभन देकर लक्ष्य से दूर ले जाने की कोशिश में कामयाब होते रहे हैं।

इसमें कोई शक नहीं कि सत्ता की भागीदारी का नारा दलितों की अस्मिता बनाने में बड़ा सहायक हुआ है लेकिन यदि लक्ष्य ही छूट जाएगा तो क्या केवल सत्ता में आने मात्र से ही परिवर्तन हो जाएगा? संभवतः उससे कुछ व्यक्ति विकसित भी हो जाएँ—पर पूरा समाज विकसित नहीं हो पाएगा। आज का दलित साहित्यकार इसको लेकर चिंतित है—यह एक शुभ लक्षण है। वे अब अपने समाज की अस्मिता की फिक्र कर रहे हैं इसलिए अब संगठित भी होने लगे हैं। संगठन और नेतृत्व के अभाव में ही हिंदी पट्टी में दलित राजनीति और दलित साहित्य पिछड़ा रहा। बस उन्हें अपने को गुटबंदी से बचाना होगा और बचना होगा 'छपास' की भूख से भी।

1914 में हीरा डोम की 'अछूत की शिकायत' नामक कविता 'सरस्वती' में छपी।

इसे दलित सोच की वर्तमान धारा की पहली रचना कहा जा सकता है चूँकि इसमें केवल दलितों की शिकायत या व्यथा ही दर्ज नहीं की गई बल्कि आक्रोश और विरोध भी जताया गया है। इस कविता में पहली बार भगवान की उस शास्त्र-सम्मत संरचना पर भी प्रश्न उठाया गया है जो दलितों को मनुष्यता के दायरे से बाहर रखती है। इस कविता में कवि सवर्णों को दी गयी सुविधाओं और अपनी दीनता और दुःख पर मलाल और गुस्सा भी प्रकट करता है। जब वह यह कहता है–

"हमनी के दुःख भगवनओं न देखताजे,
हमनी के कबले कलेसवा उठाइबि"

प्रहलाद और गजराज का हवाला दे कर कवि कहता है–

"खंभवा के फारि प्रहलाद के बंचवले जो
ग्राह के मुंहे से गजराज के बचवले।"

और उलाहना देते हुए वह भगवान द्वारा अपनी उपेक्षा किये जाने पर शंका प्रकट करता है और पूछता है–

"कहंवा सुतल बाटे सुनत न बाटे अब,
डोम जानि हमनी के छुए से डेरइले।"

कवि 'भगवान' को भी कठघरे में खड़ा कर देता है जब वह पूछता है कि 'भगवान' भी उसे डोम समझकर छूने से डरते हैं ? वह जाति व्यवस्था के दोहरे मापदंडों पर प्रश्न करता है–

"ठकुरे के सुखसेत घर में सुतल बानीं,
हमनी के जोति-जोति खेतिया कमाइबि।"
"हड़वा मसुइया कै देहियां है हमनी कै,
ओकरै के देहियां बभनओं कै बानी।
ओकरा कै घरे-घरे पूजवा होखत बाजे,
सगरै इलकवा भइलैं जजमानी।"..........
"हमनी के इनरा के निगिचे न जाइलेजां,
पांके में से भरि-भरि पिअतानी पानी
पनही से पिटि-पिटि हाथ गोड़ तुड़ि दैलें
हमनी के एतनी काही के हलकानी ?"

इसी प्रकार तेलुगु कवि जाषुवा ने भी 'भगवान' के दोहरे मापदंड पर पहले पहल सवाल उठाया था और अपने प्रश्न करने का हक जताते हुए कहा था–

"सृजन कर्त्ता हो तुम/तुम्हारी ही सृष्टि मैं
तुमसे प्रश्न करने का/हक रखता हूँ मैं
मेरे किस पाप के फलस्वरूप
मुझे अछूत बनाया गया?".........

आगे फिर वे देवताओं के धनवानों के प्रति प्रेम पर कटाक्ष करते हैं–

धनवानों के आदेश का पालन यहाँ
ब्रह्मा इत्यादि देवता भी करते हैं।.........

वे आगे कहते हैं–

चींटियों को चीनी खिलाने/साँपों को दूध पिलाने वाली
इस कर्मभूमि में/धर्म देवता भी यदि जन्म लें
वह भी इस अभागे के निकट/आते ही चौंक पड़ेगा।

यह प्रश्न-शैली या शिकायत का अंदाज भक्त-परंपरा के कवियों से हटकर कुछ अलग था। बाबा साहब अंबेडकर ने जो बाद में प्रतिपादित किया ये शिकायतें उसी लहजे में ही थीं। बाबा साहब से पूर्व ही इन दोनों कवियों ने अपनी-अपनी मातृभाषा में इसकी शुरुआत कर दी थी।

इसके बावजूद हिंदी पट्टी में वोट बैंक बना दलित-जन, पैरवीमुखी राजनीति में से गुजरता हुआ दलित नेतृत्व, नौकरशाही में प्रवेश पाने की होड़ लगाता दलित शिक्षित युवा, सामाजिक सुधार की गुहार लगाते सवर्ण संशोधनवादी नेताओं के घड़ियाली आँसुओं की बाढ़ में बहता रहा। दलित समाज सेवियों का कोई भी छोटा-सा प्रतिबद्ध तबका अपने हितों की रक्षा में संगठित होकर उठ नहीं पाया। गाँव में वर्ग-संघर्ष के तहत संघर्षमुखी होता दलित सर्वहारा–फैक्ट्रियों में रोजगार और बोनस-वेतन की लड़ाइयाँ लड़ता दलित मजदूर–अलग-अलग विभिन्न पार्टियों, दलों में विभाजित, टुकड़े-टुकड़े में राहत भले पाता रहा पर क्रांति का हथियार नहीं बन पाया। कभी-कभी तो दलित जमात विपरीत दिशा में एक-दूसरे के आमने-सामने दुश्मन बना कर खड़ी कर दी जाती रही, लठैतों और मजदूरों के रूप में।

अस्सी के दशक में एक भूचाल आया

पहले गुजरात में सवर्णों का आरक्षण-विरोधी आंदोलन मीडिया और बुद्धिजीवियों द्वारा चलाया गया। दलितों के लिए राजनीतिक आरक्षण की अवधि बढ़ाने का विरोध उभरा। शिक्षा संस्थानों जैसे मेडिकल कॉलेजों आदि में आरक्षण के विरोध में भी एक जबर्दस्त शोर-शराबा हुआ।

राजनीतिक क्षेत्र में सन् 1967 में राज्यों में कांग्रेस की पराजय ने यथास्थितिवाद को कुछ ढीला-ढाला कर दिया था। रही-सही कसर सन् 1977 में पुनः कांग्रेस की पराजय ने पूरी कर दी और दलितों के बहुत बड़े हिस्से का उससे मोहभंग हो गया। नौकरशाही में प्रमोशन और रोजगार में दलित कोटे की नियुक्तियों की उपेक्षा कर उन्हें खाली रखने, उम्मीदवार उपलब्ध नहीं हैं, कहकर रिक्त पद गैर-दलितों से भरे जाने की स्थितियों ने भी दलित नौकरशाही और दलित युवा-वर्ग को जगाया, भले अलग-अलग स्तर तथा मोर्चे पर ही सही। फिर विश्वनाथ प्रताप सिंह के 'मण्डल' के हथौड़े की चोट ने इन बिखरी शक्तियों को एक कर दिया। केवल सामाजिक समानता, सामाजिक न्याय के सवाल पर ही नहीं बल्कि राजनीतिक सत्ता में भागीदारी के सवाल पर भी सब एक साथ हो लिए। सवर्ण, अभिजात एवं बुद्धिजीवियों के एकमुश्त सशक्त विरोध ने भी इन्हें इस सवाल पर एक किया। बाकी कसर कांशीराम और सुश्री मायावती और उनके 'सत्ता में भागीदारी' के नारे ने पूरी कर दी। सवर्ण अभिजात साहित्यकारों ने आरक्षण के विरुद्ध कलम और तलवार दोनों उठा लिए। उन्होंने आरक्षण लागू करने वाले नेताओं को अपनी कविता में 'तानाशाह', 'हिटलर', 'नीरो' तक कह डाला। वे 'योग्यता की बलि' के नाम पर हाहाकार मचाने लगे। दूसरी तरफ दलित भी शूद्रों के साथ हो लिए और अपनी कलम से मुकाबले में डटने लगे और अधिकारों पर सदियों से कुण्डली मारे बैठे सवर्णों पर उँगली उठाने लगे, सवाल दागने लगे। दलित और शूद्र लेखकों ने भी अपना मोर्चा सँभाला। इनके सम्मेलन आयोजित होने लगे।

दलित संस्थाओं की भूमिका

अस्सी के दशक के बाद ही दलित साहित्य एक नयी शक्ल लेकर अभिजात सवर्ण साहित्यकारों के मंच को चुनौती देने लगा। यह सच है कि शुरू में दलित साहित्यिक संस्थान चंद लोगों के लिए उनके राजनीतिक लक्ष्य की सीढ़ी बने। कतिपय अवसरवादी संस्थानों द्वारा सोच के स्तर पर कोई क्रांति तो नहीं लाई जा सकी, लेकिन इन्होंने संगठन जरूर खड़े कर दिये थे जिनका इस्तेमाल कतिपय प्रतिबद्ध बुद्धिजीवियों, साहित्यकारों, नौकरशाहों तथा कुछ नेताओं ने दलित अस्मिता के संघर्ष के लिए करना शुरू किया। लेकिन इन्हीं के मंच से दलित साहित्यकारों की पहचान बनाने के कार्यक्रम होने शुरू हुए। इस प्रकार दलित संगठनों ने भारत सरकार पर दबाव डाल कर डॉ॰ अंबेडकर का संपूर्ण वाङ्मय छापने को मजबूर किया। ऐसे संस्थानों अथवा कुछ दलित साहित्यकारों द्वारा हिंदी में दलित साहित्य की पत्रिकाएँ भी निकाली जाने लगीं। इसी दशक में दलित संस्थानों की सक्रियता भी बढ़ी। डॉ॰ सोहनपाल सुमनाक्षर के नेतृत्व में भारतीय दलित साहित्य अकादमी के राष्ट्रीय सम्मेलन हर वर्ष होने लगे और ये सिलसिला फिर राज्यों में भी चला। भारतीय दलित साहित्य अकादमी ने हर वर्ष अनेक दलित लेखकों और हजारों की संख्या में दलित चेतना समर्थकों एवं गैरदलित लेखक को एक साथ, एक

मंच पर जुटाने का काम किया। इन्होंने डॉ॰ अंबेडकर के नाम से फैलोशिप और राष्ट्रीय अवार्ड आदि देने शुरू किये जिससे दलित-अस्मिता के निर्माण और विकास को बल मिला। रानी झाँसी की बजाय महिलाओं को 'झलकारी बाई' का अवार्ड देने से पुराने मिथक भी टूटे और नये बनने शुरू हुए। दिल्ली में ही 'दलित साहित्य मंच' नाम से एक संस्था राजपाल सिंह 'राज' और लक्ष्मी नारायण सुधाकर द्वारा 1981 में स्थापित की गयी जो साहित्यिक गतिविधियों को संचालित करती आ रही है, भले छोटे ही पैमाने पर। दिल्ली में ही 'सेंटर फॉर अल्टरनेटिव दलित मीडिया' (कदम) 1990 में अस्तित्व में आया और इन्होंने दलित साहित्य के प्रचार-प्रसार तथा 'अभिमूक नायक' अखबार का प्रकाशन-कार्य शुरू किया। 'दलित साहित्य प्रकाशन संस्था' ने भी दिल्ली में अखिल भारतीय हिंदी दलित साहित्यकार सम्मेलन 22-23 जुलाई 1995 में आयोजित किया। इसमें 'दलित सृजन को पाठ्यक्रम में शामिल करना', 'पत्र-पत्रिकाओं में दलित (अनु॰ जाति) लेखकों को बतौर लेखक प्रतिनिधित्व देना' तथा 'दलित साहित्य शोधकों व प्रकाशकों को 75 प्रतिशत सरकारी सहायता प्रदान करना' विषय रखे गये। हाल ही में डॉ. चंद्रभान प्रसाद ने 'दलित शिक्षा आंदोलन' की स्थापना कर ब्रिटिश काल से लेकर आज तक दलितों की शिक्षा के अवरोधों और प्रयासों पर शोध कार्य शुरू किया तथा उस दिशा में पुस्तक प्रकाशन की शुरुआत की तो डॉ॰ कुसुम वियोगी ने 'दलित लेखक संघ' कायम कर साहित्यिक गोष्ठियाँ और साहित्यिक चर्चा की शुरुआत की। डॉ. श्यौराज सिंह बेचैन की अध्यक्षता में 'दलित राइटर्स फोरम' गठित हुआ जिसने पत्रकारिता में दलितों की भागीदारी का अभियान विभिन्न गोष्ठियों एवं सेमिनारों के माध्यम से चलाया एवं दलित साहित्य की समीक्षा एवं दलित एजेंडा पर विमर्श शुरू किया।

नागपुर में डॉ॰ विमलकीर्ति ने 'फुले अंबेडकरवादी लेखक संघ' का गठन कर बाबा साहब के दीक्षा-दिवस पर हर वर्ष भारत भर के हिंदी दलित लेखकों का सम्मेलन बुलाने का ऐतिहासिक कार्यक्रम शुरू किया। इस सम्मेलन में दलित साहित्य पर गंभीर चर्चा होनी शुरू हुई जिसने दलित लेखकों को प्रेरणा और दिशा देने तथा हिंदी दलित लेखन को समृद्ध करने का काम किया। नागपुर में ही सुश्री कुमुद पांवड़े ने ऑल इंडिया प्रोग्रेसिव वीमेन ऑर्गेनाइजेशन नागपुर के तत्त्वावधान में 2 अक्तूबर 1995 को दलित महिला लेखिकाओं का प्रथम सम्मेलन आयोजित किया। नागपुर में ही हिंदी दलित लेखिकाओं को एक मंच पर लाने हेतु 'दलित लेखिका संघ' की योजना बनी जिसका प्रथम सम्मेलन दिल्ली में 3 जनवरी 1996 को रजनी तिलक की पहल पर हुआ।

बिहार में 'अंबेडकर मिशन' का गठन कर बुद्ध शरण हंस ने दलित साहित्यकारों को जुटाया। इसी प्रकार उज्जैन में अवंतिका प्रसाद 'मरमट' ने मध्य प्रदेश दलित साहित्य अकादमी तथा पुरुषोत्तम सत्यप्रेमी ने पहले 'डॉ॰ अंबेडकर राष्ट्रीय अस्मितादर्शी साहित्य अकादमी' नाम से संस्थान कायम किया और बाद में भारतीय दलित साहित्य अकादमी की मध्य प्रदेश शाखा का गठन किया। हीरालाल पिप्पल तथा सुश्री प्रभा वीसे ने अ.

भा. अनुसूचित जाति परिषद् का गठन किया। इन संस्थानों द्वारा प्रति वर्ष साहित्यकारों को जुटाने के आयोजन शुरू किये गए। अवंतिका प्रसाद 'मरमट' ने 'पूर्वदेवा' और प्रभा वीसे ने 'परिषद संदेश' पत्रिकाएँ प्रकाशित करनी शुरू कीं अपने संस्थानों की ओर से। बिहार में 1997 में रमणिका फाउंडेशन हजारीबाग में 1998 में पटना में अवर्ण साहित्यकारों की भी एक संस्था गठित हुई। इस प्रकार लगभग हिंदी पट्टी के हर राज्य में कई संस्थाएँ खड़ी हो गयीं जो दलित साहित्यकारों को मंच पर लाने लगीं। भारतीय दलित साहित्य अकादमी की शाखाएँ भी सभी हिंदी राज्यों में फैल गईं और हर वर्ष दलित साहित्यकारों को जुटाने और उन्हें सम्मानित कर प्रोत्साहित करने लगीं।

गैरदलित संस्थाओं में पहले-पहल 1997 में बिहार में रमणिका फाउंडेशन और विनोबा भावे विश्वविद्यालय द्वारा हजारीबाग में अखिल भारतीय स्तर पर दलित साहित्य लेखक सम्मेलन आयोजित किया गया। इसमें 'दलित साहित्य को पाठ्यक्रम में शामिल करने', 'दलित साहित्य का सौंदर्यशास्त्र और उसकी अवधारणा' तथा 'हिंदी महिला लेखिकाओं द्वारा आदिवासी संस्कृति पर लिखे गये उपन्यास' आदि विषयों पर दलितों और गैरदलितों ने पहली बार खुलकर बहस की जिससे परस्पर संवाद कायम हुआ। इस सम्मेलन ने हिन्दी पट्टी में पहली बार साहित्यिक मुद्दों पर दो दिन तक गंभीर चर्चा चलाकर दलित साहित्य के एजेंडे की पृष्ठभूमि तैयार करने में भी एक सार्थक भूमिका निभाई।

इंडियन इन्स्टीच्यूट ऑफ एडवांस स्टडी, राष्ट्रपति निवास, शिमला में 'ब्लैक और दलित लेखन : कुछ प्रवृत्तियाँ' विषय पर डॉ॰ मृणाल मिरी, डॉ॰ चमनलाल और डॉ॰ हरीश नारंग ने एक सेमिनार 14-17 अक्तूबर 1997 को आयोजित किया और साहित्य में दलित धारा के अस्तित्व को स्वीकृति दी। इसमें लगातार चार दिनों तक एक गंभीर बहस चली जिसमें महाराष्ट्र, कर्नाटक, तमिलनाडु, आंध्रप्रदेश, हिमाचल प्रदेश, उत्तर प्रदेश, बिहार, पश्चिम बंगाल, दिल्ली, राजस्थान, गुजरात आदि के अखिल भारतीय स्तर के नामी-गरामी, दलित-गैरदलित, हिंदी-अहिंदी साहित्यकारों ने शिरकत की।

'दलित और नई शिक्षा प्रणाली' विषय पर 5-7 जनवरी 1998 को दिल्ली में इंडियन सोशल इन्स्टीच्यूट ने भी भारतीय पैमाने पर बहस आयोजित करवाई और एक दलित एजेंडा भी तैयार किया। फिर तो जलेस, जसम और प्रगतिशील लेखक संघ द्वारा भी दलित साहित्य और पुस्तकों पर चर्चा गोष्ठियाँ होने लगीं।

इस प्रकार बीसवीं सदी में लगभग अस्सी के दशक के बाद विभिन्न दलित व कतिपय गैरदलित संस्थानों द्वारा दलित-चिंतन और दलित साहित्य के विकास हेतु, उसकी पृष्ठभूमि बनाने, दलित अस्मिता का निर्माण करने एवं दलित एजेंडा बनाने के मुद्दों पर महत्त्वपूर्ण भूमिका तो निभाई ही, साथ ही परस्पर बहस चलाकर दलित-गैरदलित संवाद भी कायम किया।

हिंदी पत्रिकाओं की भूमिका

कुछ गैरदलित व्यावसायिक एवं लघु पत्रिकाओं ने भी मराठी दलित साहित्य का हिंदी अनुवाद छाप कर हिंदी के सवर्ण-अवर्ण साहित्यकारों एवं बुद्धिजीवियों को चौंकाया। 'सारिका' (व्यावसायिक पत्रिका) के कमलेश्वर जी और उनके बाद 'संचेतना' (अव्यावसायिक लघु पत्रिका) के डॉ॰ महीप सिंह ने यह पहल की।

हिंदी के दलित साहित्यकारों को वृहद् पैमाने पर छापने की शुरुआत पहले-पहल 'युद्धरत आम आदमी' और 'हंस' जैसी लघु पत्रिकाओं ने की। 'युद्धरत आम आदमी' में 1987 में ही पहली दलित कहानी 'लटकी हुई शर्त्त' प्रहलाद चंद्र दास की छपी। इसके बाद 'युद्धरत आम आदमी' के चार विशेषांक दलित चेतना-कविता, कहानी, साहित्य और सोच पर आए। इन पर आधारित पुस्तकें भी छपीं। जिनमें लगभग एक सौ दलित लेखकों ने योगदान दिया।

'युद्धरत आम आदमी' के विशेषांकों के बाद ही बाकी गैरदलित पत्रिकाओं ने अपने दलित-विशेषांकों की घोषणा की। इससे यह मिथक टूटा कि हिंदी में दलित लेखक नहीं हैं या यह कि केवल सवर्ण ही लेखक हो सकते हैं। 'युद्धरत आम आदमी' और 'हंस' के संपादकीय में दलित चेतना पर निरंतर चर्चा और नवलेखन प्रकाशन एवं रमणिका फाउंडेशन द्वारा क्रमशः दिल्ली तथा हजारीबाग में आयोजित गोष्ठियों एवं सम्मेलन ने भी हिंदी पट्टी में एक वातावरण निर्मित किया।

महाराष्ट्र के दलित साहित्यकारों ने नागपुर से 'अंगुत्तर' जैसी गंभीर हिंदी पत्रिका निकाली। उन्होंने दलित मुद्दों को उछालने के साथ-साथ हिंदी के दलित लेखकों को छापना शुरू कर, उन्हें एक मंच दिया। इस बीच हिंदी पट्टी में भी दिल्ली, पंजाब, उत्तर प्रदेश आदि से कई दलित पत्रिकाएँ निकलीं। कई पत्रिकाएँ बन्द हो गईं, कई पत्रिकाएँ नई रजिस्टर हुईं—कई आज तक चल रही हैं। इनमें इजाफा ही हो रहा है। 'भीम' आदि पत्रिकाओं ने दलित साहित्य के विकास में महत्त्वपूर्ण योगदान दिया। 'अंबेडकर मिशन', 'शंबूक' (पटना), 'धम्म दर्पण', 'हम दलित', 'हिमायती', 'अभिमूक नायक', 'दलित प्रक्रिया', 'सजग प्रहरी', 'अश्वघोष', 'समय सरोकार' (दिल्ली), 'निर्णायक भीम', 'लोक सूचक' (कानपुर), 'परिषद् संदेश' (मध्य प्रदेश), 'प्रज्ञा' (लखनऊ) आदि पत्रिकाएँ निकलने लगीं।

अरुणाचल प्रदेश के राज्यपाल श्री माताप्रसाद जी ने सीधी-सादी भाषा में साहित्य सिरजा और दोहे, कविता के अतिरिक्त दर्जनों नाटक, खंड काव्य लिख कर दलित सर्वहारा में स्वाभिमान की चेतना का विकास किया। उन्होंने हिंदी पट्टी के साहित्यकारों को भी एकजुट कर, एक मंच पर लाकर उन्हें प्रेरित और आंदोलित किया। उन्होंने इन्हें सुरक्षा-कवच देने के साथ-साथ नेतृत्व भी प्रदान किया जिसके अभाव में इस सामंती हिंदी पट्टी में दलित साहित्य खुलकर सामने नहीं आ पा रहा था। इस प्रकार माताप्रसाद

जी ने सामंती मानसिकता से उत्पीड़ित और हीन-भावना से ग्रसित एक बड़े दलित वर्ग को जाग्रत किया। एक तरफ साधारण जन-भाषा में लिखकर उन्होंने दलित वर्ग के निचले स्तर तक दलित साहित्य का रिश्ता जोड़ा दूसरी तरफ दलित साहित्यकारों के आयोजनों में भागीदारी करके उन्हें गरिमा प्रदान की और अस्मिता दी। इससे बिखरे हिंदी दलित साहित्यकार एक मंच पर जुटने लगे और प्रतिबद्ध होकर लिखने की तरफ अग्रसर हुए।

माताप्रसाद जी ने 'दिग्विजयी रावण' खंडकाव्य की रचना कर रावण को नई परिभाषा दी और उसे तुलसी के राम के मुकाबिल ऊँचा उठाया।

हिंदी में दलित लेखकों ने शोध कार्य भी शुरू किये और विचारात्मक धरातल पर भी गंभीरता से लेखन कार्य शुरू हुआ। डॉ॰ धर्मवीर ने 'कबीर के आलोचक' में कबीर को तुलसी के मुकाबिल खड़ा कर यह साबित कर दिया कि कबीर परिवर्तन के प्रतीक थे और तुलसी यथास्थितिवाद के पोषक। डॉ॰ एन॰ सिंह रचनात्मक लेखन के अतिरिक्त विचारधारा और समीक्षा तथा आलोचना के स्तर पर भी दलित साहित्य को एक नया आयाम दे रहे हैं जिससे वे अब तक के उपेक्षित दलित साहित्य को अपनी पहचान दिलाने में सफल हुए हैं। डॉ॰ श्यौराज सिंह 'बेचैन' की पुस्तक ने पत्रकारिता के क्षेत्र में सूचनाओं के अंबार लगा दिये तो चंद्रभान प्रसाद ने 'विश्वासघात' में तथ्यों के प्रमाणिक आँकड़े प्रस्तुत कर स्वाधीनता के पश्चात दलितों की शिक्षा और उनके विकास के झूठे आँकड़ों तथा सत्ता की इच्छा-शक्ति के अभाव को बेपर्द किया। कंवल भारती के राजनीतिक-सामाजिक विश्लेषणात्मक आलेखों से हिंदी पट्टी की पत्रकारिता समृद्ध हो रही है। नवल वियोगी ने दलित परिप्रेक्ष्य में नया इतिहास रचने की मुहिम छेड़ रखी है। सुशीला टाकभौरे ने लगभग एक दर्जन पुस्तकें दलित कविता, कहानी और निबंधों की प्रकाशित कर दलित महिला लेखन की सशक्त भागीदारी दर्ज कराई है। रजत रानी 'मीनू' ने दलित कथा साहित्य पर शोध किया और दलित कविता पर एक गंभीर पुस्तक लिखी।

जहाँ जयप्रकाश कर्दम ने हिंदी दलित साहित्य को 'छप्पर' नाम का पहला उपन्यास दिया तो प्रेम कपाड़िया ने भी एक-एक उपन्यास लिखा। मोहनदास नैमिशराय की 'अपने अपने पिंजरे' आत्मकथा विधा की प्रथम पुस्तक के रूप में आयी। ओमप्रकाश वाल्मीकि ने अपनी आत्मकथा 'जूठन' में हिंदी पट्टी में दलित पीड़ा के आयाम को दर्ज करने के साथ-साथ, सवर्ण-अभिजात मानसिकता के नासूर को उकेरा जो शिक्षा के क्षेत्र में भी अबोध-बालकों के स्तर तक दोहरे मापदंड का इस्तेमाल कर भारतीय मानस को दुराव, छल, कपट के जहर से मारता रहा है। हाल ही में कौशल्या वैसन्ती ने 'दोहरा अभिशाप' नाम से अपनी आत्मकथा लिखकर दलित महिला लेखन को समृद्ध किया है। इसमें दलित और सवर्ण पुरुष का एक जैसी मानसिकता की शिकार एक जुझारू दलित महिला के संघर्ष और अस्मिता निर्माण की आपबीती है। इनके अतिरिक्त कुसुम वियोगी,

जयप्रकाश कर्दम, टी॰ पी॰ सिंह, मलखान सिंह, सूरजपाल चौहान, प्रेम कपाड़िया, बी॰ एल॰ नैयर, सी॰ बी॰ भारती, रामकृष्ण राजपूत, शत्रुघ्न कुमार, सुश्री कावेरी, प्रहलाद चंद्र दास, दयानन्द बटोही, लालचंद राही, विपिन बिहारी, जिया लाल आर्य, रमाशंकर आर्य, ए. के. विश्वास, एस॰ के॰ विश्वास, रजनी तिलक, कर्मशील भारती, अ॰ ला॰ उके तथा अजय यतीश जैसे अनेक हिंदी के दलित लेखक रचनात्मक क्षेत्र में कहानी, कविता, उपन्यास, नाटक एवं निबंध की विधाओं को समृद्ध कर रहे हैं। दलित आलोचक मैनेजर पांडेय एवं हंस के संपादक राजेन्द्र यादव ने दलित साहित्य को एक सबल समर्थन ही नहीं दिया बल्कि दलित विरोधियों को कड़ा जवाब भी दिया और दलित साहित्य को एक निश्चित पहचान देने की मुहिम के साथ-साथ, ऐतिहासिक संदर्भों को भी खोज कर दलित साहित्य के औचित्य को मजबूत किया। अब तो डॉ॰ नामवर सिंह जैसे आलोचक भी अपना बयान बदल रहे हैं—दलितों के पक्ष में बोलने को मजबूर हो रहे हैं।

हिंदी और मराठी साहित्य का अंतर

लेकिन एक बड़ा अंतर मराठी और हिंदी दलित साहित्य के उद्भव में ही है जो धर्म, कर्म-फल तथा भाग्य को और भगवान को लेकर है। मराठी दलित मन, बाबा साहब के साथ बौद्ध धर्म की दीक्षा लेकर, 'अछूत' होने की हीनग्रंथि से मुक्तप्राय हो गया, भले अभी भी वह अंधविश्वासों से घिरा है और अभी तक वहाँ भी जातीय विभाजन जारी है। लेकिन अब वे 'जन्मजात अछूत' नहीं रहे। हिंदी पट्टी के लोग भगवान, भाग्य और जातीय विभाजन एवं सामंती मानसिकता के आज भी शिकार हैं। वे हिंदू धर्म के 'अछूत' के स्टिग्मा से मुक्त नहीं हुए हैं। इसलिए अस्मिता-निर्माण में उन्हें ज्यादा संघर्ष करना पड़ता है और भीतरी विरोध भी सहना पड़ता है। उन्हें बाहरी बर्बरता का सामना भी करना पड़ रहा है। इसलिए उनकी रचनाओं में आक्रोश और कटुता के साथ-साथ आत्मलोचना की शुरुआत भी हुई है।

आज हिंदी पट्टी के दलित साहित्य को उसी बर्बरता के मुकाबिल खड़ा होने की जरूरत है जिसके लिए केवल बचाव नहीं 'हमले' की रणनीति की भी दरकार होती है। हिंदी दलित साहित्य उस मुहिम की ओर भी अग्रसर है, यह शुभ है। इसे लोग 'प्रतिशोध' 'बदला' या 'अलगाव' अनेक नाम देते हैं—पर ये बराबरी की मुहिम का एक अस्त्र है। इसे खुद को एसर्ट (Assert) करने का तरीका भी कहा जा सकता है। इसके बिना सदियों से सेवा लेने की आदि (Conditioned) भारतीय मानसिकता पर रोक नहीं लगाई जा सकती। उसे एक झटका देकर ही रोका जा सकता है। सरपट दौड़ते शोषण के घोड़े की लगाम थामने के लिए रास्ता अवरुद्ध करना जरूरी है ताकि या तो वह मुँह के बल गिरे या फिर उठे ही नहीं, अन्यथा रुक जाए। दूसरा तरीका जो बिना कटुता व टकराव के संभव है वह सवर्णों की पहल पर निर्भर करता है। सवर्ण अभिजात जिनके पास जाति है और जाति होने का दंभ भी है, वे अपनी जाति छोड़ें।

अपने पैडेस्टल से नीचे उतरकर दलितों को, जो जाति के दायरे से बाहर हैं, गले लगायें, उन्हें नेतृत्व सौंपें और अपने पूर्वजों द्वारा किये गये अत्याचारों के लिए शर्मशार हों। राजेश जोशी का अपनी कविता में ये कहना--

"मेरे मर जाने के बाद
जब लिखा जाए कहीं कि मैं हिंदू था
तो लिखा जाय साफ-साफ कि, मैं शर्मिंदा था"

स्वागत योग्य है, पर काफी नहीं। यह एक उदार सवर्ण व्यक्ति की स्वीकृति है, पूरे सवर्ण समाज की नहीं। यह शर्म तो पूरे सवर्ण समाज को आनी चाहिए जो कहता है–'गर्व से कहो हम हिंदू हैं'। जिसके पास जाति है, वह ही जाति छोड़ सकता है। दलितों के पास न जाति है न मनुष्यता का हक। वह तो मनुष्यत्व पाने को लालायित हैं। वे क्या छोड़ेंगे बस अपनी हीन-भावना ही न ?

नक्सल आंदोलन और दलित साहित्य

दलित वर्ग बर्बरता का मुकाबला आंदोलन के स्तर पर अपने जातीय संस्थानों से चलाने में सक्षम नहीं है पर नक्सलवादियों या वामपंथियों से जुड़ कर इसका मुकाबला कर रहा है और जरूरत पड़ने पर 'पहल' भी करने लगा है। यह सत्य है कि हिंदी पट्टी में वर्ण आधारित दलित आंदोलन के नाम या रूप में कोई आंदोलन नहीं उभरा पर वैचारिक स्तर पर कलम के माध्यम से वे जरूर एक आंदोलन चलाने में सफल हो रहे हैं। अपने साहित्यक संगठनों के माध्यम से वे राजनीतिक चेतना से भी लैस हो रहे हैं। विभिन्न दलों में बँटे ही सही पर उन दलों को भी अब इनके चेतन होने का अहसास हो रहा है और राजनीतिक दलों में अब दलित मुद्दा भी जुड़ गया है। साहित्य में भी वे अपनी अस्मिता का लोहा मनवाने के लिए गंभीर हैं। हालाँकि काम बहुत बाकी है और कलम और जमीनी संघर्ष को जोड़ना जरूरी है। जमीन पर 'गाँव में' 'खेत-खलिहान' में अभी भी उनके अपने संगठन हिंसा का जवाब नहीं दे पा रहे हैं। इसका एक कारण राजनीतिक महत्वाकांक्षा, बुद्धिजीवी मानसिकता का होना या सीधे संघर्ष से न जुड़ना भी हो सकता है अथवा अहिंसा और हिंसा की विचारधारा की दुविधा भी हो सकती है। पर ये अहिंसा की दुविधा गाँवों में प्रचलित नहीं है, यह केवल बुद्धिजीवियों के स्तर पर सतही तौर पर ही है। गाँवों में इनका असंगठित होना, सही नेतृत्व का न होना ही उनकी चुप्पी और भय का कारण है जो उनके संघर्ष में उतरने के लिए बाधक होता है। कतिपय क्षेत्रों में नेतृत्व की इसी कमी की पूर्ति नक्सल या वामपंथी संगठन कर रहे हैं। दलितों द्वारा किये जा रहे इन संघर्षों को दलित कलम के दायरे में लाना अभी बाकी है। विपिन बिहारी ने बिहार के इन आंदोलनों पर और जातीय हिंसा पर आधारित रचनाएँ दी हैं।

स्वाधीनता के बाद डॉ॰ अंबेडकर का बनाया संविधान लागू हुआ जिसमें दलितों के लिए आरक्षण का प्रावधान था। हिंदी पट्टी में देश में जो भी दलित पीढ़ी पढ़-लिख कर आई वह शुरू में ज्यादातर सरकारी नौकरियाँ पाने की होड़ में रही। जो मुखर, वाचाल अथवा चापलूस किस्म के थे वे राजनीति में अपने हितों के खिलाफ सवर्णों के पक्ष में हाथ उठाने वाले सिद्ध हो चुके थे।

पढ़ी-लिखी पीढ़ी का रुझान साहित्य की ओर

अब यह पढ़ी-लिखी दलित युवा-पीढ़ी नौकरशाही की जगह साहित्य और राजनीति की तरफ भी प्रवृत्त हो रही है जिसके चलते वह सशक्त कलम की धनी बन रही है और राजनीति में भी वह अपनी औकात की पहचान करवा पाने में सक्षम हो रही है। लेकिन गाँवों में आम जनसाधारण दलित-वर्ग कुछ अपवादों को छोड़ कर, जहाँ वह हिंसा का जवाब हिंसा से देने लगा है, दबा हुआ, भयभीत और चुप ही है।

कांशीराम के 'सत्ता में भागीदारी' के नारे ने भी बहुत प्रभाव डाला साहित्यकारों, बुद्धिजीवियों और शिक्षित-अशिक्षित, युवा-वृद्ध वर्गों पर। इस नारे ने दलित अस्मिता और उनके स्वाभिमान की मुहिम को बल दिया—लेकिन यह नारा अभी अधूरा है। आखिर सत्ता किसके लिए ? किस व्यवस्था के लिए ? पूँजीवादी सामंती व्यवस्था में चंद व्यक्तियों के विकास और विशिष्टता के दोहरे मापदंड को बरकरार रखने के हितार्थ अथवा समाजवादी व्यवस्था लाकर पूरे समाज को बराबरी, भाईचारा और आजादी का हक दिलाने के हितार्थ ? यह प्रश्न अभी अनुत्तरित है। सत्ता समाजवादी हो या पूँजीवादी—ये अभी दलित लेखक पूरी तरह तय नहीं कर पाया है। उनमें इस पर विवाद जारी है। फिर भी कंवल भारती, श्यौराज सिंह 'बेचैन', डॉ॰ एन॰ सिंह और ओमप्रकाश वाल्मीकि जैसे लेखक इस विषय पर काफी स्पष्टता से लिखते रहे हैं।

एक तरफ तो दूसरी पार्टियों में उपेक्षित रहने या नेतृत्व न कर पाने के कारण दलित-वर्ग, अपनी जाति की पार्टी सोच कर बहुजन समाज पार्टी से जुड़ता है कि राजनीति और राजसत्ता में उसे भागीदारी मिलेगी, पर वहाँ भी अन्य बुर्जुआ पार्टियों की तरह व्याप्त होड़ और भगदड़ देखकर वह हतप्रभ रह जाता है। दूसरी तरफ वही दलित मजदूर-सर्वहारा के राज के सपने को साकार करने के लिए अथवा बर्बर सामंती सवर्ण आतंक के मुकाबिल खड़ा होने के लिए, नक्सलवाद या अन्य वामपंथी पार्टियों की ओर जाता है। इस प्रकार एक जमात दो मोर्चों पर अलग-अलग नेतृत्व में बँट जाती है। सम्मान और सामाजिक समानता की लड़ाई वह दलित आंदोलन के मंच से करता है तो आर्थिक समानता और रोजी-रोटी की मुहिम वह वर्ग-संघर्ष के माध्यम से चलाता है। चूँकि दोनों ही प्रायः एकपक्षीय लड़ाइयाँ लड़ते हैं इसलिए दोनों मुद्दों

पर वे एक साथ नहीं हो पाते। इन दोनों मुद्दों की लड़ाई को साथ-साथ लेकर जमीन और कलम दोनों स्तर पर लड़ा जाय तो सर्वहारा जो अधिकांश दलित ही हैं–विभिन्न दलों, गुटों अथवा हिस्सों में न बँटकर एकजुट सामाजिक, राजनीतिक परिवर्तन का एक सशक्त हथियार बनकर वार कर सकता है।

दलित साहित्यकार अपनी कतिपय रचनाओं में सामाजिक उत्पीड़न के साथ-साथ आर्थिक शोषण को भी आधार बनाता है पर अधिकांश साहित्य एकांगी ही है। दोनों को एक साथ लाने की मुहिम जारी है हिंदी समन्वयवादियों द्वारा भी। जनवादी साहित्यकार भी अब दलित मुद्दे उठाने लगे हैं। डॉ॰ शरणकुमार लिंबाले ने अपनी इस पुस्तक में महाराष्ट्र में पनपे विरोधाभासों की चर्चा करते हुए दलित साहित्यकारों में उन समन्वयवादियों के उस पक्ष के भी सोदाहरण तर्क प्रस्तुत किये हैं जो मार्क्स और अंबेडकर के बीच की भ्रामक खाई को पाटने के लिए प्रयासरत हैं। दलितों की अस्मिता, सम्मान, और स्वाभिमान के लिए जितनी सामाजिक समानता जरूरी है, उतनी ही जरूरी है उनके लिए जमीन-रोजगार की गारंटी और आर्थिक परिजीविता से मुक्ति। उनके प्रश्न केवल सामाजिक नहीं आर्थिक भी हैं। अपनी इस पुस्तक में दलित और मार्क्सवादी साहित्य की समानताओं को निर्देशित करते हुए डॉ॰ लिंबाले ने निम्न टिप्पणियाँ की हैं–

- "मार्क्सवादी साहित्य और दलित साहित्य दोनों ही जीवनवादी साहित्य धाराएँ हैं इस साहित्य की समीक्षा भी जीवनवादी है। मार्क्सवादी साहित्य यथार्थवादी साहित्य है। दलित साहित्य भी यथार्थवादी साहित्य है।" (3.5.3)
- "मार्क्सवादी साहित्य और दलित साहित्य जीवनवादी है। वह कलावाद को नकारता भी है फिर भी वह कला के महत्त्व को कम करके नहीं आँकता।" (3.5.4)
- "मार्क्सवादी साहित्य और दलित साहित्य मनुष्य को महान मानता है।" (3.5.5)
- "दलित और मार्क्सवादी साहित्य ने आज तक अज्ञात रहे शोषित मनुष्य को अपने साहित्य का नायक बनाया। इस साहित्य की समीक्षा ने इस नये नायक के नायकत्व को प्रस्थापित और विशद किया और इस प्रकार उसके समर्थन की भूमिका अदा की।" (3.5.6)
- "दलित साहित्य और मार्क्सवादी साहित्य के निश्चित ध्येय और विचार से प्रेरित होने के कारण, दोनों के स्वरूप और प्रयोजन में साम्य दिखाई देता है। इन दोनों की प्रेरणा, भूमिका और प्रतिबद्धता मानवतावाद में मिलती है।" (3.5.6)
- "दोनों में विचारों, साहित्य, अन्दोलन और समाज में मनुष्य की मुक्ति और उसकी महानता का विचार व्यक्त हुआ है।" (3.7)

मुझे याद है कि 1961-63 के बीच जब हम धनबाद में रहते थे साधु के वेश में एक दलित कवि बाबा साहब अंबेडकर की सोच का प्रचार करने आए थे। वे दलित मजदूरों के झोंपड़े में जाते थे और गा-गा कर, कविता पढ़-पढ़ कर अपनी बात कहते थे। उन दिनों मैं स्वयं दलित चेतना के साहित्यिक विकास से उतना परिचित नहीं थी और आजादी की लड़ाई लड़ने वालों से अभिभूत थी, इसलिए उन प्रेरक रचनाधर्मियों को समझने में उतनी सक्षम नहीं थी। भले न्याय के दृष्टिकोण से उनके हितों के लिए सचेत और सक्रिय थी। गृहिणी होने के नाते उन दिनों मैं स्वयं भी परजीवी ही थी, भले राजनीतिक पहचान बनाने की उत्सुकता मुझमें पल्लवित हो चुकी थी। झोंपड़ों को जाग्रत करने वाली वैसी चिनगारियाँ पता नहीं कहाँ और कैसे गुम हो गयीं ? उनकी खोज करना भी हिंदी पट्टी के दलित लेखकों के लिए जरूरी है।

डॉ॰ शरणकुमार लिंबाले की इस पुस्तक में दलित चेतना के विकास के फलस्वरूप मराठी दलित साहित्य में नये दलित सौंदर्यशास्त्र के विकास की चर्चा विस्तृत रूप से की गई है। परंपरागत साहित्य से अलग अपने नये प्रतीक, मिथक, विधा, शैली, यहाँ तक कि भाषा को भी अपने अनुकूल गढ़ने में मराठी दलित साहित्य सक्षम और सफल रहा है। उसने अपनी कसौटियों पर सत्यं, शिवं और सुंदरम् को भी परखा है। डॉ॰ शरणकुमार लिंबाले का मानना है कि सामाजिक मूल्य ही दलित साहित्य के सौंदर्य मूल्य हैं और सत्यं, शिवं, सुंदरम् की कल्पना भेदमूलक है। यह सवर्ण समाज के स्वार्थ साधन के लिए की गई थी और वह दलितों को असत्, अशिव और असुंदर मानकर चलती है। दलित का शोषण उनके लिए कल्याणकारी है, दलित की कुरूपता उन्हें सुंदर बनाती है और दलित का असत् यानी उसका अपमान-अभाव और विनाश उनके लिए सत्य है। इसलिए डॉ॰ लिंबाले ने इसकी व्याख्या बदलने की जरूरत महसूस करते हुए उसे सामाजिक और ऐहिक बनाने पर बल दिया। उन्होंने मनुष्य के अस्तित्व को सत्यं, उसकी स्वतंत्रता को शिवं तथा उसकी मनुष्यता को सुंदरम् कहकर व्याख्यायित किया है और समता, बंधुत्व और स्वतंत्रता की चर्चा को ही दलित साहित्य के सौंदर्यशास्त्र की चर्चा माना है। इस प्रकार उन्होंने सौंदर्यशास्त्र की एक नई परिभाषा देकर एक नया मानदंड प्रस्तुत किया है। एक नई कसौटी दी दलित साहित्य को। उन्होंने दलित लेखकों को आलोचना से निरुत्साहित और प्रशंसा से आत्ममुग्ध होने से भी सावधान किया है। लेखकीय कुप्रवृत्तियों पर प्रकाश डालते हुए वे दलित लेखकों को सचेत और सतर्क दोनों करते हैं ताकि वे सवर्ण साहित्यकारों की तरह ही आपस में एक-दूसरे को सराहकर बड़े लेखक बनने की प्रवृति नहीं पालें। वे आत्मलोचना भी करें और आलोचना को बर्दाश्त करने का रुझान भी विकसित करें। वे अपने समाज को बदलने का लक्ष्य लेकर अपने अनुभवों के आधार पर अपना लेखन जारी रखें और उसी कसौटी पर उसे परखें भी। डॉ॰ लिंबाले की ये पुस्तक हिंदी के दलित

साहित्यकारों के लिए 'लाइट-हाउस' साबित होगी जो उनके लेखन के जहाज को झंझावातों और तूफानों से भरे सवर्ण समीक्षा के शब्द-सागर में भटकने नहीं देगी। यह पुस्तक गैरदलितों को एक नया दृष्टिकोण भी देगी ताकि वे यथार्थ की अनछुई परतों के सत्य को जान सकें, शिव के छद्म को पहचान सकें और सुंदर के वास्तविक रूप को देख सकें। यह अहसास, यह पहचान, यह दृष्टि ही एक सेतु का काम करेगी ताकि सदियों का अन्याय खत्म करने की मुहिम को मजबूत किया जा सके।

रमणिका गुप्ता

दलित साहित्य के विषय में

दलित साहित्य अर्थात् दलित लेखकों द्वारा दलित चेतना से दलितों के विषय में किया गया लेखन। दलित साहित्य का स्वरूप उसके अंतर्गत होने वाले दलित्व में है और उसका प्रयोजन स्पष्ट है। उसका लक्ष्य है दलित समाज को गुलामी से अवगत कराना, उसे इस गुलामी के विरुद्ध संघर्ष करने के लिए प्रेरित करना और सवर्ण समाज के समक्ष अपनी व्यथा और वेदनाओं का बयान करना।

जो साहित्य मूलतः जागृति के लिए ही लिखा गया हो क्या उससे परिवर्तन की जगह आनंद या सौंदर्य की अपेक्षा करना उचित है ? दलित लेखकों का यह मानना है कि उनके साहित्य की समीक्षा समाजशास्त्रीय दृष्टि से होनी चाहिए और समाजशास्त्रीय समीक्षा में सौंदर्य की अपेक्षा सामाजिक मूल्यों की चर्चा अधिक होना लाजमी है। इस परिप्रेक्ष्य में दलित साहित्य की सौंदर्य-चर्चा करने का अर्थ है ''दलित लेखकों की मूलभूत भूमिका की उपेक्षा कर, उसके साहित्य की चर्चा करना''। इसी कारण दलित लेखक को अपने साहित्य की ऐसी सौंदर्य-चर्चा स्वीकार्य नहीं है। दलित लेखकों ने अपने साहित्य की जीवनवादी, यथार्थवादी समीक्षा के साथ-साथ ही दलित साहित्य के अलग सौंदर्यशास्त्र की माँग भी की है। इसका अर्थ यह हुआ कि ''जहाँ दलित लेखक पारंपरिक सौंदर्यशास्त्र को नकारता है वहीं अपने साहित्य के लिए अलग सौंदर्यशास्त्र की जरूरत को भी स्वीकारता है।'' अर्थात् दलित लेखक ने अपने साहित्य की सौंदर्यमीमांसा के लिए अलग कसौटियों की माँग की है। ऐसे दलित लेखक समीक्षकों का दृढ़ मत है कि कसौटियाँ बदलेंगी तो सौंदर्य भी बदलेगा। एक ऐसी भूमिका भी हो सकती है कि जीवनवादी, यथार्थवादी समीक्षा के अनुसार ही दलित साहित्य की सौंदर्यमीमांसा करनी होगी।

लेखक को जिस प्रकार 'ऐसे लिखो, वैसे लिखो' कहना अनुचित है, वैसे ही समीक्षक को भी यह कहना उचित नहीं कि 'ऐसी समीक्षा करो, वैसी समीक्षा करो।' यह भी ध्यान में रखना चाहिए कि कलाकृति तो एक ही होती है लेकिन उस पर समीक्षा विविध प्रकार की हो सकती है। इसका अर्थ यह हुआ कि ''दलित लेखकों

की भूमिका के अनुरूप जैसी दलित साहित्य की समीक्षा होगी, वैसे ही समीक्षकों की भूमिका के अनुरूप ही समीक्षा भी होगी।''

अर्थात् पारंपरिक सौंदर्यशास्त्र के आधार पर दलित साहित्य की समीक्षा हो सकती है। सवर्ण समीक्षकों ने जोर से घोषित किया है कि ''दलित साहित्य को अलग सौंदर्यशास्त्र की जरूरत नहीं है। चिरंतन मूल्यों के आधार पर दलित साहित्य की समीक्षा की जाएगी।'' पर किसी ने भी पूर्ण दलित साहित्य का गंभीरतापूर्वक मनन कर दलित साहित्य की सौंदर्यमीमांसा नहीं की। दलित समीक्षकों ने दलित साहित्य के अलग सौंदर्यशास्त्र की चर्चा की जरूर है पर वे गंभीरता से दलित साहित्य पढ़कर प्रामाणिक रूप से दलित साहित्य की सौंदर्यमीमांसा नहीं कर पाए।

दलित साहित्य की सौंदर्यचर्चा करनी हो तो दलित साहित्य की निर्मिति, भूमिका, परिभाषा, विशेषता, प्रेरणा, प्रवृत्ति, स्वरूप और प्रयोजन के संदर्भ में विचार करना आवश्यक होता है, यह समझ दलित साहित्य के प्रारंभिक काल से ही पनप रही है। ऐसी चर्चा नए सिरे से शुरू करने की बजाय दलित साहित्य के विषय में आज तक की गई समीक्षा एवं विचारों की छानबीन किए बिना हम आगे नहीं जा सकेंगे। इसलिए संपूर्ण दलित साहित्य की समीक्षा की छानबीन करना आवश्यक है।

संपूर्ण दलित साहित्य की समीक्षा की छानबीन किए बिना आवर्त्त में घिरी दलित साहित्य की समीक्षा और दलित साहित्य आगे नहीं जा पाएगा। यह हमेशा ध्यान में रखना होगा कि दलित साहित्य का सौंदर्य विचार अंबेडकर-सोच का प्रतिफल है और दलित साहित्य का सौंदर्य मूल्य सामाजिक मूल्य है।

॥ असत्य ॥

दलित, यायावर और आदिवासी के जीवन में 'सत्य' का स्थान क्या है ? मूलतः जिस 'सत्य' पर गौरव किया जाता है, 'सत्यमेव जयते' कहा जाता है, क्या वह सत्य है ?

> *'ब्राह्मण की ब्रह्मा के मुख से और शूद्र की ब्रह्मा के पैरों से उत्पत्ति हुई है, क्या यह 'सत्य' है ?' 'गत जन्म में पाप किया इसलिए इस जन्म में शूद्र का जन्म मिला, क्या यह 'सत्य' है ?'*

'यदि यह सत्य होगा तो ही वह 'शिव' होगा, अन्यथा वह अशिव है।'

॥ अशिव ॥

हिंदू धर्मशास्त्र ने दलित मनुष्य के स्पर्श, छाया और वाणी को अस्पृश्य माना है। अस्पृश्य के स्पर्श से अन्न, पानी और मनुष्य अपवित्र होता है। मनुष्य ही नहीं ईश्वर भी अपवित्र होता है। अस्पृश्य के लिए अलग बस्तियाँ, अलग पनघट, अलग श्मशान भूमि की व्यवस्था की है। यायावर जातियों के लिए तो न गाँव है न ही

घर। उन्हें हमेशा भटकना पड़ता है। भीख माँगकर जीना पड़ता है। ये कैसा शिव ? इन समूहों को चोरी कर जीना पड़ता है। यहाँ मनुष्य को जन्म से ही अपराधी ठहरा दिया जाता है। ये कैसा शिव ? आदिवासी तो वन्य पशुओं का जीवन जी रहे हैं—ये शिव का कैसा रूप ? कौन-सा रूप ?

> *'शूद्र त्रैवर्णिकों की सेवा करें। उसे सत्ता, संपत्ति, प्रतिष्ठा और ज्ञान का अधिकार नहीं ! ये कैसा शिव ?'*

आज भी दलितों को 'दलित' कहकर यंत्रणा दी जाती है। दलित स्त्रियों पर अन्याय-अत्याचार होते हैं। यह यहाँ के धर्म की प्रथा है।

॥ असुंदर ॥

दलित गाँव के बाहर रहें, उनके नाम अमंगल हों, वे संपत्ति जमा न करें, केवल गधे या कुत्ते पालें, वे कफन का वस्त्र पहनें, वेद न पढ़ें, संस्कृत न सीखें क्योंकि इससे शूद्रों को अपने शोषण की जानकारी होगी। उनको अमंगल, अभद्र और अस्पृश्य जीवन जीने को मजबूर किया गया। वे अगर इस तरह चुपचाप न जिएँ तो उनके लिए कठोर सजा का प्रावधान भी किया गया।

- शंबूक ने तप किया—उसका वध कर दिया गया।
- एकलव्य ने शिक्षा ली—उसका अंगूठा काट दिया गया।
- छत्रपति शिवाजी महाराज ने राज्याभिषेक पर अधिकार जताया तो उन्हें शूद्र कहकर संबोधित किया गया।

कोल्हाटी समाज में नृत्य करनेवाली स्त्रियाँ, यहाँ के पुरुषों की सेज सजाती हैं। सवर्ण साहूकार की ओर से नौटंकी वाली स्त्री का चीर उतारा जाता है। उसके बाद वह जिंदा रहने के लिए, आने-जाने वालों को नृत्य कर के खुश करती है। यहाँ कहाँ है शील, पातिव्रत्य ?

'सत्यं, शिवं और सुंदरम्' ये भेदभाव की कल्पनाएँ हैं—जिसके आधार पर आम आदमी का शोषण हुआ है। दरअसल सत्यं, शिवं और सुंदरम् की धारणा तो सवर्ण समाज के स्वार्थ-साधन के लिए रची गई साजिश है। उसकी परिभाषा बदलने की जरूरत है। उन्हें अधिक ऐहिक और सामाजिक करने की आवश्यकता है।

- मनुष्य सर्वप्रथम मनुष्य है यही 'सत्य' है।
- मनुष्य की स्वतंत्रता ही 'शिव' है।
- मनुष्य की मनुष्यता ही 'सौंदर्य' है।

काल्पनिक सत्य, काल्पनिक शिव, काल्पनिक सौंदर्य ये सब मूर्खता की बातें

हैं। विश्व में मनुष्य जैसी 'सत्य और सुंदर' दूसरी कोई चीज नहीं है। इसीलिए तो मनुष्य की समता, स्वतंत्रता, न्याय और बंधुत्व की चर्चा होनी आवश्यक है। मेरे विचार में यही चर्चा 'दलित साहित्य के सौंदर्यशास्त्र' की चर्चा होगी।

डॉ. शरणकुमार लिंबाले

दलित साहित्य : स्वरूप और लक्ष्य

1.1 प्रस्तावना

स्वातंत्र्योत्तर काल में मराठी साहित्य विविध साहित्यिक धाराओं से गूँज उठा। भारत स्वतंत्र होने के बाद भारतीय समाज और मनुष्य के मन में राजकीय आकांक्षा प्रबल हो उठी। हर एक पंचवर्षीय योजना, चुनाव, सत्ता का विकेंद्रीकरण, लोक-कल्याणकारी योजनाएँ और शिक्षा के प्रसार से भारतीय जनजीवन में आमूल परिवर्तन हुआ। जनतांत्रिक शासन पद्धति के कारण आम आदमी अपने हक-अधिकार की भाषा समझने लगा। ''हम स्वतंत्र हुए हैं'' इस भावना से स्वातंत्र्योत्तर काल प्रभावित हो गया था। स्वतंत्रता मिलने के कारण, ऐसी आशा पैदा हुई थी कि लोगों के सभी प्रश्न हल होंगे, पर समय के साथ अनेक समस्याएँ बढ़ती गईं। बेकारी, निर्धनता, बढ़ती हुई आबादी, जातिगत झगड़े, भ्रष्टाचार से ग्रसित सार्वजनिक जीवन, जातिवादी राजनीति, हिंदुत्ववादी शक्ति का हो-हल्ला, अत्याचार और हमेशा हौवा दिखाने वाली अकाल की परिस्थिति के कारण मनुष्य का स्वतंत्रता से विश्वास उठ गया और शुरू हुआ अपने प्रश्नों के हल के लिए जनआंदोलन।

शिक्षा और जनतंत्र का विचार समाज के अनेक भागों तक पहुँचा। अलग-अलग प्रदेशों में रहने वाले लोग, देहात और देहात के बाहर के दलित, यायावर और आदिवासी, शिक्षा के कारण जाग्रत होने लगे। किसानों, स्त्रियों और श्रमिक वर्ग में भी शिक्षा का प्रसार हुआ। शिक्षा का जनतांत्रिकरण प्रारंभ हुआ। 'एक मनुष्य एक मूल्य' यह विचार सर्वत्र फैला, पर सामाजिक परिस्थिति नहीं बदली। समता, स्वतंत्रता, बंधुता और न्याय जैसे मानवीय मूल्यों का ज्ञान हो जाने के कारण राष्ट्र, समाज और व्यक्ति के जीवन में क्रांतिकारी परिवर्तन तो हुआ, लेकिन विषम व्यवस्था और उसके विरुद्ध असंतोष के कारण, समाज के मन में वेदना और विद्रोह भी सुलग उठा। इसका ही साहित्यिक रूप अर्थात् स्वातंत्र्योत्तर काल की 'साहित्यिक धाराएँ' हैं।

समाज़ के विविध स्तरों में नए लेखकों का उदय हुआ। इन लेखकों ने अपनी भाषा, अपना परिवेश, अपनी परिस्थिति और अपने प्रश्न, अपने साहित्य में प्रस्तुत किए। स्वातंत्र्योत्तर काल में विविध साहित्यिक धाराओं की अपेक्षा दलित साहित्य का स्वरूप और लक्ष्य भिन्न होने के कारण यह साहित्य बहुचर्चित सिद्ध हुआ। इस साहित्य की उपस्थिति अन्य भारतीय और विदेशी भाषाओं में भी दर्ज की गई।

1.2 दलित साहित्य की सर्जना

'मूकनायक' से 'महानिर्वाण' यानी 1920 से 1956 तक का काल डॉ. बाबासाहब अंबेडकर की कलम, वाणी और कार्य से प्रभावित हो गया था। बाबासाहब ने अछूतों की कैफियत गाँव की सीमा से गोलमेज परिषदों तक प्रस्तुत की। अछूतों के समान हक के लिए पानी से परमेश्वर तक संघर्ष किया। बाबासाहब के कार्य से संपूर्ण दलित समाज प्रभावित हुआ। इससे दलित लेखक कैसे अपवाद रहते ? दलित लेखकों ने बाबासाहब की सोच और उनके कार्य का गौरव-गान शुरू किया। इसके उदाहरण-स्वरूप कई दलित कवियों का उल्लेख किया जा सकता है। दलित कवियों ने अपनी रचनाओं के माध्यम से समाज में आंदोलन की चेतना का निर्माण किया। इस काल में जो लेखन हुआ है, वह क्रांति का प्रचार करने वाला है। बाबासाहब के कार्यकाल को दलित आंदोलन के इतिहास में प्रबोधन-पर्व कहा जाएगा। इस प्रबोधन के पर्व में प्रमुख लेखक के रूप में बंधुमाधव, शंकरराव खरात और अण्णभाऊ साठे का उल्लेख किया जा सकता है। इसी काल में दलित लेखक ना. रा. शेंडे का लेखन भी प्रकाशित हो रहा था।

बाबासाहब अंबेडकर ने दलित समाज के लड़कों की उच्च शिक्षा के लिए 1946 में मुंबई में 'सिद्धार्थ महाविद्यालय' और 1947 में औरंगाबाद में 'मिलिंद महाविद्यालय' शुरू किया। इस महाविद्यालय में शिक्षा लेनेवाले दलितों की पहली शिक्षित पीढ़ी बाबासाहब की सोच से प्रभावित हुई थी। इस पीढ़ी का दलित तरुण अपनी भावना शब्दों में प्रस्तुत करने का प्रयत्न कर रहा था। इसका प्रमाण इस काल में प्रकाशित हुए मिलिंद महाविद्यालय की वार्षिकी में दिखाई देता है।

प्रारंभिक काल में दलित लेखकों का लेखन सवर्ण प्रकाशक-संपादक नहीं छापते थे। दलित लेखकों के लेखन को मामूली तवज्जो भी नहीं दी जाती थी, फिर भी दलित लेखक लिख रहे थे, भरसक प्रयत्न कर रहे थे। इसके फलस्वरूप 2 मार्च, 1958 को दादर के बंगाली हाईस्कूल के सभागृह में दलित लेखकों का पहला साहित्य सम्मेलन संपन्न हुआ। इस सम्मेलन में "दलित साहित्य का सांस्कृतिक महत्त्व पहचान कर दलित साहित्य को उचित महत्त्व दिया जाए" इस आशय का प्रस्ताव पारित किया गया। बाबासाहब के धर्मांतरण और निर्वाण का दलित समाज पर बहुत बड़ा प्रभाव

पड़ा। धर्मांतरण के कारण दलित समाज को एक नई सांस्कृतिक परंपरा प्राप्त हुई तो बाबासाहब के निर्वाण से दलित समाज में बहुत बड़ी सांस्कृतिक रिक्तता आई। बाबासाहब के बाद का नेतृत्व गुटों में विभाजित हो गया। दलितों पर अन्याय-अत्याचार की घटनाएँ बढ़ गईं। जीने के प्रश्नों के साथ ही शारीरिक दमन तीव्र हुआ। इसलिए दलित समाज में ''हमारा कोई रक्षक नहीं है'' ऐसी भावना भी पनपने लगी।

स्वातंत्र्योत्तर काल में दलित युवक शिक्षित हुए। उन्होंने संगठन और संघर्ष का महत्त्व समझा। भारतीय स्वतंत्रता और संविधान से उनके प्रश्न हल हो जाएँगे उनकी यह आशा व्यर्थ साबित हुई। एक ओर ज्ञान, विज्ञान और कानून के कारण दलित समाज में प्रचंड जागृति होने लगी थी लेकिन दूसरी ओर दरिद्रता और जाति व्यवस्था ने दलितों को जर्जरित कर रखा था। शिक्षा का प्रचार, आंदोलन का दबाव और परिस्थिति के विरुद्ध संघर्ष के कारण दलित युवकों ने प्रस्थापित विषम व्यवस्था के विरुद्ध अपने मन में होने वाली 'चिढ़' और 'क्रोध' को अपने लेखन में व्यक्त किया। इस लेखन को ही 'दलित साहित्य' के नाम से संबोधित किया गया है।

1.3 दलित साहित्य और मराठी साहित्य

प्राचीन मराठी साहित्य आत्मा-परमात्मा के इर्दगिर्द भटक रहा था। भोग और भक्ति के उस पार यह साहित्य नहीं पहुँच पाया। प्राचीन-अर्वाचीन मराठी साहित्य में मराठी मनुष्य के वास्तव चित्रण की अपेक्षा संस्कृत और अंग्रेजी की परछाईं अधिक महसूस होती है। ऐसे मराठी साहित्य में 'अछूत मनुष्य की महत्ता' घोषित करनेवाले दलित साहित्य का उद्‌गम विवादास्पद सिद्ध न होता तो आश्चर्य होता ! दलित साहित्य की सर्जना से मराठी साहित्य में भारी खलबली मच गई। दलित लेखकों ने भी किसी प्रकार के साहित्यशास्त्र की परवाह न करते हुए अपना साहित्य लिखना प्रारंभ किया।

1.3.1 संत साहित्य और दलित साहित्य

संत साहित्य को मराठी साहित्य में 'अक्षर वाङ्‌मय' कहा जाता है। मराठी मनुष्य के मन में संतों के संबंध में अत्यंत श्रद्धा और भक्ति की भावना दिखाई देती है पर दलित लेखकों की भूमिका इनसे अलग है। संतों ने जातिभेद और अछूत प्रथा के विरुद्ध संघर्ष नहीं किया। सामाजिक समस्याओं की अपेक्षा उन्हें मोक्ष अधिक महत्त्वपूर्ण लगा। उन्होंने स्त्री और शूद्रों को सहानुभूति से सहलाया है। देवों के दरवाजे पर बराबर होते हुए भी संत व्यवहार में केवल पारंपरिक सीढ़ी के पास ही रखे गए थे। दलित संत लेखकों की ये मजबूरी, आज के दलित लेखकों में क्रोध पैदा करती है। जाति-व्यवस्था के कारण दलित लेखक का नाता हिंदू संस्कृति से टूट गया। इसलिए उनके मन में संतों से दूरी होना स्वाभाविक है पर दलित लेखकों और संतों के काल

में बहुत बड़ा अंतर है। यह अंतर केवल काल का ही नहीं है, यह इस काल में घटित सांस्कृतिक स्थित्यंतर का भी है, इस तथ्य को ध्यान में रखना आवश्यक है।

दलित लेखक प्रस्थापित परंपरा नकारते हैं लेकिन इसका अर्थ यह नहीं कि दलित लेखकों के पास परंपरा नहीं है। दलित लेखक बुद्ध, कबीर, फुले और अंबेडकर की परंपरा मानते हैं। काल की मर्यादा का उल्लंघन कर नए-पुराने लेन-देन में से संस्कृति और परंपरा विकसित होती है–जैसे यह सच है–वैसे ही यह भी सच है कि पुरातन को नकार कर कोई नई बागी परंपरा भी पैदा होती है। इस बागी परंपरा को स्वयं का तत्त्वज्ञान होता है, उसका बड़ा अनुयायी वर्ग होता है, उसका स्वतंत्र अस्तित्व निर्मित होता है। आगे चल कर यह नई धारा संस्कृति का अविभाज्य अंग बनती है। इसके उदाहरणस्वरूप वैदिक परंपरा नकारने वाली अवैदिक परंपरा की ओर इंगित करना पड़ेगा।

1.3.2 आधुनिक मराठी साहित्य और दलित साहित्य

'केशवसुत से मर्ढेकर' का साहित्यिक कालखंड मराठी साहित्य के इतिहास में 'आधुनिक' कालखंड के रूप में दर्ज किया गया है। मर्ढेकर के बाद समकालीन साहित्य का प्रारंभ माना जाता है। आधुनिक मराठी साहित्य में दलितों का चित्रण मध्यवर्गीय प्रवृत्ति से हुआ है। इस साहित्य में–'भोला सुधारवाद' और दलितों के संबंध में 'सहानुभूति' व्यक्त हुई है। मध्यवर्गीय लेखकों का अनुभव-संसार सीमित होने के कारण उनके लेखन में दलितों का वास्तविक चित्रण नहीं मिलता। जिन मराठी लेखकों ने दलितों का चित्रण किया है, उसमें अनुकंपा व्यक्त हुई है। इसमें स्वाभिमानी दलितों का चित्रण दिखाई नहीं देता।

द्वितीय महायुद्ध में हुई भयंकर मनुष्य हानि, यंत्रयुग में जंतुवत मनुष्य, गिरे हुए मूल्य, सार्त्र, कामू, किर्केगार्ड और फ्रायड के विचारों का प्रभाव और स्वातंत्र्योत्तर काल में जनआंदोलन के फलस्वरूप मराठी साहित्य का नया चेहरा आकार लेने लगा था। आधुनिक मराठी साहित्य की अपेक्षा नव साहित्य का स्वरूप और प्रवृत्ति भिन्न दिखाई देती है। नव साहित्य की यह बगावत साहित्यिक मूल्य बदलने तक सीमित रही। यह साहित्य मध्यवर्गीय जीवन के आसपास घूमता रहा। नव साहित्यिकों ने दलितों के वास्तविक चित्रण की बजाय दलित समाज में अवास्तविकता, लैंगिकता, कामुकता और गुनाहों का भड़कीला वर्णन किया है। दलित साहित्य में व्यक्त हुआ क्रांतिवादी विचार, नवसाहित्य में व्यक्त नहीं होता। नवसाहित्यकारों की बगावत से मराठी साहित्य के बंद दरवाजे खुले और इससे दलित साहित्य के उदय के अनुकूल परिस्थितियाँ बनीं।

नवसाहित्यकारों की बगावत का स्वरूप साहित्यिक था। इसके अतिरिक्त यह साहित्य मुंबई शहर तक सीमित था। ये नवसाहित्यकार 'सत्य कथा' जैसी लघु पत्रिकाओं

में प्रकाशित होने वाले प्रस्थापित साहित्यकारों के साहित्य के विरुद्ध मोर्चा लेकर लिख रहे थे। 'सत्यकथा' के अंक जला कर वे अपना असंतोष प्रकट करते थे। 'सत्यकथा' में उनका साहित्य नहीं छापा जाता था इसलिए नवसाहित्यकारों ने लघु पत्रिकाएँ शुरू कीं। इन लघु पत्रिकाओं में राजा ढाले और नामदेव ढसाल का आरंभिक लेखन प्रकाशित हुआ है। नवसाहित्यकार और दलित साहित्यकार इन दोनों के मित्रतापूर्ण संबंध होने पर भी, दोनों के लेखन के स्वरूप एवं प्रयोजन में भिन्नता दिखाई देती है। इसके अतिरिक्त दलित साहित्य के सृजन के कारण भी अलग हैं।

1.3.3 दलित साहित्य और ग्रामीण साहित्य

ग्रामीण साहित्य 1925 से लिखा जाने पर भी इस साहित्य की बहार स्वातंत्र्योत्तर काल में ही आई। महाराष्ट्र की अस्सी प्रतिशत जनता देहात में रहती है। शिक्षा के फलस्वरूप किसानों के लड़के पढ़कर आगे आए। उन्हें घास के पत्तों पर पड़ने वाली ओस के साथ काम करनेवालों के अश्रु भी दिखाई पड़े। ग्रामीण लेखकों ने देहात में रहनेवाले कृषि समाज को अपने साहित्य में स्थापित किया।

चूँकि दलित साहित्य का बहुत भाग देहात के चित्रणों से पटा हुआ है इसलिए ग्रामीण लेखकों को लगता है कि दलित साहित्य ग्रामीण साहित्य का एक हिस्सा है। गाँव में जाति आधारित मुहल्ले बसे हुए हैं। गाँव के बाहर दलितों के लिए अलग बस्ती, अलग श्मशान और अलग पनघट हैं। यायावर जमातों के लिए तो न कोई गाँव है, न ही कोई घर। आज यहाँ तो कल वहाँ, ऐसे ही दौड़-धूप की जिंदगी जीते हैं वे। पेट के लिए भीख माँगें अथवा चोरी करें, यही विकल्प है। आदिवासी समाज तो वनों में जंगली पशु जैसा जीवन जी रहा है। उनका गाँव से रिश्ता केवल साप्ताहिक बाज़ार तक ही सीमित रहता है। इसके विपरीत गाँव वालों की ओर से दलितों, यायावर जातियों और आदिवासियों को यातनाएँ दी जाती हैं। यही वास्तविक स्थिति है। ऐसी विषम सामाजिक सच्चाई होने के कारण क्या इन सभी को एक ही 'विशेषण' से पहचानना उचित नहीं होगा—यानी दलित ?

ग्रामीण लेखकों का मानना है कि यदि 'अछूत का अनुभव' अथवा 'जाति व्यवस्था का कलंक' अलग कर दें तो सब पीड़ित लोगों का जीवन एक सरीखा है। प्रत्यक्ष में जातिव्यवस्था की परिपाटी चालू होते हुए उसे नकार कर "सभी का जीवन समान स्वरूप का है", यह कहने का अर्थ है वास्तविकता को नकारना। छुआछूत के अनुभवों की ओर आँखें बंद नहीं की जा सकतीं क्योंकि ये अनुभव हजारों मनुष्यों के हैं और हजारों वर्षों से चले आ रहे हैं। दलित साहित्य इस अस्पृश्यता में से निर्मित हुआ साहित्य है। यही इस साहित्य की विशेषता है।

दलित लेखकों ने केवल दलितों के दुखों का वर्णन किया, यह जितना सच है उतना ही सच है ग्रामीण लेखकों का दलितों के जीवन का चित्रण नहीं किया

जाना। सच तो यह है कि इन लेखकों के अनुभवों की यह सीमा है। मनोरंजन के लिए लिखने वाले लेखक से दलित साहित्य लिखने की अपेक्षा करना और दलित लेखक से मनोरंजन के लिए साहित्य लिखने को कहना ही अनुचित है। लेखक अपने स्वभाव धर्म के अनुसार साहित्य का सृजन करेगा। कलाकार अमुक प्रकार का साहित्य रचे, ऐसा कहना उस पर अपनी अपेक्षा का बोझ डालना है। ऐसी अपेक्षा हर एक पाठक के अनुसार भिन्न हो सकती है। इसलिए किसी भी लेखक द्वारा दूसरों की अपेक्षा के अनुसार लिखना संभव नहीं है। वह अपने स्वभाव धर्म के अनुसार ही लिखेगा। जो लिखा गया है, उसका ही मूल्यांकन करना उचित होगा।

दलितों ने विषम हिंदू समाज व्यवस्था के विरुद्ध असंतोष व्यक्त किया है। इस असंतोष के जन्म का कारण अंबेडकरी सोच है।

ग्रामीण साहित्य जातिव्यवस्था के संबंध में नहीं बोलता। इतना ही नहीं बल्कि दोनों की प्रेरणाएँ भी भिन्न हैं। इसलिए ग्रामीण साहित्य से दलित साहित्य अलग है। गाँव में स्थित सवर्ण समाज और गाँव की सीमा के बाहर का अछूत समाज इन दोनों में जितना अंतर है, उतना ही अंतर ग्रामीण साहित्य और दलित साहित्य में है।

प्राचीन, अर्वाचीन और समकालीन मराठी साहित्य में दलितों का वास्तविक चित्रण नहीं हुआ है। दलितों का वास्तविक चित्रण करना होगा तो दलित लेखकों को ही लिखना पड़ेगा। वे स्वयं ही दलितों के जीवन में होनेवाले यथार्थ अनुभव लिखें—इस उद्देश्य से प्रेरित हो कर ही दलित लेखकों ने लिखना शुरू किया है।

1.4 दलित कौन है ?

सर्वप्रथम दलित साहित्य में 'दलित' शब्द की व्याख्या निश्चित करनी होगी। दलित केवल—हरिजन और नवबौद्ध नहीं। गाँव की सीमा के बाहर रहने वाली सभी अछूत जातियाँ, आदिवासी, भूमिहीन, खेत मजदूर, श्रमिक, कष्टकारी जनता, और यायावर जातियाँ सभी की सभी 'दलित' शब्द की परिभाषा में आती हैं। दलित शब्द की परिभाषा में केवल अछूत जाति का उल्लेख करने से नहीं चलेगा। इसमें आर्थिक दृष्टि से पिछड़े हुए लोगों का भी समावेश करना होगा।

1.5 दलित साहित्य क्या है ?

दलितों का दुख, परेशानी, गुलामी, अधःपतन और उपहास के साथ ही दरिद्रता का कलात्मक शैली से चित्रण करने वाला साहित्य ही दलित साहित्य है। "आह का उदात्त स्वरूप अर्थात् दलित साहित्य"।

हर एक मनुष्य को स्वतंत्रता, प्रतिष्ठा और भयमुक्त सुरक्षा मिलनी चाहिए,

इसी पृष्ठभूमि पर निर्मित एक प्रवृत्ति साहित्य में अभिव्यक्त हो रही है। इस प्रवृत्ति का नाम दलित साहित्य है। दलित साहित्य मनुष्य को केंद्र मानता है। मनुष्य के सुख-दुख से समरस होता है। मनुष्य को महान मानता है। मनुष्य को सम्यक् क्रांति की ओर ले जाता है।

1.5.1 दलित साहित्य में वेदना

हिंदू धर्मव्यवस्था ने दलितों की छाया, स्पर्श और वाणी अस्पृश्य मानी है। जन्मतः मनुष्य को 'अस्पृश्य' और 'गुनहगार' माना है। दलित संपत्ति जमा न करें, वे गाँव के बाहर रहें, गधे और कुत्ते ही उनकी संपत्ति हैं, वे सोने के आभूषण नहीं पहनें। इतना ही नहीं वे मिट्टी के बर्तनों में ही अन्न ग्रहण करें, कपड़े के रूप में कफन का ही प्रयोग करें, अपने नाम अमंगल और अभद्र रखें, ऐसे अनेक आदेश हिंदू धर्मग्रंथों में भरे पड़े हैं।

हजारों वर्षों से दलितों को सत्ता, संपत्ति और प्रतिष्ठा से वंचित रखा गया। दलित इस व्यवस्था के विरुद्ध बगावत न करें इसलिए "यह व्यवस्था ईश्वर ने बनाई है" ऐसा सिद्धांत प्रतिपादित किया गया। दलितों की हजारों पीढ़ियाँ यह अन्याय सहन करती हुई जी रही हैं।

बाबासाहब अंबेडकर के विचारों से दलित समाज को अपनी गुलामी का एहसास हुआ। उनकी वेदना को वाणी मिल गई। इस मूक समाज को बाबासाहब के रूप में मूकनायक मिला। दलितों की वेदना ही दलित साहित्य की जन्मदात्री है। यह वेदना एक की नहीं, ना ही यह एक दिन की है। यह वेदना हजारों की है, हजारों वर्षों की है। इसलिए यह व्यक्त होते समय समूह स्वरूप में व्यक्त होती है। दलित साहित्य में वेदना एक 'मैं' की वेदना नहीं। वह पूरे बहिष्कृत समाज की वेदना है। इसलिए इस वेदना का स्वरूप सामाजिक बन गया है।

1.5.2 दलित साहित्य में नकार और विद्रोह

दलित साहित्य में 'नकार' और 'विद्रोह' दलितों की वेदना के गर्भ से पैदा हुआ है। यह नकार अथवा विद्रोह अपने ऊपर लादी गई अमानवीय व्यवस्था के विरुद्ध है। जैसे दलित साहित्य में वेदना समूह स्वर में व्यक्त होने वाले सामाजिक स्वरूप की है, वैसे ही नकार और विद्रोह भी सामाजिक और समूह स्वरूप का है।

जिस प्रस्थापित विषम व्यवस्था ने दलितों का शोषण किया, उस व्यवस्था को दिया गया यह नकार है। इस नकार का स्वरूप दुधारी है। यह विषम व्यवस्था को नकारते हुए समता, स्वतंत्रता, न्याय और बंधुत्व की माँग करने वाली सोच है। इसलिए यह ध्यान में रखना चाहिए कि दलित साहित्य में नकार—यथार्थपरक विधायक दृष्टि रखने वाला न्यायपरक प्रतिकार है।

वेदना और नकार के बाद की अवस्था 'विद्रोह' है। "मैं मनुष्य हूँ, मुझे मनुष्य के सभी हक मिलने चाहिए।" इस चेतना से इस विद्रोह का जन्म हुआ है।

निरंकुश वेदना के गर्भ से जन्मा विस्फोटक नकार और भेदक विद्रोह, प्रपात जैसा है। उसका स्वरूप आक्रामक है, वह उद्दण्ड और बागी रुख अख्तियार करता है।

1.5.3 दलित साहित्य में अनुभव

दलित साहित्य में अभिव्यक्त अनुभव आज तक के किसी साहित्य में व्यक्त नहीं हुए हैं। यह अनुभव जाति विशेष के अनुभव हैं। इसलिए यह अनुभव एक व्यक्ति का होते हुए भी पूरी जाति का प्रतिनिधित्व करता है।

दलित साहित्य में अनुभवों की निम्न प्रकार की विशेषताएँ हैं :

1. आत्मसम्मान की अनुभूति में आत्मशोध करना।
2. आत्मसम्मान के विरोध में आने वाली परंपराओं और धर्म को नकारना।
3. धर्म और परंपरा की जबरदस्ती के खिलाफ विद्रोह करना।
4. स्वतंत्रता अथवा जनतंत्र जैसे मोहक नामों के बहाने दंभ नजर आए तो उसके विरुद्ध भी बगावत करना।
5. मनुष्य को मनुष्य की तरह बर्ताव न किए जाने की वेदना की अभिव्यक्ति करना।
6. मनुष्य से मनुष्य की तरह बर्ताव करने वाला बुद्ध विचार आदरणीय होना।
7. डॉ. अंबेडकर और महात्मा फुले के लिए असीम कृतज्ञता की भावना का प्रस्फुटन।

दलित लेखकों का आग्रह इस पर है कि "मैंने जो जीवन जिया, भोगा और देखा है, वही मैंने साहित्य में व्यक्त किया है।" दलित साहित्य में अनुभव 'स्वतंत्रता की आकांक्षा से' व्यक्त होने के कारण उसका स्वरूप 'मैं' होने की अपेक्षा 'हम' जैसा है। इस अनुभव ने ही दलित लेखकों को लिखने के लिए प्रेरित किया है। इस अनुभव का दलितों के जीवन से जुड़ाव नकारा नहीं जा सकता। दलित साहित्य में अनुभव वेदना और विद्रोह के रसायन से तैयार होता है। इसमें दलित चेतना की अहम भूमिका है।

1.5.4 दलित चेतना

दलित साहित्य में 'दलित चेतना', संघर्ष से नाता रखने वाली क्रांतिकारी मानसिकता है। मनुष्य को केंद्र मान कर जातिव्यवस्था के विरुद्ध विद्रोह करनेवाली यह प्रतीति है। इस चेतना की प्रेरणा अंबेडकरी विचार है। दलित चेतना गलाम को गुलामी से अवगत करा देती है। दलित चेतना दलित साहित्य का महत्त्वपूर्ण जननबीज है। यह दलित चेतना अन्य लेखकों की चेतना की अपेक्षा अलग और विशेषतापूर्ण है। इस

चेतना के कारण ही दलित साहित्य की अलगता रेखांकित होती है।

1.5.5 दलित साहित्य में प्रतिबद्धता

दलित लेखक लिखते समय अपने अनुभवों को आधार बनाता है। उसके लेखन में एक अवधारणा हमेशा मुखर होती है कि "इसके विरुद्ध विद्रोह करना है, ये नकारना है, ये निर्माण करना है" चूँकि पूर्व निश्चित अवधारणा से प्रेरित होकर दलित लेखक लिखता है इसलिए उसका लेखन सोद्देश्य होता है।

दलित लेखक सामाजिक जिम्मेदारी से लिखता है। उसके लेखन में कार्यकर्ता का आवेश और निष्ठा अभिव्यक्त होती है। समाज बदले, समाज अपने प्रश्न समझे, यह तिलमिलाहट उसके लेखन में तीव्रता से व्यक्त होती है। दलित लेखक आंदोलन करते हुए लिखने वाला कार्यकर्त्ता, कलाकार है। वह अपने साहित्य को आंदोलन मानता है। उसकी प्रतिबद्धता दलित और शोषित वर्ग से है।

दलित लेखक की प्रतिबद्धता के कारण उसकी अभिव्यक्ति पर बुरा प्रभाव पड़ता है। दलित लेखकों को "कार्यकर्त्ता और कलाकार, इन दोनों में होने वाली सीमारेखा का ज्ञान होना आवश्यक है।" लेखक की कलाकृति सामाजिक जीवन का अंग है। परिवर्तनकारी लेखक सामाजिक जिम्मेदारी टाल नहीं सकता इस कारण उसके सृजन पर बुरा प्रभाव न पड़े—यह सोचना भी उसके लिए उतना ही महत्त्वपूर्ण है।

1.5.6 दलित साहित्य की भाषा

दलित साहित्य में व्यक्त हुआ जीवनदर्शन आज तक व्यक्त हुए अनुभव संसार की अपेक्षा अलग है। एक नया संसार, एक नया समाज, एक नया मनुष्य पहले-पहल साहित्य में व्यक्त हुआ है। दलित साहित्य का यथार्थ अलग है। इस यथार्थ की भाषा अलग है। यह भाषा दलितों की गँवार-असभ्य भाषा है। यह भाषा दलितों की बोली भाषा है। यह भाषा शिष्ट संकेत और व्याकरण के नियम न मानने वाली भाषा है। ऐसा कहा जाता है कि हर एक दस कोस पर भाषा बदलती है किंतु दलितों के संबंध में अंतर का गणित गलत ठहरता है। एक ही गाँव में—गाँव की भाषा और अछूत टोली की भाषा में भेद दिखाई देता है।

दलित लेखकों ने अपने लेखन के लिए प्रमाण भाषा की बजाय टोली की भाषा का प्रयोग किया है। प्रमाण भाषा का एक 'दर्जा' होता है। इस प्रमाण भाषा का 'दर्जा' दलित लेखकों ने नकारा है। समाज में शिष्ट लोगों द्वारा लेखन के लिए मान्यता प्राप्त भाषा के रूप में 'प्रमाण भाषा की ओर' देखा जाता है। यह शिष्ट मान्यता दलित लेखकों ने नकारी है क्योंकि यह शिष्ट मान्यता 'एक दंभ से' भरी हुई है।

दलित लेखकों को प्रमाण भाषा की अपेक्षा अपनी बस्ती की भाषा अपनी लगती है। दरअसल प्रमाण भाषा में दलितों की बोली के सभी शब्द नहीं मिलते हैं। ऐसे

भी अपने अनुभव अपनी मातृभाषा में बिना प्रयास कह पाना, अभिव्यक्ति को अधिक तीव्रता देने में सहायक होता है।

1.5.6.1 प्रतिमान और प्रतीक

दलित लेखकों ने अपने साहित्य में अनेक प्रतिमान और प्रतीकों का प्रयोग किया है। अनुभव की अभिव्यक्ति के लिए प्रतिमान और प्रतीक अधिक उपयुक्त ठहरते हैं। विशेष कर दलित कविता में प्रतिमान और प्रतीकों का एक विशिष्ट रूप देखने को मिलता है।

हिंदुओं के पौराणिक साहित्य के संबंध में दलित लेखकों ने कटु प्रतिक्रिया व्यक्त की है। महाकाव्य साहित्य होते हुए भी उसमें दलित समाज का चित्रण नहीं। इन महाकाव्यों में निम्न वर्ग के लोग प्राकृत भाषा का प्रयोग करते हुए दिखाये गये हैं। संस्कृत को देववाणी मान कर, शूद्रों को संस्कृत पढ़ने से प्रतिबंधित किया गया। इसलिए बाबासाहब अंबेडकर संस्कृत भाषा पढ़ नहीं सके, उन्हें संस्कृत की बजाय फ़ारसी भाषा पढ़नी पड़ी। ''शंबूक का वध करनेवाला राम हमारा आदर्श नहीं हो सकता। जिस गीता में चातुर्वर्ण्य का समर्थन है, ऐसा महाभारत हमें वंदनीय नहीं लगता'' ऐसी दलित लेखकों की सोच है।

पौराणिक साहित्य ने विषम व्यवस्था का भरण-पोषण किया है इसे दलित लेखक नहीं भूल सकते। इसलिए दलित लेखकों ने अपने लेखन में पौराणिक प्रतिमानों का प्रयोग न करने का रवैया अपनाया। दलित समीक्षकों ने दलित लेखकों को यह हिदायत दी कि उन्हें अपने लेखन में पौराणिक प्रतिमानों का प्रयोग करने की बजाय नए मिथकों का निर्माण करना चाहिए। जहाँ दलित लेखक-कवियों ने अपने लेखन में पौराणिक प्रतिमानों का प्रयोग किया भी है—वहाँ उन्होंने मूल पौराणिक प्रतिमानों को तोड़ा-फोड़ा भी है। इन प्रतिमानों को नया अर्थ और आशय दिया है, यह ध्यान में रखना चाहिए।

1.6 दलित साहित्य पर आक्षेप

दलित साहित्य का स्वरूप, प्रयोजन और उसकी भूमिका के कारण इस साहित्य पर कई आक्षेप लगाए गए। ये आक्षेप निम्न हैं :

1. दलित साहित्य प्रचारी है।
2. दलित साहित्य एकसुरी है।
3. दलित साहित्य में व्यक्ति व्यक्त नहीं होता।
4. दलित साहित्य में आक्रोश सुनाई देता है।
5. दलित साहित्य नकारात्मक है।

1.6.1 दलित साहित्य प्रचारी है ?

दलित साहित्य प्रचारी है। उसमें कलात्मकता नहीं है। दलित लेखक 'पोज़' लेकर लिखता है। उसके लेखन में आंदोलन में होने वाला आवेश व्यक्त होता है। उसके लेखन में अलिप्तता और तटस्थता नहीं है। इस प्रकार की आलोचना दलित साहित्य के बारे में होती रही है।

दलित लेखकों द्वारा अपनी वेदना, अपने प्रश्नों को अपने साहित्य में प्रस्तुत किए जाने के कारण उनके साहित्य को प्रचारी स्वरूप दे दिया गया। यह सच है कि इस साहित्य में मानवीय मूल्यों का उद्घोष व्यक्त हुआ है इसलिए इसमें तटस्थता दिखाई नहीं देती। दलित लेखक की वेदना उसकी अपनी वेदना है इसलिए यह लेखक अपनी वेदना से नाता तोड़ नहीं सकता। दलित साहित्य में प्रस्तुत प्रश्न लेखक के खुद अपने व उसके समाज के होने के कारण लेखक तटस्थ नहीं रह सकता इसलिए उसकी प्रतिक्रिया 'पोज़' के समान लगती है। चूँकि वह मानव-मुक्ति के साधन के रूप में अपने लेखन को देखता है, इस कारण उसके लेखन में आवेश व्यक्त होता है। लेकिन सभी दलित साहित्य प्रचारी है, ऐसा नहीं कहा जा सकता। जिए-भोगे हुए उत्कट अनुभवों को प्रचारी सिद्ध नहीं किया जा सकता।

1.6.2 क्या दलित साहित्य एकसुरी है ?

दलित साहित्य पर एकसुरता, वही का वही, अथवा आवर्त्त में फँसा हुआ होने का आक्षेप भी प्रायः लगाया जाता है। इस एकसुरता का कारण इस साहित्य में व्यक्त होने वाली समान वैचारिक भूमिका है। समान वैचारिक भूमिका के कारण इस साहित्य का स्वरूप एकसुरी है। इसके अतिरिक्त दलित साहित्य में प्रस्तुत अनुभव वही के वही हैं। अस्पृश्यों की अस्पृश्यता के कारण होने वाले अनुभव एक जैसे हैं। गाँव का नाम भले अलग हो, पर दलितों के जुल्म का स्वरूप समान है। सामाजिक बहिष्कार, अलग पनघट, अलग श्मशान, अलग बस्ती, किराए पर घर न मिलना, जाति छिपाना, सार्वजनिक स्थान में प्रवेश के लिए मनाही, दलित स्त्रियों पर होने वाले अन्याय, मृत जानवर को खींचना, फाड़ना, नाई द्वारा बाल न काटना आदि अनुभव एक सरीखे हैं। 'आठवणी चे पक्षी' (यादों के पंछी) में 'खाल छीलने का प्रसंग' और 'अक्करमाशी' (अक्करमाशी) में 'खाल छीलने का प्रसंग' इन दोनों में बहुत कुछ साम्य है।

दलित लेखकों के विचार में साम्य, अनुभव में साम्य और भावना में साम्य होने के कारण दलित साहित्य में एकसुरता दिखाई देती है। यह एकसुरता विशेषकर दलित-कविता में महसूस होती है। पर दलित गद्य साहित्य एकसुरा नहीं है।

1.6.3 दलित साहित्य में व्यक्ति नहीं होता

दलित साहित्य की अनन्य विशेषता है 'समूहदर्शी चरित्र'। दलित साहित्य में अनुभव सामाजिक स्वरूप का प्रतिनिधि और 'हम' के रूप में व्यक्त होनेवाला है, इसलिए दलित साहित्य में अनुभव यदि एक का हुआ तो भी अनेक का लगता है। इसी कारण दलित साहित्य पर यह आरोप लगाया जाता है कि इसमें व्यक्ति नहीं होता।

1.6.4 दलित साहित्य आक्रोशपूर्ण है ?

दलित साहित्य की यह कहकर भी आलोचना हुई है कि यह आक्रोशपूर्ण है और यह आक्रोश छाती पीटने जैसा है। दरअसल दलित लेखकों का यह आक्रोश 'आक्रोश' नहीं बल्कि बहुत वर्षों की चिढ़ है। यह आक्रोश वेदना, विद्रोह और क्रोध की अभिव्यक्ति है। दलित साहित्य में व्यक्त हुआ क्रोध, साहित्य का 'सहजभाव' है।

सामाजिक वेदना से दलित में आक्रोश पैदा हुआ। यह वेदना मूक थी। इस मूक वेदना को बाबासाहब अंबेडकर के रूप में मूकनायक मिल गया। इसलिए भरे हुए बाँध के टूटने की तरह यह वेदना व्यक्त हुई है। इस वेदना के संयत, कलात्मक होने की अपेक्षा करना ही अनुचित है। यह हजारों वर्षों से दबी वेदना है। स्वतंत्रता की आकांक्षा ने इसकी अभिव्यक्ति को विस्फोटक रूप दिया।

1.6.5 दलित साहित्य का स्वतंत्र अस्तित्व किसलिए ?

प्रारंभ में दलित साहित्य की मामूली नोटिस भी नहीं ली जाती थी। दलित लेखकों ने अपनी पत्रिकाएँ निकालीं। अपने साहित्यिक संगठन स्थापित किए। दलित साहित्य सम्मेलन, अस्मितादर्श मेले और दलित नाट्यसम्मेलन आयोजित कर, दलित साहित्य का स्वतंत्र स्थान निश्चित किया। दलित लेखकों की स्वतंत्र और अलग साहित्यिक धारा बहुचर्चित हुई। तब सवर्ण लेखकों ने यह प्रश्न उठाया कि–"दलित साहित्य का अलग चूल्हा किसलिए ?"

दलित लेखक ने यह भूमिका अपनाई कि–दलित साहित्य अलग है। भारतीय समाज और मानस का यथार्थ बदला नहीं है। वही ग्राम व्यवस्था, वही रूढ़ कल्पनाएँ, वही गाँव के बाहर की बस्तियाँ, आरक्षित स्थान के संबंध में वही पुराने ज़ाल, ऐसी सब भीषण वास्तविकताएँ होते हुए भी साहित्य में पृथकता न दिखे, यह कैसे संभव होगा ? किसी भी धारा का विकास होना है तो उसका विकास स्वतंत्र रूप से होना चाहिए। क्योंकि इस धारा की अच्छी चर्चा और चिकित्सा हो सकती है। अन्यथा प्रस्थापित हो-हल्ले में नई आवाज दब जाने की संभावना अधिक होती है। अपनी अलगता के बल पर किसी भी धारा को स्थिर होना पड़ता है। साहित्य में धारा निर्माण होना यह उस साहित्य की जीवंतता का लक्षण है; तब ऐसी धारा का स्वागत करना ही उचित होगा।

दलित लेखकों का अलग अनुभव, उनकी जनभाषा, उनकी प्रतिबद्धता, अंबेडकरी विचार और इस साहित्य के विद्रोही समूहदर्शी स्वरूप के कारण दलित साहित्य की पृथकता स्पष्ट होती है।

1.7 भारतीय साहित्य में दलित साहित्य का योगदान

दलित साहित्य भारतीय साहित्य में नई और विशिष्ट साहित्यिक धारा है। इस नई साहित्यिक धारा ने भारतीय साहित्य को समृद्ध किया है। दलित साहित्य ने भारतीय साहित्य को नए अनुभव, नई अनुभूति, नए शब्द, नए नायक, नई दृष्टि और वेदना-विद्रोह का रसायन दिया है। इतना ही नहीं इसने तो भारतीय साहित्य समीक्षा को आत्मपरीक्षण करने के लिए लगा दिया और पाठक-समीक्षकों के मन में मूलभूत प्रश्न पैदा किए।

दलित साहित्य के कारण सामाजिक अभिसरण की प्रक्रिया प्रारंभ हुई और परिवर्तन के पर्यावरण को गति मिली। अनेक दलित लेखक लिखने लगे। समाज के विविध स्तरों में से लेखकों का निर्माण हुआ। दलित साहित्य के कारण भारतीय साहित्य की समीक्षा का क्षितिज विस्तृत हुआ और ये पाठकों की अभिरुचि बदलने में सहायक हुआ। इस कारण दलित साहित्य का भारतीय साहित्य में साहित्यिक महत्त्व स्पष्ट है।

1.8 दलित साहित्य का भवितव्य

दलित साहित्य नया हुआ, अलग हुआ तो कितने दिन तक अलग और नया रहेगा ? इस साहित्य का भवितव्य क्या है ? यह प्रश्न भी उपस्थित हुआ—दलित लेखकों की मान्यता है कि जब तक यह विषम व्यवस्था अबाधित चलती रहेगी, तब तक दलित साहित्य अमर है।

हजारों वर्षों की विषम व्यवस्था इतनी शीघ्र नष्ट नहीं होगी। इस व्यवस्था के समूल नष्ट होने के लिए कुछ वर्ष और लगेंगे। तब तक प्रस्थापित विषमता के विरुद्ध विस्थापितों का साहित्यिक विद्रोह होता रहेगा। इतना सच है कि काल के अनुसार समाज बदलता है। साहित्य में बदलाव आता है। प्रवाह की धारा हमेशा बदलती रहती है।

1.9 समापन

बाबासाहब अंबेडकर की सोच और विचारों के कारण दलित समाज संगठित होकर संघर्ष करने लगा। बाबासाहब के सान्निध्य का सहभागी हुआ लेखक, बाबासाहब

के कार्य से प्रभावित हुआ था। इन लेखकों ने बाबासाहब के विचार और उनके कार्यों का प्रचार और प्रसार करने के उद्देश्य से लेखन किया।

बाबासाहब अंबेडकर के आंदोलन, उनके विचार और स्वातंत्र्योत्तर काल में सामाजिक, आर्थिक, राजनीतिक घटनाओं के साथ ही बाबासाहब के धर्मांतरण और उनके मरणोत्तर काल में दलित समाज में निर्मित हुई रिक्तता का भी दलित साहित्य की सृजनशीलता के संदर्भ में विचार करना पड़ता है। शिक्षा के सर्वजनीकरण, जनतंत्र के प्रचार, विज्ञान, कानून के साथ-साथ दलित युवकों के संगठन तथा संघर्षों के कारण, दलित लेखक लिखने को प्रेरित हुए।

पौराणिक साहित्य से समकालीन मराठी साहित्य तक दलितों का वास्तविक चित्रण नहीं हुआ है—इसलिए दलित लेखक इस साहित्यिक परंपरा को नकारता है। अपने प्रश्न, अपनी वेदना और समस्या लोगों को समझाने के उद्देश्य से ही वह लेखन करता हुआ ज्ञात होता है। दलित लेखकों की प्रतिबद्धता और अंबेड़कारी विचार से प्रेरित हुई भूमिका के कारण दलित साहित्य को आंदोलन का स्वरूप प्राप्त हुआ है।

भारतीय साहित्य में 'दलित साहित्य' की धारा स्थिर हो, इसलिए हेतुतः चर्चा, सम्मेलन, संगोष्ठी, लघु पत्रिकाएँ और उनके विशेषांक प्रकाशित हुए। दलित किसे कहें—दलित साहित्य का मतलब क्या है—क्या दलित साहित्य को अन्य साहित्य से अलग मान लिया जाए—इस साहित्य में—वेदना, नकार, विद्रोह, दलित चेतना, बोली, प्रतिबद्धता और इस साहित्य पर किए जाने वाले आक्षेप आदि विषयों पर प्रारंभ से ही लेखन हुआ है। दलित लेखक-समीक्षकों ने हर एक पारिभाषिक शब्द की परिभाषा करने का प्रयत्न किया है। दलित साहित्य के संदर्भ में उठाए गए प्रश्नों के उत्तर दिए हैं। दलित साहित्य में नया अनुभव, अलग जनभाषा, विद्रोही विचार, आक्रामक स्वरूप की अभिव्यक्ति, विषमता का निषेध और मानवीय मूल्यों के जयघोष के कारण इस साहित्य के समर्थक और विरोधी दोनों हैं। दलित साहित्य की अनुकूल-प्रतिकूल चर्चा हुई और दलित साहित्य के विकास के मार्ग खुले। दलित साहित्य के कारण भारतीय साहित्य और समीक्षा का क्षितिज विस्तृत हुआ और अभिरुचि बदली। दलित साहित्य के परिणामस्वरूप भारतीय साहित्य में अनेक नए सामाजिक स्तर जाग्रत हुए और उन्होंने साहित्य सृजन किया।

2

दलित साहित्य और अंबेडकरवाद

2.1 प्रस्तावना

14 अक्तूबर, 1956 को बाबासाहब अंबेडकर ने बौद्ध धर्म स्वीकार किया। बाबासाहब के धर्मांतरण के कारण दलितों ने हिंदू धर्म का त्याग किया। हिंदू देवी-देवताओं को नकारा। गाँव के हीन काम छोड़ दिए। इसलिए सवर्ण और दलितों में नए ढंग की अनबन पैदा हुई। इस उथल-पुथल से दलितों को सत्त्व मिल गया। ''हम बौद्ध हो गए हैं इसलिए हिंदू धर्म द्वारा हम पर लादे गए हीन काम अब हम नहीं करेंगे''—ऐसी नई चेतना पूरे दलित समाज में जाग्रत हुई।

इस सांस्कृतिक संक्रमण काल में ही दलित साहित्य के आंदोलन ने जड़ जमाई। इसलिए इस नए साहित्यिक आंदोलन का मूल्यांकन बौद्ध विचार से हो, ऐसी अपेक्षा नव बौद्ध विद्वानों की ओर से होने लगी। बौद्ध विचार-प्रणाली के साथ अंबेडकरी विचार-प्रणाली द्वारा दलित साहित्य की समीक्षा करने के प्रयत्न हुए।

2.2 दलित साहित्य और बौद्ध विचार-प्रणाली

धर्मांतरण से दलित समाज की मानसिकता में क्रांतिकारी परिवर्तन हुआ। धर्मांतरण की ऐतिहासिक घटना नए मुक्तिसंग्राम का प्रारंभ थी। बौद्ध धर्म के कारण दलितों को एक नया सांस्कृतिक आयाम मिल गया। इसका दलित साहित्य के विकास पर पोषक प्रभाव हुआ।

बौद्ध धर्म में जाति व्यवस्था को कोई स्थान नहीं है। बौद्ध धर्म समता का समर्थन करने वाला और विषमता नकारने वाला धर्म है। बुद्ध ने जाति प्रथा को नकारा और संघ में सभी को प्रवेश दिया। इसलिए बाबासाहब ने बौद्ध धर्म स्वीकार किया।

बाबासाहब अंबेडकर के निधन के बाद दलित समाज ने बौद्ध धर्म का प्रचार किया। बौद्ध पद्धति से विवाह करना, बुद्ध जयंती मनाना, विहारों की स्थापना करना, पंचशील त्रिशरण का अनुसरण करना, बौद्ध भिक्षु का आदर करना, दलित समाज में से बौद्ध धर्म प्रचारक बनना, छोटे बच्चों और घरों के नाम बौद्ध धर्म के अनुरूप रखना आदि विविध प्रकार के आचार-व्यवहार द्वारा दलितों ने बौद्धमय होने की प्रक्रिया शुरू की। इस प्रक्रिया का एक भाग 'बौद्ध साहित्य को पुरस्कृत करना' था।

2.2.1 महाराष्ट्र बौद्ध साहित्य परिषद् की स्थापना

बाबासाहब अंबेडकर के धर्मांतरण से पहले ही दलित साहित्य प्रकाशित हो रहा था। हालाँकि 14 अक्तूबर, 1956 को दलितों का धर्मांतरण हुआ था फिर भी 2 मार्च, 1958 को दलित लेखकों का पहला साहित्य सम्मेलन संपन्न हुआ। यहाँ यही ध्यान देने योग्य है कि इसे बौद्ध साहित्य की बजाय 'दलित साहित्य' नाम से संबोधित किया गया।

दलित लेखकों ने अप्पासाहेब रणपिसे की पहल से 1949 में 'दलित सेवक साहित्य संघ' नाम की संस्था स्थापित की। इस संस्था का नाम बदलकर उसको 'दलित साहित्य संघ' नाम दिया जाए इसके लिए 2 अक्तूबर, 1950 को यादव पिराजी टप्पल ने सूचना निर्गत की। इस सूचना के अनुसार 1950 में 'दलित सेवक साहित्य संघ' का नामकरण 'दलित साहित्य संघ' के रूप में किया गया। आगे 11 मार्च, 1961 में इस संस्था का नाम परिवर्तित होकर 'महाराष्ट्र बौद्ध साहित्य परिषद्' रखा गया।

2 मार्च, 1958 से 11 मार्च, 1961 के बीच की अवधि में दलित साहित्य की चर्चा का प्रारंभ हुआ। इसी काल में साम्यवादी लेखकों का 'प्रगतिशील साहित्य' और 'लघु पत्रिकाओं' में नवलेखकों का साहित्य प्रकाशित हो रहा था। दलित लेखक प्रगतिशील साहित्य और लघु पत्रिका साहित्यिक आंदोलन के साथ थे। दलित लेखक कहीं बौद्ध साहित्यिक धारा से विमुख न हो जाएँ, इस चिंता से दलित लेखकों के एक गुट ने 'बौद्ध साहित्य का समर्थन' शुरू किया। 'साम्यवाद की प्रेरणा जीवन को 'भस्मसात्' करनेवाली है' ऐसी तीव्र विरोधी भूमिका बौद्ध लेखकों ने ली। बौद्ध धर्म की स्वीकृति के कारण बौद्ध साहित्य सृजन करना आवश्यक है, ऐसा इस गुट का आग्रह था। दलित शब्द दुर्गंधियुक्त शब्द है, ऐसे गंदे शब्द को नकारना चाहिए। यह बौद्ध लेखकों की प्रतिक्रिया थी। 'दलित शब्द के पास संस्कृति नहीं है' यह बौद्ध लेखकों की धारणा थी। इसके विपरीत दलित लेखकों का मत है कि–'दलित' विशेषण सम्यक् क्रांति का प्रतीक है। 'दलित साहित्य मराठी साहित्य में सार्वभौम आजादी का नाम है।' दलित शब्द जातिवाचक नहीं, बल्कि इसका प्रयोग कल के 'शोषित' और आज के 'संघर्षशील' के अर्थ में किया गया है। इस प्रकार बौद्ध लेखकों ने

'दलित' शब्द का उपहास किया, तो दलित लेखकों ने 'दलित' शब्द का समर्थन किया। 'दलित' शब्द को आज एक नया आयाम प्राप्त हुआ है। इसलिए बौद्ध लेखकों द्वारा 'दलित' शब्द की निंदा उचित नहीं लगती।

2.2.2 बौद्ध साहित्य का समर्थन

धर्मांतरण के कारण दलित समाज में बौद्ध धर्म के प्रति श्रद्धा, उत्सुकता और प्रचार की भावना में वृद्धि हुई। बौद्ध लेखकों ने यह भूमिका ली कि दलित लेखकों को बौद्ध साहित्य की सर्जना करनी चाहिए क्योंकि बौद्ध दर्शन में वैचारिक और प्रेरक शक्ति है।

पाली और संस्कृत भाषाओं में मूल बौद्ध साहित्य है। इसके अतिरिक्त यह ब्रह्मी, चीनी, तिब्बती और सिंहली भाषाओं में फैला हुआ है। इन सभी भाषाओं में फैले बौद्ध साहित्य का दलित लेखक अनुशीलन करें, ऐसा सुझाव बौद्ध समीक्षकों ने दिया। पाली, संस्कृत, चीनी, तिब्बती और सिंहली भाषाओं में लिखे गये बौद्ध-साहित्य का दलित लेखकों को अनुशीलन करना चाहिए, यह सुझाव विधायक स्वरूप का है। प्रथम तो इन भाषाओं से कितने दलित लेखक अवगत हैं, इसका भी विचार करना होगा। दूसरे यह भी ध्यान में रखना होगा कि उपर्युक्त भाषाओं में होने वाला मूल बौद्ध साहित्य धार्मिक स्वरूप का है, लेकिन दलित लेखकों का साहित्य सामाजिक स्वरूप का है। भगवान बुद्ध और दलित लेखकों के काल में बड़ा अंतर है। आज मराठी में प्राचीन संत साहित्य का अनुशीलन हो रहा है, पर संत साहित्य की सर्जना नहीं की जाती। ठीक इसी प्रकार बौद्ध साहित्य के अनुशीलन से बौद्ध साहित्य की सर्जना नहीं की जाती। प्राचीन बौद्ध साहित्य की अपेक्षा अर्वाचीन बौद्ध साहित्य का स्वरूप भी अलग होगा।

नव बौद्ध लेखकों के दो अप्रोच हो सकेंगे। एक यह कि "हमें इस स्थिति तक पहुँचाने के लिए सवर्ण समाज जिम्मेदार है," इसलिए उसके विरुद्ध विद्रोह करना। दूसरा यह कि "मेरा जीवन दूसरों की अपेक्षा अलग है।" शायद दूसरी अप्रोच से अधिक उत्कृष्ट साहित्य रचा जा सकता है, यह भूमिका विद्रोह की अपेक्षा अनुभव की अलगता को अधिक महत्त्व देने वाली है। इतना ही नहीं यह अलग अनुभव 'कहने सरीखा' है—इस पर जोर देने वाली है। पर 'कहने सरीखा' का मतलब क्या है, यह बौद्ध समीक्षकों द्वारा स्पष्ट नहीं किया गया।

दलित समाज ने धर्मांतरण किया तो भी इस समाज को पूर्णतः बौद्ध होने के लिए कुछ समय बीत जाना जरूरी है और उतना ही समय बौद्ध साहित्य के सृजन में लगेगा। इस स्थिति में दलित लेखकों से बौद्ध साहित्य सृजन की अपेक्षा करना अनुचित नहीं, तो उचित भी नहीं है। यही सच है।

2.2.3 बौद्ध विचार-प्रणाली की समीक्षा का स्वरूप

बौद्ध साहित्य का समर्थन करने वाले समीक्षकों ने दलित साहित्य की आलोचना की है। विजय सोनवणे ने 'दलित साहित्य क्यों नहीं चाहिए' नाम की अपनी पुस्तक प्रकाशित की है। वे कहते हैं, "अपने पूर्वजों ने जानवर खींचे, जूठा खाया, भीख माँगी, सब कुछ किया। इस संबंध में क्या सवर्ण समाज की कभी कुछ संवेदना जाग उठती है ? फिर बार-बार अपनी अस्पृश्यता चौराहे पर क्यों रखी जाए ? आप ही अपने समाज को बेइज्जत क्यों करें ?" विजय सोनवणे द्वारा किए गए प्रश्नों का उत्तर खोजना आवश्यक है।

विजय सोनवणे ने यह प्रश्न पूछा है कि "क्या सवर्ण समाज की दलित समाज के संबंध में कभी कुछ संवेदना जाग उठती है ?" दलित साहित्य पढ़कर सवर्ण समाज कुछ महसूस करे न करे, पर दलित समाज को उसकी गुलामी से अवगत कराने के उद्देश्य से दलित साहित्य लिखा जा रहा है। सवर्ण समाज को कुछ भी महसूस नहीं होता इसलिए दलित लेखक दलित साहित्य न लिखे, यह पूर्णतः गलत सोच है। "बार-बार अपनी अस्पृश्यता चौराहे पर क्यों रखें"—सोनवणे का यह प्रश्न अनुचित है। क्योंकि अपने पर होने वाले अन्याय-अत्याचार चौराहे पर रखना ही तो दलित साहित्य का प्रयोजन है। अपने समाज की बेइज्जती होती है इस डर से अपने समाज पर होनेवाले अन्याय, अत्याचार चौराहे पर न रखे जाएँ, ऐसा मानना उचित नहीं लगता।

व्यभिचार और अनैतिकता केवल दलितों के हिस्से में नहीं आई। व्यभिचार सभी समाजों में व्याप्त दीख पड़ता है। व्यभिचार से जन्म लिया हुआ दलित-लेखक आत्मकथा क्यों लिखे ? यह प्रश्न डी. के. खापर्डे ने उठाया है। खापर्डे को इस प्रकार का लेखन दलित समाज की बेइज्जती करने वाला लगता है, इसलिए उन्होंने ऐसे लेखन की आलोचना की है। लेकिन दलित समीक्षकों का दृष्टिकोण इसके विपरीत है। नीग्रो लेखकों ने सभी प्रकार के अनुभव व्यक्त करते समय लज्जा और डर की परवाह न करते हुए, अपने अनुभव निडरता से लिखे हैं। दलित लेखकों को भी लज्जा और डर की परवाह न करते हुए लिखना चाहिए। दलित समीक्षकों ने दलित लेखकों के लेखन का समर्थन किया है, तो बौद्ध समीक्षकों ने दलित साहित्य का उपहास किया है। बौद्ध आलोचकों की आलोचना मध्यवर्गीय मानसिकता से उपजी है। यह उनकी संकीर्णता की प्रतीक है।

दलित लेखक व्यभिचार को व्यभिचार के रूप में नहीं देखता। वह उस व्यभिचार को बलात्कार मानता है। क्योंकि एक धनवान और सवर्ण पुरुष ने निर्धन और अस्पृश्य स्त्री पर यह अन्याय किया है। बौद्ध आलोचकों की धारणा इसके विपरीत है। मोहन राव साहेब ने तो आलोचना इस हद तक की है कि सवर्ण समीक्षकों ने दलित समाज

की अप्रतिष्ठा करने वाले दलित लेखकों को उकसाकर, ऐसे लेखकों के लेखन को गौरवान्वित किया है। मोहन राव साहेब ने सवर्ण समीक्षकों की समीक्षा के बारे में निम्न मत दर्ज किए हैं :

1. क्रांतिकारी विचारों का साहित्य दबाना अथवा नजरअंदाज करना।
2. क्रांतिकारी विरासत के साहित्यकारों को समग्र सामाजिक क्रांति की बजाय अपनी जाति का दुःख चौराहे पर रखने वाले साहित्य के निर्माण के लिए उकसाना।
3. ब्राह्मणी साहित्य और लेखकों के संबंध में दलित लेखकों के मन में आदर जगे, इसके लिए विशेष प्रयत्न करना।

मोहन राव साहेब के निष्कर्ष एकांगी हैं। सवर्ण समाज द्वारा दलित साहित्य दबा कर रखा गया है, ऐसा नहीं लगता। न ही सवर्णों द्वारा दलित लेखकों को अपनी जाति का दुःख लिखने जैसी कोई सख्त हिदायत दी गई है। यह जाहिर है कि ब्राह्मणी साहित्य और ब्राह्मणी लेखकों के संबंध में दलित लेखकों ने सदा ही विरोध की भूमिका अपनाई है। ऐसी स्थिति में यही कहा जा सकता है कि मोहन राव साहेब के निष्कर्ष वस्तुस्थिति पर आधारित नहीं हैं। कुछ सवर्ण लेखकों ने जरूर दलित लेखकों को उनकी अपनी जाति का दुःख लिखने को कहा और उसे प्रकाशित किया। लेकिन इससे ये स्पष्ट नहीं होता कि उन्होंने क्रांतिकारी विचार दबा दिए हैं; इसलिए मोहन राव साहेब की यह आलोचनात्मक टिप्पणी उचित नहीं लगती।

2.2.4 बौद्ध विचार-प्रणाली की समीक्षा की सीमा

बौद्ध साहित्य के प्रारंभिक काल में नवबौद्ध लेखकों ने प्रचुर लेखन किया है। आगामी काल में नवबौद्ध लेखकों के साथ ही अन्य दलित जाति व उपजातियों के यायावर, आदिवासी में से दलित लेखकों का उदय होने लगा। इसलिए तो वसंत मून ने पूछा, "सब अछूत बौद्ध नहीं हैं, सब दलित लेखक बौद्ध नहीं हैं, क्या ये सब लोग अपने नहीं हैं, ऐसे कहा जाएगा ?" बौद्ध साहित्य केवल नव बौद्धों का साहित्य होगा—इसमें अन्य जाति-उपजातियों के यायावर, आदिवासी एवं दलित लेखकों के साहित्य का समावेश हो सकता है या नहीं, इस संदर्भ में एक व्यापक स्वरूप की भूमिका अपनाना ही उचित होगा।

बौद्ध साहित्य के समीक्षकों ने बुद्ध का कर्मसिद्धांत, अनित्यवाद, स्वप्नवाद, शून्यवाद, त्रिलक्षण, अवतारवाद, पुनर्जन्म और निर्वाण इन सबका दलित साहित्य से कैसे संबंध जोड़ लिया जाए, यह नहीं कहा। बुद्धकाल में बुद्ध के संघ में प्रवेश किए जाने पर जाति नष्ट हो जाती थी। लेकिन दलितों द्वारा बौद्ध धर्म स्वीकार करने पर भी, उन पर छुआछूत की भावना से होने वाले अन्याय व अत्याचार रुके नहीं। बुद्ध द्वारा कहे गए अष्टांग मार्ग अथवा सिक्खापद से दलितों का शोषण समाप्त नहीं

हुआ। बुद्ध का देखा हुआ दुःख अलग है, वह मानव की तृष्णा से उपजा हुआ है, पर दलितों का दुःख अलग है। वह हिंदू धर्म की जातिव्यवस्था से पैदा हुआ है। इस संदर्भ में बौद्ध समीक्षकों द्वारा अनुशीलन कर विस्तृत विवेचन नहीं किया गया।

2.3 दलित साहित्य की रचना प्रेरणा

साउथ ब्यूरो कमीशन 27 जनवरी, 1919 से 6 दिसंबर, 1956 का यह काल दलित साहित्य का मानदंड है। यह काल बाबासाहब अंबेडकर के कार्यकृतित्व से प्रभावित हुआ है। हजारों वर्षों की विषम समाज रचना, उसके आगे चल रहे इने-गिने सुधारवादी आंदोलन, तेजी से बढ़ने वाला कांग्रेस का राष्ट्रीय आंदोलन, अल्पसंख्यकों को परतंत्रता में मिला हुआ राजनीतिक महत्त्व, अंग्रेजों की ओर से किस्त-दर-किस्त मिलने वाली सुविधाएँ, भारत में आने वाले ब्रिटिश कमीशन, गोलमेज़ परिषद्, चुनाव, दूसरा महायुद्ध, भारतीय स्वतंत्रता, विभाजन, संविधान, राजनीति, दलितों का धर्मांतरण और दलितों के नेतृत्व पर विराजमान बाबासाहब अंबेडकर, इन सब ऐतिहासिक घटनाओं से दलित आंदोलन प्रभावित हुआ है।

बाबासाहब की जीवनगाथा, उनका कार्य और वाणी तथा उनके अमूल्य विचारों से दलित समाज, दलित आंदोलन और दलित लेखक जाग्रत हुआ, इसलिए बाबासाहब अंबेडकर ही दलित साहित्य की सच्ची प्रेरणा हैं।

दलित साहित्य की प्रेरणा अंबेडकरवादी विचार हैं, क्योंकि बाबासाहब अंबेडकर के विचारों और आंदोलन से दलित समाज को स्वाभिमान मिला है। यदि बाबासाहब न होते तो हम न होते। दलित समाज में प्रत्येक व्यक्ति का एक दूसरे को अभिवादन करते हुए 'जयभीम' का उच्चारण करना भी इस बात का द्योतक है कि बाबासाहब अंबेडकर ही हमारी सच्ची प्रेरणा हैं।

2.4 अंबेडकरी विचार

अंबेडकरवाद जातिभेद के अंत का आधुनिक विचार है। बाबासाहब ने हिंदू धर्म में विषम व्यवस्था के विरुद्ध संघर्ष किया, लेकिन जातिव्यवस्था ने विषमता का पालन पोषण किया। इस ज़ाति संस्था के लक्षण निम्न हैं–

(1) वंश परंपरा : जिस जाति के माँ-बाप हैं बच्चा भी उसी जाति का होता है।

(2) विवाह बंधन : अपनी जाति में ही विवाह स्वीकार्य और जातिबाह्य विवाह वर्जित।

(3) पेशा	:	पैतृक पेशा छोड़कर दूसरी जाति का पेशा करना वर्जित।
(4) खाद्य-पेय नियमन	:	खान-पान में केवल शाकाहारी, मांसाहारी का ही फर्क न होकर अपनी अपेक्षा हल्के और परधर्म के व्यक्ति के अन्न और पानी को स्पर्श न करना।
(5) ऊँच-नीच	:	कुछ जातियों को वरिष्ठ और कुछ को कनिष्ठ मानना।

जातिव्यवस्था ने दलित समाज का शोषण किया और दलितों पर पीड़ादायक प्रतिबंध लाद दिए। दुर्बलता, दरिद्रता और अज्ञानता के कारण दलित समाज लूटा गया इसलिए बाबासाहब ने आत्मसम्मान की भावना निर्मित करने की बात कही। बाबासाहब अंबेडकर ने कहा कि 'दलितों में आत्मसम्मान का भाव जाग्रत होना चाहिए। उन्होंने यह भी कहा है कि दलितों को सत्ता के सूत्र और कानून बनाने की ताकत हासिल करनी चाहिए।' लादे गए जीवन की विवशता, असहायता और मजबूरी व गुलामी से जीनेवाले दलितों के लिए यह विचार नए और क्रांतिदर्शी थे। बाबासाहब अंबेडकर द्वारा प्रस्थापित मूल्यसारिणी नकारने के निम्न कारण दिए जा सकते हैं :

(1) सवर्णों का श्रेष्ठत्व।

(2) सामाजिक जीवन में बेमेल आचार-विचार।

(3) स्त्री और शूद्रों की प्रतिष्ठा का अवमूल्यन।

(4) पवित्रता और अपवित्रता की भ्रामक कल्पनाएँ।

साउथ ब्यूरो कमीशन, सायमन कमीशन अथवा गोलमेज परिषदों में बाबासाहब द्वारा प्रस्तुत अस्पृश्यों की कैफियत, 'मूकनायक', 'बहिष्कृत भारत', 'जनता', 'समता' जैसी उनकी पत्रिकाएँ, 'बहिष्कृत हितकारिणी सभा', 'मजूर पक्ष', 'शेड्यूल्ड कास्ट फेडरेशन' और 'रिपब्लिकन पक्ष' के बारे में उनका संकल्प, कालाराम मंदिर का प्रवेश, महाड़ के चवदार तालाब का सत्याग्रह और मनुस्मृति का दहन, बाबासाहब की सभाएँ, सम्मेलन, परिषद्, उनके द्वारा स्थापित सिद्धार्थ कॉलेज अथवा मिलिंद कॉलेज, भारतीय संविधान अथवा बौद्ध धर्म का स्वीकार, इन सभी में बाबासाहब अंबेडकर के सामाजिक न्याय का विचार ही प्रकट होता है।

बाबासाहब अंबेडकर ने कहा—"मेरे तत्त्वज्ञान में स्वतंत्रता और समता को स्थान है परंतु असीम स्वतंत्रता से समता का नाश होता है और पूरी समानता, स्वतंत्रता की गुंजाइश नहीं रखती। मेरे तत्त्वज्ञान में बंधुता का बहुत ऊँचा स्थान है। स्वतंत्रता और समता की रक्षा बंधुभाव के कारण होगी। बंधुत्व यानी कि मानवता और मानवता ही धर्म का दूसरा नाम है।"

बाबासाहब ने अपने तत्त्वज्ञान में मानवता को अत्यंत महत्त्वपूर्ण स्थान दिया।

अर्थात् अंबेडकरवाद का दूसरा नाम मानवता है क्योंकि अंबेडकरी विचार मानव के अवमूल्यन के विरुद्ध संघर्ष करने वाला कृतिशील विचार है।

2.5 बाबासाहब अंबेडकर का साहित्यिक विचार

बाबासाहब अंबेडकर की साहित्य के विषय में जीवनवादी अेर यथार्थवादी निश्चित भूमिका है। वे कहते हैं, ''ऋग्वेद, अथर्ववेद मैंने कितनी बार पढ़े हैं। पर उसमें समाज और मानव की उन्नति के लिए और नीतिमत्ता के लिए बलवर्द्धक क्या है, यह मेरी समझ में नहीं आता।'' इस विधान से बाबासाहब की साहित्य विषयक दृष्टि स्पष्ट होती है। बाबासाहब की मान्यता है कि साहित्य से समाज और मानव की केवल उन्नति ही नहीं होनी चाहिए बल्कि नीतिमत्ता का भी पोषण होना चाहिए। वे कहते हैं, ''विषमता का समर्थन करने वाली मनुस्मृति हमें मान्य नहीं है। ऐसी पोथी को हम क्यों न जलाएँ ?'' इसका अर्थ हुआ कि बाबासाहब को विषमता का समर्थन करने वाला साहित्य मान्य नहीं है। केवल मान्य नहीं है इतनी ही बात नहीं, उनका मत है कि ऐसे साहित्य के विरुद्ध कृतिशील जनआंदोलन खड़ा होना चाहिए। इसलिए 'मुझे मनुस्मृति मान्य नहीं है' कहकर वे रुकते नहीं हैं, वे उसे 'जलाने की' भाषा बोलते हैं और उसका सबके बीच दहन करते हैं। इसका अर्थ हुआ कि बाबासाहब के मतानुसार हर एक ग्रंथ को समाज और मनुष्य का जिम्मेदार होना चाहिए। बाबासाहब ने कहा है कि संत साहित्य का चातुर्वर्ण्य विध्वंस करने की दृष्टि से कुछ उपयोग नहीं हुआ। उनकी मान्यता है कि साहित्य से समता का संवर्धन और विषमता का विध्वंस होना चाहिए।

बाबासाहब अंबेडकर ने यह प्रश्न पूछा है कि ''अपने देश में—वाल्टेयर का जन्म क्यों नहीं हो सका ?'' वाल्टेयर के साहित्य से क्रांति हुई। जुल्मी सत्ता उलट गई और आम आदमी शोषण से मुक्त हुआ। आज वाल्टेयर जैसे प्रतिभासंपन्न व्यक्ति की जरूरत है। दलित, शोषित और वंचित समाज के घटकों में से निर्माण होने वाले लेखकों को यह आह्वान स्वीकार कर लेना चाहिए। पर वाल्टेयर होने के लिए धर्म और सत्ता के विरुद्ध खड़े रहना पड़ता है क्योंकि धर्म और सत्ता शोषण के पुरस्कर्त्ता होते हैं। भारत में लेखक वर्ग प्रस्थापित व्यवस्था का घटक होने के कारण मनुस्मृति-परक हुआ है। बाबासाहब का कहना है कि आम आदमी की महत्ता से प्रेरणा लेकर लेखकों को लेखन करना चाहिए। वे कहते हैं, ''अपनी साहित्य की रचनाओं में उदात्त जीवन मूल्यों और सांस्कृतिक मूल्यों को परिष्कृत कीजिए। अपना लक्ष्य सीमित मत रखिए। अपनी कलम की रोशनी को इस तरह से परिवर्तित कीजिए कि गाँव, देहातों का अँधेरा दूर हो। यह मत भूलिए की अपने देश में दलितों और उपेक्षितों की दुनिया बहुत बड़ी है। उसकी पीड़ा और व्यथा को भली-भाँति जान लीजिए और अपने साहित्य

द्वारा उनके जीवन को उन्नत करने का प्रयास कीजिए। इसमें सच्ची मानवता निहित है।'' बाबासाहब का साहित्यिक विचार मानवतावाद पर आधारित है।

भूतकाल की अपेक्षा आज के प्रश्न और आज का सामाजिक जीवन महत्त्वपूर्ण है। झुमानेवाले मनोरंजन प्रधान कलावाद की अपेक्षा, लोगों में व्याप्त दोष दिखाकर उनमें सुधार करना अधिक महत्त्वपूर्ण है। सामाजिक व्यवहार में हर दिन के प्रसंग और भाव-भावना की साहित्य में प्रधानता होनी चाहिए, यह बाबासाहब की मान्यता है।

बाबासाहब को अपनी पुस्तकें अपनी संतान से भी बढ़कर प्रिय हैं। वे कहते हैं, ''पुस्तकें लिखते हुए समय कैसे बीत जाता है, यह मेरी समझ में नहीं आता। लेखन करते समय मेरी पूरी शक्ति एकत्रित होती है। मैं भोजन की परवाह नहीं करता। मैं कभी-कभी तो रातभर पढ़ता-लिखता बैठा रहता हूँ। मैं उस समय कभी नहीं ऊबता, ना ही मुझे ऊब महसूस होती है। काम समाप्त होते ही मैं बहुत निरुत्साही और असंतुष्ट हो जाता हूँ। मेरे चार पुत्र होने पर जितना आनंद होता, उतना मुझे मेरी पुस्तक के प्रसिद्ध होने पर होता है।'' बाबासाहब और पुस्तकों का रिश्ता कितना अटूट और प्रियकर है यह उपरोक्त कथन से स्पष्ट हो जाता है। बाबासाहब के पुस्तक प्रेम, उनकी साहित्य से मानवतावादी विचारों की अपेक्षा तथा लेखक की आम आदमी के प्रति प्रतिबद्धता पर आधारित उनके साहित्यिक विचार की धारणा, कितनी यथार्थवादी और जीवनोन्मुखी है, यह दिखाई देता है।

2.6 दलित साहित्य और अंबेडकरवाद

बाबासाहब अंबेडकर ने मानवतावाद को सर्वोच्च स्थान दिया है। अंबेडकर प्रेरित दलित साहित्य ने मनुष्य को केंद्र माना है। मनुष्य की स्वतंत्रता की घोषणा की है। मानव की मुक्ति को प्रोत्साहित करने वाला, मनुष्य को महान माननेवाला, वंश, वर्ण और जाति श्रेष्ठत्व का कठोर विरोध करने वाला साहित्य ही दलित साहित्य होता है। मनुष्यता दलित साहित्य का धर्म है। इसलिए इस संसार में मनुष्य की अपेक्षा और कोई भी काल्पनिक या सांसारिक वस्तु महान नहीं है। जो संस्कृति, समाज या साहित्य मनुष्य को लघु बनाए, उसके विरुद्ध दलित साहित्य विद्रोह करता है। यह विद्रोह अंबेडकरी विचार प्रणाली का अविभाज्य अंग है। दलित साहित्य की समीक्षा अंबेडकर विचार से करनी होगी क्योंकि अंबेडकर विचार ही इस साहित्य की प्रेरणा है।

2.6.1 दलित साहित्य विषयक चर्चा और भाषण

2 मार्च, 1958 से दलित साहित्य के सम्मेलन का प्रारंभ हुआ। बौद्ध साहित्य सम्मेलन, दलित साहित्य सम्मेलन, दलित नाट्य सम्मेलन, अस्मितादर्श मेले, इनके साथ ही जिला और विभागीय स्तर पर हुए—दलित साहित्य सम्मेलन, संगोष्ठी, पुस्तक प्रकाशन

समारोह, दलित लेखकों के व्याख्यान, मुलाकात और परिचर्चा इन सब में दलित साहित्य का विकास हुआ है।

दलित साहित्य विषय के विशेषांक, स्मरणिका और दलितों की पत्रिकाओं में दलित साहित्य के संबंध में प्रचुर लेखन प्रकाशित हुआ है। अलग-अलग दलित साहित्य के सम्मेलन, संगोष्ठी और मेले में—विद्वान वक्ताओं द्वारा किए गए अभ्यासपूर्ण भाषणों की संपादित पुस्तकें प्रकाशित हुई हैं।

भाऊसाहब आडसूल द्वारा संपादित 'डॉ. बाबासाहब अंबेडकर प्रेरणा का साहित्य' (1977), अर्जुन डांगले द्वारा संपादित 'दलित साहित्य : एक अभ्यास' (1978), वामन निंबालकर द्वारा संपादित 'अखिल भारतीय दलित साहित्य सम्मेलन : अध्यक्षीय भाषण' (1991), शरणकुमार लिंबाले द्वारा संपादित 'दलित साहित्य' (1991) और गंगाधर पानतावणे द्वारा संपादित 'दलित साहित्य : चर्चा और चिंतन' (1993) इन पुस्तकों में दलित साहित्य के संदर्भ में दुर्लभ भाषणों का संग्रह है। इनके साथ ही गो. म. कुलकर्णी द्वारा संपादित 'दलित साहित्य : प्रवाह और प्रतिक्रिया' (1986) गो.म. कुलकर्णी और विद्याधर पुंडलिक द्वारा संपादित 'दलित साहित्य : एक सामाजिक सांस्कृतिक अभ्यास' (1992) यह दोनों पुस्तकें दलित साहित्य की यात्रा में महत्त्वपूर्ण सिद्ध हुई हैं। दलित साहित्य विषय से संबंधित संपादित पुस्तकें दलित साहित्य के संदर्भ में अंबेडकरी तत्त्वज्ञान को प्रस्तुत करने वाली और दलित साहित्य का स्वरूप-प्रयोजन स्पष्ट करने वाली पुस्तकें हैं। इनमें अलग-अलग अध्यक्षीय भाषणों में दलित साहित्य के संदर्भ में मौलिक विचार रखे हैं। इनमें दलित लेखकों और सवर्ण समीक्षकों, अध्यक्षों सभी ने दलित साहित्य के विषय में अपनी महत्त्वपूर्ण भूमिका विशद की है। महाड में संपन्न हुए बौद्ध साहित्य सम्मेलन में—बाबूराव बागूल का अध्यक्षीय भाषण (1971, महाड), रौप्य महोत्सवी बौद्ध साहित्य सम्मेलन में राजा ढाले का अध्यक्षीय भाषण (1973, मुंबई), दसवें अस्मितादर्श मेले में नामदेव ढसाल का अध्यक्षीय भाषण (1984, नागपुर), अखिल भारतीय दलित साहित्य सम्मेलन में शंकरराव खरात का अध्यक्षीय भाषण (1984, जलगांव) और अखिल भारतीय दलित साहित्य सम्मेलन में रावसाहब कसबे का भाषण (1987, शोलापुर), ये सभी भाषण दलित साहित्य के स्वरूप एवं प्रयोजन के संदर्भ में मूलभूत विश्लेषण करने वाले हैं।

दलित साहित्य विषय के पुस्तकों की प्रस्तावना (Foreward) के कारण दलित साहित्य के अभ्यास में मौलिकता की वृद्धि हुई है। अलग-अलग पुस्तकों की प्रस्तावनाएँ भी दलित साहित्य समझ लेने के लिए उपयुक्त लगती हैं। बाबूराव बागूल की 'सूड' (प्रतिशोध) नामक लघु कादंबरी के लिए म. ना. वानखेड़े द्वारा लिखित प्रस्तावना, नामदेव ढसाल कृत 'गोलपीठा' कविता-संग्रह के लिए विजय तेंडुलकर द्वारा लिखित प्रस्तावना, नामदेव ढसाल के 'तूही यत्ता कंची' काव्य संग्रह के लिए केशव मेश्राम द्वारा लिखित प्रस्तावना, जनार्दन बाघमारे कृत 'अमेरिकन नीग्रो वाङ्मय : समाज और

संस्कृति' नामक ग्रंथ के लिए नरहर कुरुंदकर द्वारा लिखित प्रस्तावना दलित साहित्य के चर्चा-संदर्भ में महत्त्वपूर्ण सिद्ध हुई हैं। कुछ महत्त्वपूर्ण प्रस्तावनाओं की पुस्तकें भी प्रकाशित हुई हैं। इनमें नरहर कुरुंदकर का 'भजन' (1981), गंगाधर पानतावणे का 'चैत्य' (1990) और यशवंत मनोहर का 'अंबेडकरी आस्वादक समीक्षा' (1991) जैसे प्रस्तावना संग्रह प्रकाशित हुए हैं। योगीराज बाघमारे कृत 'गुडदाणी' कथा संग्रह के लिए राजा ढाले द्वारा लिखित प्रस्तावना भी अति महत्त्वपूर्ण है।

16 नवंबर, 1967 और 24 नवंबर, 1967, इन दो दिन में 'महाराष्ट्र में आज कल का सांस्कृतिक संघर्ष और वाङ्मयीन समस्या' के विषय पर चर्चा हुई। इस चर्चा में म. ना. वानखेड़े, वा. ल. कुलकर्णी, रा.ग. जाधव, मे. पु. रेगे और म. भि. चिटणीस आदि विचारकों ने भाग लिया था। इस चर्चा को दलित साहित्य की 'आदि चर्चा' कहा जाता है। यह चर्चा दलित साहित्य की समीक्षा का स्वरूप और विशेषता पर स्पष्ट प्रकाश डालती है। चर्चा में सहभागी हुए समीक्षकों ने नवबौद्ध समाज में होने वाले लेखकों को ध्यान में रखकर अपने मत रखे हैं। इस चर्चा में म. भि. चिटणीस ने 'सोशो-अंथ्रोपोलिजिकल ॲप्रोच' का महत्त्वपूर्ण विषय, चर्चा के लिए प्रस्तुत किया है।

2.6.1.1 सोशो-अंथ्रोपोलिजिकल ॲप्रोच

सांप्रत आलोचकों में सोशो-अंथ्रोपोलिजिकल ॲप्रोच का अभाव है ऐसा म. भि. चिटणीस का मत है। परंतु सोशो-अंथ्रोपोलिजिकल अप्रोचों से दलित साहित्य की समीक्षा हुई नहीं। नीग्रो साहित्य के संदर्भ में सोशो-अंथ्रोपोलिजिकल ॲप्रोच का प्रयोग करना अलग बात है क्योंकि काले और श्वेत इन दोनों का वंश अलग है। दलित और सवर्ण में वंश भेद नहीं है। शूद्र आर्य जाति के लोग हैं ऐसा निष्कर्ष बाबासाहब अंबेडकर ने 'अस्पृश्य मूलतः कौन' और 'शूद्र पहले कौन थे' नामक ग्रंथों में साधारण एवं ठोस आधार पर प्रस्तुत किया है।

ऐसे दलित साहित्य के संदर्भ में सोशो-अंथ्रोपोलिजिकल ॲप्रोच की चर्चा तो हुई है लेकिन इस ॲप्रोच के आधार पर दलित साहित्य की समीक्षा नहीं हुई। दलित साहित्य के प्रारंभिक काल में साहित्यिक सर्जना कम थी, इसलिए दलित साहित्य के तात्विक स्वरूप की समीक्षा होती रही। इस चर्चा का प्रत्यक्ष साहित्यिक आधार कम था इसलिए यह चर्चा संदिग्ध स्वरूप की थी। अनुमान से कथन करने वाली थी। दलित साहित्य के प्रारंभिक काल में प्रत्यक्ष साहित्य का स्वरूप स्पष्ट न होने के कारण, इस विवाद पर कोलाहल हुआ।

2.6.2 दलित साहित्य की पत्र-पत्रिकाओं में छपी समीक्षा

दलित साहित्य की समीक्षा अखबार में होने वाले परीक्षण और लेख के 'स्वरूप' में दिखाई पड़ती है। समीक्षा विषय से संबंधित पहला लेख बाबासाहब अंबेडकर द्वारा शुरू किए

हुए 'जनता' नामक साप्ताहिक के 12 सितंबर, 1953 के अंक में 'दलित साहित्य का समालोचन' नाम से आप्पा साहब रणपिसे ने लिखा। दलित लेखकों ने दलित साहित्य के प्रकाशन के लिए 'आम्ही', 'निकाय', 'जातक', 'कोंडी', 'सिंहगर्जना', 'सुगावा', 'अस्मितादर्श', 'दलित क्रांति', 'संसद', 'समाज', 'विद्रोह', 'अस्तित्व', 'प्रमेय' और 'समुचित' जैसी लघु पत्रिकाएँ निकालनी शुरू कीं। इसके अतिरिक्त मराठी लघु पत्रिकाओं के अंकों में, समाचार पत्रिकाओं के रविवारीय विशेषांकों में दलित साहित्य की समीक्षा काफी दिखाई देती है। इस समीक्षात्मक लेखन का स्वरूप प्रासंगिक और परीक्षण-परक है। दलित साहित्य की पहचान कराने के अभिप्राय की शक्ल में यह लेखन हुआ है। ऐसे लेखन पर दलित लेखकों ने आपत्ति की है। पुस्तक समीक्षा करने वाले के उस पुस्तक के लेखक के साथ पहचान के संबंध होते हैं। स्पष्ट और साफ समीक्षा करने वाला अनेक अर्थों से बँधा रहता है। जिस पुस्तक पर समीक्षा करने से कुछ लोगों को चोट पहुँचने की संभावना होती है, उसे वह समीक्षक टालता रहता है। उसके आग्रही मत को दूसरे भी स्वीकारें, ऐसी समीक्षक कर्ता की मंशा होती है। इसलिए पुस्तक की समीक्षा उचित तरह से नहीं होती। अखबार में संपादक द्वारा अपने मतलब से लिखवाकर लेखन कराया जाता है। स्थान की मर्यादा भी इस लेखन पर प्रभाव डालती है। मज़मून कैसा है, इसकी अपेक्षा कितने कॉलम में वह लेख अटने वाला है, इस ओर संपादक का ध्यान अधिक रहता है। दलित साहित्य का ठीक मनन न करने वाले लेखक ऐसी समीक्षाएँ लिखते हैं। एक तो इनमें संक्षिप्त होते हैं, दूसरे वे बहुत बार पूर्वाग्रह से दूषित अभिप्राय होते हैं अथवा उनमें आकलन की अपूर्णता होती है। समाचार पत्र में छपे अभिमत पढ़ने वाले पाठकों के आगे पुस्तक नहीं होती। पाठक परीक्षण समीक्षा से गलत मत बना सकते हैं। अखबारी समीक्षा केवल परिचय-परक होती है। यह गहरा समीक्षा लेखन नहीं है। दलित समीक्षकों की जो दलित साहित्य की समीक्षा विषय से संबंधित पुस्तकें प्रकाशित हुई हैं, उनमें भी अखबार में पूर्व प्रकाशित लेख, परीक्षण और प्रस्तावना आदि का समावेश होता है। उदाहरणस्वरूप भालचंद्र फड़के कृत 'दलित साहित्य की प्रकाश-यात्रा' और 'डॉ. अंबेडकर और दलित साहित्य' पुस्तकों को देखा जाए।

दलित समीक्षकों ने अपने समीक्षा-ग्रंथों का प्रकाशन गंभीरतापूर्वक नहीं किया, ऐसा लगता है जैसे उन्होंने अपना अखबारी समीक्षा-लेखन ज्यों का त्यों प्रकाशन के लिए सुपुर्द कर दिया है। इसलिए दलित साहित्य की समीक्षा शास्त्रीय स्वरूप से सिद्ध हुई नहीं दिखती।

2.6.3 दलित साहित्य की साहित्यिक विशेषताओं की उपेक्षा

दलित साहित्य में व्यक्त अनुभव आज तक न सुना, न देखा होने के कारण ऐसे दलित अनुभव पढ़ते समय पाठक काँप जाता है। मध्यवर्गीय समीक्षक को यह अनुभव अपूर्व लगता है। इसलिए दलित साहित्य में अनुभवों की चर्चा होती रहती है। केवल

अनुभवों की चर्चा होती रहने के कारण संपूर्ण कलाकृति एक ओर पड़ जाती है। मध्यवर्गीय समीक्षक दलित साहित्य की गहराई से समीक्षा करेंगे, ऐसी अपेक्षा करना ही गलत है। उनके लिए दलित लेखकों के अनुभवों का संपूर्ण आकलन करना संभव नहीं। दलित लेखकों के अनुभव की जात, अनुभव की तीव्रता, अनुभव की भाषा, अनुभव का संदर्भ और अनुभव की अभिव्यक्ति, इन सबका पूर्ण आकलन हुए बिना दलित साहित्य की गहराई से समीक्षा करना संभव नहीं है।

दलित साहित्य में व्यक्त होने वाले अनुभव की ओर तटस्थता से देखना चाहिए। पर अनेक दलित समीक्षक दलित लेखकों के अनुभव के साथ बह जाते हैं। म. भि. चिटणीस कहते हैं—''मेरा अनुसूचित जाति के बहुत से विद्यार्थियों से संबंध है। उसमें एक अब पी-एच.डी. कर रहा है। उसे उम्र के बारह वर्षों तक एक भी मूलाक्षर की पहचान नहीं थी। वह मृत जानवर फाड़ता था, लाश पर फेंके हुए पैसे इकट्ठे करता था। बिलकुल छोटी उम्र में उसके बाप ने उसे शराब पीना सिखाया था। अपना यह जीवन यदि वह लिखे तो कितना प्रभावशाली होगा ! इसलिए उनका मत है कि दुनिया से अलग, दलितों के ऐसे अनुभवों को दलितों को लिखना चाहिए।'' यह दृष्टिकोण दलित साहित्य में 'शॉकिंग एलीमेंट को' महत्त्व देने वाला लगता है। उम्र के बारह वर्षों तक मूलाक्षरों का ज्ञान न होना, ऐसी उम्र में शराब पीना, मृत पशुओं की खाल फाड़ना, लाश पर होने वाले पैसे इकट्ठे करना, ये सब अनुभव भयावह हैं। चिटणीस को ऐसे अनुभवों का लिखना, 'प्रभावशाली' लगता है। दलितों के जीवन को देखने का यह मध्यवर्गीय दृष्टिकोण है।

दलित समीक्षक दलित साहित्य की समीक्षा समाज-शास्त्रीय दृष्टि से करते हैं। दलित साहित्य जहाँ विद्रोह, शोषण और विषमता के विरुद्ध है, वहीं उसका नकार ''मुझ पर जो लादा गया है—वह फेंक देने के लिए है''—को दर्शाता है और इसी स्वरूप की समीक्षा भी होती दिखती है। पर साहित्य में 'विद्रोह और नकार' का साहित्यिक विश्लेषण नहीं होता। वेदना, विद्रोह और नकार की सामाजिक कारण-मीमांसा की जाती है लेकिन वेदना, विद्रोह और नकार के साहित्यिक रूप का ब्योरा नहीं दिया जाता। दलित समीक्षा दलित साहित्य में साहित्यिक विशेषताओं की ओर ध्यान न देकर सामाजिक व्यवस्था पर ही अधिक विचार करती हुई दिखती है। आज तक की दलित समीक्षा का प्रधान आशय मानवतावादी मूल्यांकन ही रहा है। यह मानवतावादी विचार ही दलित साहित्य में अंबेडकरी विचार हैं।

2.7 दलित साहित्य की समीक्षा के विषय में दलित समीक्षकों की भूमिका

दलित साहित्य नई साहित्यिक धारा है। आज तक बहिष्कृत माने हुए समाज की

यह साहित्यिक अभिव्यक्ति है। इस साहित्य का सामाजिक, सांस्कृतिक और साहित्यिक परिवेश भारतीय साहित्य में व्यक्त आशय और अभिव्यक्ति की अपेक्षा अलग है जिसके कारण, इसकी समीक्षा करते समय अनेक बाधाएँ उत्पन्न हुईं। सवाल उठता है—क्या मध्यवर्गीय समीक्षक इस साहित्य की उचित समीक्षा करेगा ? यह भय दलित लेखकों को कचोटता रहता है। समीक्षक उच्च-वर्ग के हैं, उन्हें दलितों के जीवन की जानकारी नहीं है, चूंकि समाज में अनेक छोटे-छोटे स्तर हैं। ये स्तर किसी घने जंगल के समान जटिल हैं। जातिव्यवस्था द्वारा दलित मनुष्य का स्पर्श, छाया और वाणी अस्पृश्य ठहराए जाने के कारण दलितों और सवर्णों में सांस्कृतिक विषमता का एक ऐसा बृहत् अन्तर विद्यमान है जो घने जंगल के समान जटिल है। नवबौद्धों की मनोवृत्ति सवर्ण समाज और आलोचक कैसे समझ सकेंगे, यह प्रश्न भी इस विषम व्यवस्था के कारण ही पैदा हुआ है। दलित साहित्य सरीखी नई साहित्यिक धारा की समीक्षा करते हुए, आलोचकों को केवल आधुनिक बन जाने से ही काम नहीं चलेगा। उन्हें तो दलित साहित्य की आत्मा से एकरूप होना होगा, दलितों के अंतर्मन में तान-तनाव, दलित लेखकों और दलित समाज दोनों की मनोवृत्ति पर भी विचार करना होगा।

दलित साहित्य को आधुनिक समीक्षक की अपेक्षा प्रभावी समीक्षकों की आवश्यकता है। दलित समाज की भाषा और भावना जानने वाला और उससे मनःपूर्वक समरस होने वाला आलोचक दलित साहित्य को बहुत बड़ी प्रेरणा दे सकता है। प्रचारी आलोचक और चाटुकारिता प्रशंसक काफी हद तक ये दोनों ही घातक हैं। पहला अतिस्तुति से तो दूसरा औपचारिकता से दलित साहित्य की दुर्दशा करता है। रचना में होने वाली त्रुटियों की ओर ध्यान न देकर लेखक की झूठी प्रशंसा कभी भी उचित नहीं होती। ऐसी झूठी समीक्षा उस साहित्यकार के लिए हानिकारक होती है।

दलित लेखकों का ऐसा सोचना कि उनकी सदा प्रशंसा ही होती रहे, भी गलत है। दलित लेखकों को अपने साहित्य की आलोचना होने पर क्रोधित नहीं होना चाहिए। उन्हें अपने लेखन पर हुई आलोचना स्वीकार कर, अंतर्मुख होना चाहिए। समीक्षकों को भी किसी के क्रोध या लोभ की परवाह न करते हुए लिखना चाहिए और स्पष्ट समीक्षा का साहित्यकार को स्वागत करना चाहिए। यही सच्चा साहित्यिक व्यवहार है। सवर्णों की वाह-वाह अथवा स्वीकृति प्राप्त करने पर स्वयं को धन्य समझना और उसमें असफल होने पर हाय-तोबा करना, इन सभी रुझानों से लेखकों को दूर रहना चाहिए।

दलित साहित्यकारों को दलित जनता के लिए, सवर्ण लेखकों की स्वीकृति की परवाह किए बिना, अपना लेखन करते रहना चाहिए। दलित लेखकों का समीक्षाभिमुखी होने की बजाय जीवनाभिमुखी होना, उनके लेखन की स्वस्थ वृद्धि के लिए आवश्यक है। सवर्ण लेखकों की स्वीकृति की अपेक्षा दलितों की अनुभूति एवं उनकी जागृति अधिक महत्त्वपूर्ण है। दलित लेखकों का जीवनोन्मुखी होकर लिखना ही दलित साहित्य

में अंबेडकरवाद कहलाता है।

समीक्षक नए लेखकों की रक्षा करने का काम नहीं करते। नए बुद्धिवादी समीक्षक सहृदय होने की अपेक्षा अपना खेमा खड़ा करके बैठना श्रेयस्कर समझते हैं। इन खेमों में समान विचार, समान मनोवृत्ति और समान स्वभाव वालों को प्रवेश है। आज का समीक्षक 'पेन्हाना' (थनों में दूध) चुरानेवाली गाय के समान है। उसे खेमों के बाहर आने की इच्छा नहीं है। दलित लेखकों की खेमेबंदी के कारण खेमे में होने वाले लेखकों की वाह-वाह होती है। खेमे में न होने वाला लेखक एक तरफ पड़ जाता है। खेमेबंदी के कारण लेखक की वाह-वाह तो जरूर हो जाती है लेकिन ऐसा भी होता है कि एक अच्छे लेखक को नजरअंदाज कर मार दिया जाता है।

दलित साहित्य के विकास के लिए निम्नलिखित मन्तव्य दिए गए हैं :

1. दलित साहित्य के लिए सुसंगत और प्रेरक सिद्ध होने वाली साहित्यिक परपरा खोजना और खड़ी करना।
2. दलित साहित्य के साथ ही वैचारिक साहित्य की सर्जना करना।
3. दलित साहित्य का शास्त्र के रूप में निर्माण और समीक्षा करना।
4. दलित साहित्य में उभरती हुई प्रवृत्तियों का स्पष्ट विश्लेषण करना।
5. केवल दलित साहित्य के रूप में दलित साहित्य की कृति का मनन करना।
6. दलित साहित्य में गुण-दोषों का मूल्यांकन करना।
7. प्रत्यक्ष दलित साहित्य कृतियों के परिशीलन से हाथ में लगने वाले सूत्रों का आधार लेकर उसमें से स्वतंत्र दलित साहित्य के सौंदर्यशास्त्र की संभावना की खोज करना।

2.8 समापन

बाबासाहब अंबेडकर के धर्मांतरण से ही दलित साहित्य की सर्जना होनी शुरू हुई। बाबासाहब के धर्मांतरण के बाद तुरंत उनका निधन हो गया। उनके निधन के बाद दलित आंदोलन के समान ही दलित लेखकों में भी फूट पड़ गई। बाबासाहब द्वारा दिए गए बौद्ध धर्म की दलितों में वृद्धि हो, इसके लिए बौद्ध विचार प्रणाली को प्रोत्साहित करने वाले समीक्षकों ने दलित साहित्य का विरोध किया और बौद्ध साहित्य का समर्थन किया। पर आगे चलकर दलितों में अनेक जातियों, उपजातियों और कबीलों में दलित लेखक पैदा हुए। ये सब लेखक बौद्ध नहीं थे।

बौद्ध समीक्षकों ने धर्मांतरण के बाद तुरंत बौद्ध साहित्य ही लिखा जाना चाहिए, ऐसा आग्रही रुख दिखलाया। बौद्ध साहित्य सर्जना के लिए कुछ समय जाने देना आवश्यक था क्योंकि एक पीढ़ी से किसी भी साहित्य का पूर्ण रूप साकार करना संभव नहीं है। इसके अतिरिक्त बौद्ध लेखक बौद्ध साहित्य की सर्जना न कर, बस

दलित साहित्य की एकांगी और आक्रामक आलोचना करने में संलग्न हो गये। दलित लेखक-समीक्षकों ने दलित साहित्य की साधक-बाधक चर्चा की और दलित साहित्य का प्रवाह स्थापित किया। दलितों में अनेक जातियों-उपजातियों, कबीलों तथा आदिवासी लेखकों की कृतियों ने दलित साहित्य को मौलिक रचनाओं से समृद्ध किया है, इसलिए दलित साहित्य केवल नवबौद्ध लेखकों का साहित्य नहीं रह गया, जिसके परिणामस्वरूप बौद्ध विचार-प्रणाली के आधार पर साहित्य की चर्चा पीछे पड़ गई।

दलित साहित्य के उदय के साथ ही दलित साहित्य के समीक्षा लेखन की शुरुआत हुई। इस कारण इस समीक्षा लेखन को प्रत्यक्ष साहित्य का आधार कम मिला, जिसके परिणामस्वरूप प्रारंभिक काल में समीक्षा संदिग्ध थी। उसमें भी इस समीक्षा का बड़ा हिस्सा अखबारी समीक्षा से भरा हुआ था, जिसमें बस दलित साहित्य का थोड़े में परिचय कराना, पुस्तकों के विषय में अभिमत व्यक्त करना और उन पर मंतव्य देना आदि ही शामिल था।

दलित लेखक, समीक्षकों ने दलित साहित्य का समर्थन किया क्योंकि उन्हें इस नई धारा को प्रस्थापित करना था। इसी कारण उनके लेखन में समर्थन, स्तुति, कौतूहल और प्रशंसा की भावना प्रबलता से व्यक्त हुई। दलित साहित्य की चर्चा में प्रारंभ से ही दलित और सवर्ण समीक्षकों ने भाग लिया।

दलित साहित्य की समीक्षा का दूसरा प्रकार अलग-अलग दलित साहित्य सम्मेलन अध्यक्षों द्वारा दिए गए भाषण हैं। अध्यक्षीय भाषणों में दलित साहित्य की मूल्य संकल्पनात्मक समीक्षा की गई। ये अध्यक्षीय भाषण दलित साहित्य का स्वरूप, प्रयोजन, विशेषता और भूमिका स्पष्ट करने में सहायक हुए हैं। सच मायने में इन अध्यक्षीय भाषणों की श्रृंखला, साहित्य के तत्त्वज्ञान प्राक्कथन हैं।

3

दलित साहित्य और मार्क्सवाद

3.1 प्रस्तावना

दलित साहित्य में मार्क्सवाद के विरुद्ध अगर सिलसिलेवार एक धारा है तो मार्क्स-अंबेडकर के विचारों का समन्वय करने वाली दूसरी धारा भी है। मार्क्सवाद के संबंध में बाबासाहब अंबेडकर की भूमिका क्या थी ? मार्क्सवाद और दलित साहित्य का नाता क्या है ? क्या मार्क्सवादी साहित्य और आंदोलन तथा दलित साहित्य और आंदोलन, इनकी चर्चा हो सकती है ? इन सभी प्रश्नों का गहरा अध्ययन करना आवश्यक लगता है।

3.2 मार्क्सवाद का अर्थ क्या है ?

कार्ल मार्क्स ने हीगल के 'द्वंद्वात्मक विकासवाद' के सिद्धांत को स्वीकार कर, उसका विकास किया। हीगल का 'द्वंद्वात्मक विकासवाद' का सिद्धांत उनके 'एन्सायक्लोपीडिया' ग्रंथ में रखा हुआ है। मार्क्स ने 'द्वंद्वात्मक विकासवाद' को उपयुक्त रूप दिया और यह दर्शाया कि द्वंद्वात्मक विकास का तत्त्व जड़ वस्तुओं, सामाजिक संबंधों और मानवीय इतिहास, इन सभी में होता है। 'किसी भी क्षेत्र में अपने अस्तित्व के पुराने स्वरूप का नाश किए बगैर विकास नहीं होता' यह मार्क्सवाद के 'द्वंद्वात्मक विकासवाद' का सूत्र है।

मार्क्सवाद 'द्वंद्वात्मक विकासवाद' और 'ऐतिहासिक भौतिकवाद' पर आधारित है। मार्क्सवाद के अनुसार आज तक का इतिहास वर्ग-संघर्ष का इतिहास है और ये वर्ग उत्पादन संबंधों के कारण निर्मित होते हैं। मार्क्स प्रणीत भौतिकवाद का मानना है कि उत्पादन पद्धति, उत्पादक संबंध और वर्गकलह के कारण सामाजिक स्थितियों में अंतर होता है। धर्म, नीति, कला-साहित्य और संस्कृति का आधार आर्थिक प्रेरणा

है, यह ऐतिहासिक भौतिकवाद का सूत्र है। कार्ल मार्क्स ने अतिरिक्त मूल्यों (Surplus Value) का सिद्धांत रखकर, पूँजीवाद में मजदूरों का शोषण कैसे होता है, यह सिद्ध किया। पूँजीपति मजदूर को छः घंटों का मुआवजा देकर उसकी ओर से बारह घंटों का काम करवा लेता है और इस प्रकार पूँजीपति को छः घंटों का श्रम मुफ्त में मिल जाता है। इस प्रकार पूँजीपति के लिए मुफ्त में मिले हुए श्रम का अतिरिक्त मूल्य—तैयार हो जाता है। इन अतिरिक्त मूल्यों का आगे पूँजी में—रूपांतर होता है और मालिक की ओर से मजदूरों का शोषण जारी रहता है।

कार्ल मार्क्स और फ्रेडरिक एंगल्स ने 1748 में कम्युनिस्ट मैनिफेस्टो प्रकाशित किया। इस घोषणा-पत्र में साम्यवादी समाज-रचना का वर्णन किया है। पूँजीपति समाज-व्यवस्था समाप्त करने के लिए सभी मजदूरों को एक होकर क्रांति करनी चाहिए, यही कम्युनिस्ट घोषणा-पत्र कहता है। मार्क्सवाद ने पूँजीवाद का नाश करने के लिए हिंसात्मक वर्ग-संघर्ष की भूमिका को भी प्रोत्साहित किया। इतना ही नहीं, मार्क्स और एंगल्स ने ये भी कहा कि मजदूर क्रांति के बाद शोषणमुक्त वर्गविहीन समाज रचना अस्तित्व में आने तक, कुछ समय के लिए मजदूरों की एकतंत्री तानाशाही आवश्यक है।

कम्युनिस्ट मैनिफेस्टो ने घोषणा की कि संपत्ति का निजी (Private) अधिकार नष्ट किया जाएगा तथा वंश परंपरागत अधिकारों को निरस्त कर अधिकोष का राष्ट्रीयकरण तथा यातायात से निजी अधिकार को नष्ट कर सभी अधिकार राजसत्ता को सौंप दिए जाएँगे।

अर्थात् मार्क्सवाद शोषितों का विचार है। यानि कि अधिकार संपन्न लोगों द्वारा चलाए गए क्रूर शोषण को निर्दयता से कुचलना और शोषितों यानी अधिकार विहीन लोगों को सभी तरह का न्याय दिलाना—यह मार्क्सवाद का प्रमुख सूत्र है। शोषणमुक्त वर्गविहीन समाज रचना का निर्माण करना—यह मार्क्सवाद का लक्ष्य है।

3.2.1 भारतीय समाज व्यवस्था में मार्क्सवाद की कमियाँ

मार्क्स, एंगल्स और लेनिन ने मार्क्सवाद का विकास किया। मार्क्स, एंगल्स, लेनिन और स्टालिन के ग्रंथों के अतिरिक्त, स्टालिन के बाद के काल में मार्क्सवाद में बहुत कुछ नए विचार जोड़े गए। ख्रुश्चोव ने स्टालिन की अनियंत्रित सत्ता के विरुद्ध अभियान चलाया। चीन में माओत्से तुंग और उनके सहयोगियों ने 'श्रमिकों की सत्ता' का सिद्धांत प्रस्तुत किया। गोर्बाचोव्ह ने सोवियत रूस में आर्थिक सुधार और खुलेपन की घोषणा की। बोरिस येलत्सिन ने व्यक्ति स्वातंत्र्य का उद्घोष कर कम्युनिस्ट पार्टी की सत्ता समाप्त कर दी। पश्चिमी मार्क्सवादी विचारकों ने भी मार्क्सवाद में नए विचार जोड़े। परंतु भारतीय विचारकों ने हिंदू समाज व्यवस्था के संदर्भ में मार्क्सवाद के आधार पर उसका परीक्षण कर कोई विकास किया—ऐसा नज़र नहीं आता। मार्क्सवादियों

ने सही मायनों में छुआछूत की ओर ध्यान दिया ही नहीं। ऐसे हुआ होता तो भारतीय परिस्थिति के अनुकूल मार्क्सवाद का सृजनशील रूप विकसित हुआ होता।

समाजवादी लोगों ने राजनीतिक और आर्थिक आंदोलन पर जोर दिया। सामाजिक क्रांति का उद्देश्य प्राप्त करने के लिए इस आंदोलन को सांस्कृतिक आंदोलन से जोड़ना आवश्यक था। समाजवादियों ने ऐसा नहीं किया। कम्युनिस्ट आंदोलन सामाजिक, शैक्षणिक और सांस्कृतिक प्रश्नों के इर्द-गिर्द गूँथा गया होता, तो भारतीय मार्क्सवादी विचार प्रणाली विकसित हुई होती। भारत में मार्क्सवादी लोग मजदूरों के प्रश्नों पर लड़ते रहे लेकिन जातिव्यवस्था और छुआछूत की ओर उन्होंने ध्यान ही नहीं दिया। इसी कारण मार्क्सवादी दलितों के विश्वास-भाजक नहीं बन सके।

भारतीय सामाजिक परिस्थिति के संदर्भ में मार्क्सवाद का विकास होना चाहिए। मार्क्स ने भारतीय देहातों की व्यवस्था का उत्कृष्टता से विश्लेषण किया है। इस विश्लेषण को जाति व्यवस्था, धर्म और नीति के संदर्भ से जोड़ कर नए विचारों का निर्माण करना होगा। हिंदू धर्म द्वारा निर्मित विषम व्यवस्था पर विचार किए बिना, भारतीय मार्क्सवाद विकसित नहीं हो सकता क्योंकि भारतीय समाज में विषमता केवल पूँजीवाद के फलस्वरूप ही नहीं है। यह विषमता संश्लिष्ट स्वरूप की है। हिंदू धर्म में जाति, नीति और कल्पना का मूल्यांकन किए बिना आप आगे नहीं जा सकेंगे। सामाजिक और आर्थिक प्रश्नों पर एकत्रित संघर्ष करना होगा जिसके लिए मार्क्सवाद को तीन काम करने पड़ेंगे।

(1) किसान और मजदूरों को आर्थिक संघर्ष के लिए तैयार करना।
(2) जन-आंदोलन में अन्य वर्गों के साथ शामिल होना।
(3) सामाजिक जागृति की प्रक्रिया व्यापक और गहरी करना।

भारतीय समाज व्यवस्था में मार्क्स का विचार अपूर्ण लगता है। इसलिए मार्क्सवाद को भारतीय समाज व्यवस्था के संदर्भ में विकसित करना चाहिए।

3.3 भारतीय मार्क्सवाद के संदर्भ में डॉ. अंबेडकर की भूमिका

बाबासाहब अंबेडकर का जीवन और कार्य बहिष्कृतों के हित के लिए व्यतीत हुआ है। उन्होंने धर्म, अर्थ, साहित्य, राजनीति, समाजनीति, कानून और स्वतंत्रता का, अस्पृश्यों के हितों के संदर्भ में विचार किया। बाबासाहब अंबेडकर ने मार्क्सवाद का विचार करते समय अछूतों के हितों को नजरअंदाज नहीं किया। वे कहते हैं, "जातिभेद और छुआछूत यह दोनों कम्युनिज़्म में नहीं हैं।" बाबासाहब को मार्क्सवाद अपूर्ण लगता है क्योंकि मार्क्सवाद में जाति अंत का विचार नहीं है। दरअसल उन्हें दलितों की 'अस्पृश्यता' नष्ट होना ही सबसे अधिक महत्त्व की बात लगती है। इसलिए वे कहते हैं, "लेनिन ने हिंदुस्तान में जन्म लिया होता तो पहले उन्होंने जातिभेद और

छुआछूत को पूरी तरह से नष्ट किया होता और वैसा किए बिना क्रांति की कल्पना उनके मन में आई ही नहीं होती। या "तिलक बहिष्कृत वर्ग में पैदा होते तो उन्होंने 'स्वराज्य मेरा जन्मसिद्ध अधिकार है' ऐसी गर्जना करने की बजाय 'अस्पृश्यता नष्ट करना ही मेरा परम कर्तव्य है' ऐसा ही विश्वास के साथ कहा होता।" बाबासाहब अंबेडकर ने लेनिन और तिलक के संदर्भ में जो विचार व्यक्त किए हैं उसे देखने पर ऐसा लगता है कि बाबासाहब 'क्रांति' और 'स्वराज्य' की अपेक्षा जाति अंत को अधिक महत्त्वपूर्ण मानते हैं। 'क्रांति' और 'स्वराज्य' दोनों ही राजनीतिक ध्येय से प्रेरित हुए आंदोलन हैं लेकिन यह स्पष्ट है कि बाबासाहब सदैव इस मत पर दृढ़ रहे कि भारत में राजनीतिक क्रांति की अपेक्षा सामाजिक क्रांति अधिक महत्त्वपूर्ण है।

भारतीय हिंदू समाज अनेक जातियों-उपजातियों के गुटों में विभाजित हुआ है। यह जातिव्यवस्था केवल समाज के विभाजन पर आधारित नहीं है। यह ऊँच-नीच के श्रेणीबद्ध विचारों पर आधारित है। हर एक जाति एक-दूसरे को हीन समझती है। हर एक जाति दूसरी जाति को द्वेष से देखती है। ये जातियाँ नष्ट हुईं तो कई जातियों को दूसरों की अपेक्षा अधिक शक्ति और इज्जत गँवानी पड़ेगी, इस कारण हिंदू समाज में वर्ग-भावना दिखाई नहीं देती। इसलिए बाबासाहब अंबेडकर कहते हैं, "जाति संस्था केवल श्रमविभाजन नहीं है, वह तो श्रमिकों का भी विभाजन है।"

जातिव्यवस्था केवल श्रम का विभाजन नहीं करती, वह तो श्रमिकों का भी विभाजन करती है। यह विभाजन धर्म नियम के आधार पर और ऊँच-नीच की कल्पना पर आधारित है। इसलिए सवर्ण शोषित और दलित शोषित इन दोनों का सामाजिक स्तर एक नहीं होता। ब्राह्मण मजदूर और दलित मजदूर इन दोनों की सामाजिक-विषमता ध्यान में रखनी चाहिए। बाबासाहब अंबेडकर ने भी यह आलोचना की है कि इस सामाजिक विषमता को कम्युनिस्ट नजरअंदाज करते हैं। वे कहते हैं, "पूँजीवाद के विरुद्ध जोर-जोर से भाषण देते हुए मजदूर नेताओं को मैंने सुना है। पर मजदूरों में होनेवाली ब्राह्मणशाही के विरुद्ध बोलते हुए मैंने किसी भी मजदूर नेता को नहीं सुना। इस विषमता पर उनका मौन स्पष्टतः दिखाई देता है।" बाबासाहब को पूँजीवाद के साथ ही ब्राह्मणशाही भी शोषण का षड्यंत्र लगता है। बाबासाहब अंबेडकर ने इसकी आलोचना करते हुए कहा है कि "ब्राह्मणशाही के दमन तंत्र के विरुद्ध मजदूर नेता नहीं बोलते हैं।" मजदूर नेताओं द्वारा ब्राह्मणशाही की आलोचना नहीं करने का कारण बताते हुए बाबासाहब अंबेडकर कहते हैं, "देव और धर्म के संबंध में कम्युनिस्टों के मत खुले तौर पर स्पष्ट किए जाएँ तो कम्युनिस्टों को आज की स्थिति में मजदूरों में एक भी अनुयायी नहीं मिलेगा।"

बाबासाहब को लगता है कि भारत में कम्युनिस्टों ने ब्राह्मणशाही के विरुद्ध संघर्ष नहीं किया। हिंदू विषम व्यवस्था दलितों का शोषण करने वाली है। हिंदू मानसिकता के कारण दलितों पर अन्याय अत्याचार हुए। हिंदू धर्म ने दलितों को

गुलाम बनाया। इसलिए बाबासाहब ने गुलामों की सामाजिक विषमता के संघर्ष को प्राथमिकता दी।

बाबासाहब अंबेडकर ने मार्क्स और बुद्ध को तुलनात्मक दृष्टि से भी परखा है। उन्होंने विकल्प की दृष्टि से बुद्ध का विचार किया है। बाबासाहब अंबेडकर का कहना है कि मार्क्सवाद हिंसा और तानाशाही का प्रतिपादन करने वाला विचार है। उनका मत है कि मार्क्स की अपेक्षा बुद्ध का विचार आदर्श है। वे कहते हैं–

(1) यदि दुख का अर्थ 'शोषण' लिया जाए तो बुद्ध और मार्क्स दोनों के बीच में अंतर नहीं है।

(2) बुद्ध हिंसा के विरुद्ध थे पर वे न्याय के पक्ष में थे। जहाँ न्याय के लिए आवश्यक होगा, वहाँ उन्होंने बल का प्रयोग करने के लिए इजाजत दी थी।

(3) बुद्ध ने संघ में तानाशाही विहीन साम्यवाद प्रस्थापित किया था। वह बहुत छोटे प्रमाण में साम्यवाद होगा भी। परंतु वह तानाशाही विहीन साम्यवाद था।

(4) मानवता को केवल आर्थिक मूल्यों की आवश्यकता नहीं है। आध्यात्मिक मूल्यों का बनाए रखना भी उसकी अनिवार्यता है।

(5) क्या ऐसा साम्यवादी कह सकते हैं कि अपना लक्ष्य प्राप्त करते समय, उन्होंने किन्हीं मूल्यों का नाश नहीं किया ? अपना लक्ष्य प्राप्त करने के लिए उन्होंने कितने लोगों को मार डाला ? क्या मानवीय जीवन का कोई मूल्य नहीं है ? (अंबेडकर बाबासाहब/बुद्ध कि मार्क्स, पृ. 10, 18, 34, 35, 21)

बाबासाहब अंबेडकर ने बुद्ध प्रणीत दुःख का अन्वयार्थ 'शोषण' लगाया है। वे बुद्ध के संघ को आदर्श साम्यवाद की उपमा देते हैं। उनका मत है कि आवश्यक हो तो बल का प्रयोग करें। उन्हें जहाँ हिंसा और तानाशाही निंदनीय लगती है वहीं आध्यात्मिक मूल्य और मानवीय जीवन महत्त्वपूर्ण लगता है। अंबेडकर ने जीवन की श्रद्धा से मार्क्सवाद को नकारा है।

3.4 मार्क्सवाद या अंबेडकरवाद

डॉ. बाबासाहब अंबेडकर के मरणोत्तर काल में 'मार्क्स या अंबेडकर' विवाद बहुचर्चित सिद्ध हुआ। अंबेडकर अनुयायियों ने 3 अक्तूबर, 1957 को बाबासाहब अंबेडकर की संकल्पना पर आधारित 'रिपब्लिकन पार्टी' की स्थापना की। इस पक्ष के नेताओं में 'मार्क्सवाद' को लेकर फूट पड़ी। दादा साहेब गायकवाड़ ने यह प्रस्तावना रखी कि रिपब्लिकन पक्ष सर्वहारा, पददलित और शोषितों का है तो बी.सी. कांबले ने यह कहकर उनकी आलोचना की कि वे मार्क्सवादी हैं। इस कारण रिपब्लिकन पार्टी के दो गुट हो गए। रिपब्लिकन नेताओं में 'मार्क्सवाद' को लेकर काफी वाद-विवाद हुआ है।

रिपब्लिकन पार्टी की राजनीतिक असफलता में से 9 जुलाई, 1972 को 'दलित पंथर' नामक दलित युवकों के संगठन का उदय हुआ जो दलित युवकों के गरम संगठन के रूप में दलितों के प्रश्नों को लेकर काम करने लगा। दलित पंथर के युवक नेताओं में भी 'मार्क्सवाद' विवाद का विषय बना। नामदेव ढसाल ने 'दलित पंथर' का जो घोषणा-पत्र जारी किया, राजा ढाले ने उसे 'मार्क्सवादी' कहकर उसकी आलोचना की। नामदेव ढसाल ने व्यापक भूमिका लेकर 'दलित पंथर' का घोषणा-पत्र तैयार किया था। उन्होंने दलितों की व्याख्या में सर्वहारा, शोषित, पीड़ितों को सम्मिलित कर लिया, (ढसाल नामदेव 'दलित पंथर' का जाहिरनामा) यह राजा ढाले को पसंद नहीं आया। ढाले ने ढसाल को कम्युनिस्ट कहकर 'दलित पंथर' को बर्खास्त कर दिया और नये 'मास मूवमेंट' नामक संगठन की स्थापना की। इस कारण 'दलित पंथर' विभाजित हो गया।

दलित आंदोलन के नेता एवं कार्यकर्त्ताओं में जिस प्रकार 'मार्क्सवाद' विवाद का विषय बना, वैसे ही दलित लेखकों और समीक्षकों में भी यह वाद-विवाद का विषय बना और बहुचर्चित रहा। बौद्ध साहित्य सम्मेलन, दलित साहित्य सम्मेलन और अस्मितादर्श मेले, ये सब दलित लेखकों में गुटबंदी के स्पष्ट उदाहरण हैं।

3.4.1 मार्क्सवाद का विरोध

दलित लेखकों और समीक्षकों ने मार्क्सवाद के प्रति विरोध प्रदर्शित किया है। जहाँ क्रांति की मार्क्सवादी कल्पना केवल आर्थिक विषमता पर आधारित है वहीं अंबेडकरी कल्पना सामाजिक विषमता के मूल में होने वाली छुआछूत पर आधारित है। मार्क्सवाद सामाजिक विषमता का विचार नहीं करता इसलिए दलित लेखकों का मत है कि मार्क्सवादी विचार पूरा नहीं, अधूरा है।

दलित समीक्षकों ने मार्क्सवाद की आलोचना करते हुए यह कहा कि मार्क्सवाद सामाजिक विषमता के विरुद्ध बोलता नहीं है और बाबासाहब सामाजिक विषमता के विरुद्ध बोले हैं। इसका निष्कर्ष उन्होंने यह निकाला कि बाबासाहब आर्थिक विषमता के विरुद्ध नहीं बोले हैं। लेकिन उन्हें यह समझना चाहिए कि मार्क्स अथवा अंबेडकर के विचारों का स्वरूप इतना इकहार या एकांगी नहीं है कि उन्हें केवल आर्थिक अथवा केवल सामाजिक कहा जाए। दलितों के प्रश्न केवल सामाजिक हैं, आर्थिक प्रश्नों से उसका लेना-देना नहीं है, यह कहकर भी नहीं चलेगा। सामाजिक विषमता के साथ ही आर्थिक विषमता भी दलितों का शोषण करती है। हाँ, दलितों को सामाजिक और आर्थिक इन दोनों स्तर पर संघर्ष करना होगा। दलित साहित्य दलितों के संघर्ष का साहित्य है। अब दलित साहित्य आंदोलन को अंबेडकरवाद के साथ-साथ मार्क्सवाद को भी स्वीकार करना होगा तभी यह संघर्ष अर्थपूर्ण होगा ऐसी समझ स्थापित करनी पड़ेगी।

3.4.2 मार्क्स-अंबेडकर के समन्वय की आवश्यकता

अंबेडकरवाद में से मार्क्सवाद घटा कर अथवा मार्क्सवाद में से अंबेडकरवाद कम कर 'दलित साहित्य' का मतलबी समीकरण रखने वाले तथाकथित बुद्धिजीवी केवल आत्मवंचना करते हैं। यदि ऐसा नहीं है तो उनके हाथ से जाने अनजाने साहित्य-द्रोह और समाज-द्रोह हो रहा है।

अंबेडकरवाद का केंद्रबिंदु आम आदमी है। मार्क्सवाद का केंद्र शोषित, पीड़ित आम आदमी है। बौद्ध तत्त्वज्ञान भी मनुष्य का और उसके शोषण का विचार करता है। बाबासाहेब अंबेडकर, कार्ल मार्क्स और गौतम बुद्ध के तत्त्वज्ञान का सार एक ही है—वह है मनुष्य की शोषण से मुक्ति। मार्क्स, अंबेडकर और बुद्ध के विचारों में साम्य है। ऐसा लगता है कि इस साम्य के कारण ही मार्क्स और अंबेडकर के विचारों का समन्वय होना चाहिए। परंतु राजा ढाले को यह समन्वयवादी भूमिका मान्य नहीं है। वे ऐसा भौतिक विचार नहीं रखते कि हम गरीब हैं इसलिए हम अछूत हैं, यह सत्य नहीं है। वे कहते हैं हम अछूत हैं इसलिए गरीब हैं—यह सत्य है। लेकिन हम गरीब हैं इसलिए हम अछूत हैं, इस प्रकार के तर्क से तो भारत में सभी गरीब अछूत सिद्ध हुए होते, पर वैसे नहीं हैं। हमारी छुआछूत का मूल गरीबी में न होकर, हमारी गरीबी का मूल छुआछूत में है। ठीक वैसे ही हमारी छुआछूत का मूल आज के वास्तव में नहीं, वह तो यहाँ के इतिहास और धर्म में है। राजा ढाले का विवेचन है कि छुआछूत का मूल पूँजीवादी व्यवस्था में न होकर भारतीय इतिहास और हिंदू धर्म में है, जिसके अनुसार छुआछूत पूँजीवाद का फल न होकर हिंदू धर्म-व्यवस्था का फल है। दलितों की दरिद्रता और छुआछूत यहाँ के इतिहास और धर्म में है और उसी मूल ने आज महान वृक्ष का रूप धारण कर लिया है। छुआछूत का स्थान जाति भेद ने ले लिया है। लेकिन यह ध्यान रहे कि इस जाति-भेद का मूल इतिहास अथवा धर्म में नहीं बल्कि वह आज की राजनीति में है। दलितों की गरीबी का मूल छुआछूत में हुआ है। लेकिन ऐसा नहीं कहा जा सकता कि वह केवल छुआछूत में ही है। अंतर्जातीय विवाह, धर्मांतरण, छुआछूत के विरुद्ध बने कानून, दलितों के आंदोलन, प्रगतिशील विचार और ज्ञान-विज्ञान, तंत्रज्ञान से परिवर्तित आज के समाज जीवन के कारण, अब छुआछूत तो समाप्त हो रही है लेकिन जाति-भेद का दानव उभरकर ऊपर आ रहा है। इसके कारण दलितों के सामाजिक प्रश्न अधिक उग्र बने हैं। उसके साथ सभी क्षेत्रों में व्याप्त बेकारी, भ्रष्टाचार, बढ़ती हुई आबादी, महँगाई, मुट्ठी भर धनिकों के हाथ में संगठित उत्पादन क्षेत्र और राजनीतिक सत्ता, वीरान पड़े हुए देहात और शहरों में बढ़ने वाली गंदी बस्तियों के कारण, दबे-कुचले हुए दलितों के जीवन को, इन सबका मूल इतिहास और धर्म में है, यह कहकर नजरअंदाज नहीं किया जा सकता। यह ध्यान रखना चाहिए कि इन सबका मूल आज की वर्तमान विषम

व्यवस्था में है। दलितों की दरिद्रता का मूल धर्म और इतिहास में भले हुआ लेकिन उसका आज का स्वरूप समूल परिवर्तित हो गया है। यह भी ध्यान देना होगा कि शासन की लोक कल्याणकारी योजनाएँ, आरक्षित स्थान और दलितों में नए रूप में बढ़ते हुए मध्यवर्ग के कारण दलितों की दरिद्रता का स्वरूप केवल धार्मिक और ऐतिहासिक नहीं रहा, वह और अधिक जटिल हुआ है।

दलितों की आर्थिक दासता का कारण यहाँ की भारतीय समाज व्यवस्था में छिपा हुआ है तो इस मुक्ति का अंतिम मार्ग मार्क्सवाद और अंबेडकरवाद इन दोनों के समन्वय में मिल सकेगा। दलित और सवर्णों को समान आर्थिक संबंधों का ज्ञान और संगठित होने की प्रेरणा मार्क्सवाद दे सकता है क्योंकि बढ़ते हुए औद्योगिकीकरण से शहर बढ़ रहे हैं। ग्रामीण विभाग में यांत्रिकीकरण के कारण और ज़मीन के विषय के नए कानून के कारण जाति-व्यवस्था में दरारें पड़ जाने से वर्ग-व्यवस्था अस्तित्व में आ रही है। पुरानी जाति व्यवस्था में दरारें तो पड़ी हैं लेकिन उससे भी जातीय-भावना (Caste spirit) समाप्त नहीं हुई। समाज में एक तरफ जातीय-भावना प्रबल हुई है, तो शोषितों का शोषण और उनके समान हित-संबंध के कारण जातीय-भावना के पार जाकर वर्गीय-भावना भी बढ़ रही है। आंदोलन और संगठन में वाम विचारधारा जोर पकड़ रही है जिसके कारण ऐसा लगता है कि जाति-व्यवस्था नष्ट होकर वर्ग-व्यवस्था अस्तित्व में आएगी।

मार्क्सवाद और अंबेडकरवाद इन दोनों का समन्वय होना, व्यापक आंदोलन और आंदोलन के यश के लिए आवश्यक है। समन्वय समर्थकों का विचार है कि अकेला अल्पसंख्य दलित सामाजिक विषम-व्यवस्था के विरुद्ध नहीं लड़ सकेगा। इसके लिए कष्ट करने वाले श्रमिकों, मजदूरों का साथ लेना पड़ेगा जिससे समाजवाद का मार्ग आसान होगा। परंतु ऐसे समन्वय का राजा ढाले विरोध करते हैं। वे कहते हैं, "मार्क्स, फुले, अंबेडकर इन तीनों के समन्वय का यह विचार फुले अंबेडकर के यशस्वी होने की भावना से स्फुरित नहीं हुआ बल्कि मार्क्स कैसे यशस्वी हों, इस चिंता से स्फुरित हुआ है।" (ढाले राजा/शताब्दी साहित्य सम्मेलन, अध्यक्षीय भाषण 18-19 जनवरी 1992)

राजा ढाले का ऐसा मार्क्सवाद के प्रखर-विरोध के कारण कहते हैं। किसी भी प्रकार का प्रखर-विरोध व्यापक स्वरूप का नहीं होता, वह आक्रामक और इकहरे स्वरूप का होता है। ऐसी भूमिका अपने समर्थन और परमत में खंडन के आवेश से पैदा होती है। गोरे-काले, पूँजीपति-श्रमिक, सवर्ण-दलित इनमें संघर्ष का स्वरूप गुलामी के विरुद्ध स्वतंत्रता का है। हालाँकि हर एक की गुलामी का स्वरूप अलग-अलग है, तो भी उनमें होने वाली स्वतंत्रता और संघर्ष की भावना समान है। काले, श्रमिक और दलितों का संघर्ष न्याय के लिए है इसलिए उनके आंदोलन में और विचारों में समन्वय हो, यह भूमिका व्यापक और विधायक स्वरूप की लगती है।

3.4.3 दलित लेखकों में मतभेद का स्वरूप

दलित साहित्य की एकमात्र प्रेरणा अंबेडकरी विचारों में है, दलित लेखकों द्वारा यह मान्य किए जाने पर भी उनकी भूमिका में होने वाले मतभेद निदर्शन में आते हैं। इस मतभेद का पहला स्वरूप मार्क्स-विरोधी बौद्धवाद था। भाऊसाहेब आडसूल, विजय सोनवणे और राजा ढाले ने बौद्ध विचार प्रणाली को स्वीकार कर बाबूराव बागूल, नामदेव ढसाल, दया पवार आदि दलित लेखकों को साम्यवादी कहकर उनके लेखन की आलोचना की है। अर्जुन डांगले, दया पवार और यशवंत मनोहर ने दलित लेखकों की साम्यवादी भूमिका का समर्थन किया। आगे चलकर इस मतभेद का केंद्र बदला। मार्क्सवाद और अंबेडकरवाद को लेकर चर्चा शुरू हुई, बाबूराव बागूल और यशवंत मनोहर को मार्क्सवादी ठहराकर गंगाधर पानतावणे ने अंबेडकरवाद का समर्थन किया। इसी काल में रावसाहेब कसबे की 'अंबेडकर और मार्क्स' नामक पुस्तक प्रकाशित हुई। इस पुस्तक के कारण आलोचना का लक्ष्य बागूल की बजाय कसबे हो गए। रावसाहेब कसबे का 'अंबेडकर और मार्क्स' (1985), वि. स. जोग का 'मार्क्सवाद और दलित साहित्य' (1985), शरद पाटील का 'अब्राह्मणी साहित्य का सौंदर्यशास्त्र' (1988) और सदा कव्हाड़े का 'मार्क्सवाद, बुद्धवाद और अंबेडकरवाद' (1992) आदि पुस्तकों में समन्वयवादी विचार दृढ़ता से रखा गया है। परंतु अंबेडकरवादियों की ओर से ऐसा प्रयत्न नहीं हुआ। मार्क्सवादी धारा द्वारा प्रस्तुत अर्थविचार के समक्ष विकल्प के रूप में अंबेडकरवादी अर्थविचार अंबेडकरवादियों ने प्रस्तुत नहीं किया। दलितों के प्रश्नों से अनेक पहलू जुड़े। अंबेडकरी विचारों का शास्त्रशुद्ध विश्लेषण कर आंदोलन को शास्त्रशुद्ध अंबेडकरी तत्त्वों का आधार देने में, वे नाकामयाब हुए। सच तो यह है कि वह उनकी सीमा थी। बाबासाहब अंबेडकर ने मार्क्स का विरोध किया इसलिए मार्क्स का विरोध करने वाले लोगों ने विरोध की भूमिका ली। ये लोग दोयम दर्जे के होने के कारण अंबेडकरवाद को शास्त्र रूप में विकसित नहीं कर सके। आगे चलकर इस मतभेद ने अलग मोड़ लिया। दलित विचारकों में 'हिंदुत्ववाद बनाम अंबेडकरवाद' की चर्चा शुरू हुई।

यशवंत मनोहर ने अंबेडकरवाद को स्वीकार कर गंगाधर पानतावणे को हिंदुत्ववादी कह दिया, क्योंकि इस काल में गंगाधर पानतावणे ने 'समरसता मंच' नामक हिंदुत्ववादियों के मंच पर जाकर भाषण किया था। हिंदुत्ववादियों ने 'डॉ. हेडगेवार और डॉ. अंबेडकर' को लेकर तुलना शुरू की। रामनाथ चव्हाण; बालासाहेब गायकवाड़ और टेक्सास गायकवाड़ आदि दलित लेखकों ने हिंदुत्ववादी संगठनों के मंच पर जाकर अपने मत रखे। उसके कारण 'हिंदुत्ववाद बनाम अंबेडकरवाद' की चर्चा की धारा आई। यह चर्चा गंगाधर पानतावणे के विरुद्ध यशवंत मनोहर के स्वरूप में बहुचर्चित बनी रही। अंततः यह चर्चा 'सच्चा अंबेडकरवादी कौन ?' अर्थात् 'मैं कि तू ?' इस

छोर तक आ पहुँची। लक्ष्मण माने, पार्थ पोलके, अर्जुन डांगले, बाबूराव बागूल, विलास वाघ और रावसाहेब कसबे ने हिंदुत्ववाद के विरुद्ध भूमिका ली।

दलित लेखकों में वैचारिक मतभेद शुद्ध वैचारिक स्वरूप के कभी भी नहीं थे। इनमें व्यक्तिगत द्वेष, नेतृत्व की अभिलाषा और स्वार्थ की भावनाएँ छिपी हुई थीं जिस कारण इन मतभेदों का स्वरूप केंद्र और लक्ष्य बदलने पर भी, व्यक्तिगत स्तर पर बने रहे। ये मतभेद समाचार पत्रों में भी तात्कालिक चर्चा के स्वरूप में बने रहे। उन्हें वैचारिक प्रवाह का महत्त्व प्राप्त नहीं हुआ। सच तो यह है कि इस संदर्भ में गंभीरतापूर्वक जो ग्रंथ रचे जाने चाहिए थे, वह नहीं हुए।

3.5 साम्यवादी समीक्षा और दलित समीक्षा

साम्यवादी समीक्षा मार्क्स और एंगल्स की साहित्य विषयक भूमिका से निर्मित हुई; तो दलित समीक्षा का निर्माण अंबेडकरी विचारों से हुआ। मार्क्स और एंगल्स ने कला, स्वरूप, शास्त्र विषय के संबंध में विस्तारपूर्वक लेखन नहीं किया। उनके लेखन में से उनकी साहित्य विषयक भूमिका जाननी पड़ती है। उन्हीं के समान ही बाबासाहब अंबेडकर ने भी कला, स्वरूप, शास्त्र विषय के संबंध में विस्तारपूर्वक लेखन नहीं किया। उनके लेखन में से उनकी साहित्य विषयक भूमिका जाननी पड़ती है। साम्यवादी समीक्षा और दलित समीक्षा दोनों में अनेक बातों में साम्य दीखता है।

3.5.1 वैचारिक अधिष्ठान से सिद्ध समीक्षा

साम्यवादी समीक्षा और दलित समीक्षा दोनों ही का निर्माण एक निश्चित वैचारिक भूमिका में हुआ है। ऐतिहासिक भौतिकवाद की भूमिका में से तैयार होने के कारण मार्क्सवादी साहित्य-समीक्षा के पास मानवीय जीवन के संबंध में कुछ निश्चित निष्कर्ष और संभाव्य विकास की रूपरेखा है। चूँकि मार्क्सवाद शोषण मुक्त समाज रचना का स्वप्न देने वाला मानवतावादी विचार है इसलिए साम्यवादी साहित्य समीक्षा साम्यवादी जीवन-दर्शन के आधार पर खड़ी है। इस समीक्षा के पास निश्चित वैचारिक आधार होने के कारण, उसके स्वरूप प्रयोजन में दृढ़ स्पष्टता व्यक्त होती है। इस संदर्भ में मैक्सिम गोर्की के विचार जान लेना उचित होगा। वे कहते हैं, "मार्क्स, एंगल्स के अचल वचनों का आधार लेकर हमारी समीक्षा साहित्यिक विषय का, व्यक्ति–रेखाओं का और मानवीय संबंधों का मूल्यांकन करती है।" (गोर्की मैक्सिम साहित्य और कला, पृ. 282) दया पवार ने दलित साहित्य के संदर्भ में वैसी ही भूमिका ली है जैसी मैक्सिम गोर्की ने मार्क्स, एंगल्स और लेनिन के विचारों को साम्यवादी साहित्य समीक्षा का मूल सिद्धान्त मान कर ली। वे कहते हैं, "फुले, अंबेडकर और मार्क्स के तत्त्वज्ञान के आधार से आपको अपना शोषण साफ दीख पड़ेगा।" (पवार

दया/भुई कोट दि. अ. सोलपूर 1990, पृ. 77) दया पवार की मान्यता है कि शोषणमुक्ति का विचार अपने साहित्य में कैसे व्यक्त होगा, इसका लेखक को विचार करना चाहिए। इस साहित्य के लेखक समीक्षकों ने यह भूमिका ली कि साम्यवादी साहित्य हो अथवा समीक्षा इनमें शोषण-विरोधी विचार व्यक्त होना चाहिए।

3.5.2 बोधवादी साहित्य समीक्षा

मार्क्सवादी साहित्य समीक्षा और दलित साहित्य समीक्षा निश्चित विचार से प्रेरित होकर निर्मित होती है इसलिए इस साहित्य सर्जना के पीछे ऐसा एक निश्चित लक्ष्य है। मार्क्स और अंबेडकर का विचार मानव-मुक्ति का विचार है। इन विचारों की प्रेरणा से रची जाने वाली कृतियाँ प्रतिबद्ध होती हैं। साम्यवादी साहित्य के प्रयोजन के संदर्भ में मैक्सिम गोर्की कहते हैं, "लोगों में खास भावना जाग्रत करना, जीवन में खास परिस्थिति के संबंध में उनमें खास दृष्टिकोण जाने-अनजाने निर्मित करना, यह सभी कलाओं का लक्ष्य होता है।" (गोर्की मैक्सिम/साहित्य और कला, पृ. 251) लोगों को क्रांतिमुखी करना साम्यवादी कला का प्रयोजन है। ऐसी ही भूमिका ताराचंद्र खांडेकर ने दलित साहित्य के संदर्भ में अपनाई है। वे कहते हैं, "क्रांतिमुखी समाज में लेखन होना चाहिए क्योंकि जिन विचारों की प्रेरक-शक्ति पर समाज क्रांतिगामी होता है, उन विचारों को लोगों तक पहुँचाना आवश्यक है।" (खांडेकर ताराचंद/ अंबेडकर तत्त्वज्ञान : प्रचिति और आविष्कार, पृ. 8) साम्यवादी लेखक और दलित लेखक शोषितों का पक्ष लेने वाले हैं। लोगों को उनकी गुलामी का ज्ञान करा देना ही दोनों साहित्य का प्रयोजन है। इस कारण इस साहित्य में उचित ज्ञान निर्मित होता है कि नहीं उसकी जाँच करना समीक्षा का कार्य होता है। इस साहित्य की समीक्षा का आग्रह होता है कि उस साहित्य में से सृजनशील आकांक्षा, संघर्ष का निर्धारण, साहस और क्रांतिकारी गुणों का उदय व्यक्त हो।

3.5.3 जीवनवादी साहित्य समीक्षा

मार्क्सवादी साहित्य और दलित साहित्य दोनों ही जीवनवादी साहित्यिक धाराएँ हैं। इस साहित्य की समीक्षा भी जीवनवादी है। मार्क्सवादी साहित्य यथार्थवादी साहित्य है। दलित साहित्य भी यथार्थवादी साहित्य है। इस साहित्य का पथ स्वतंत्र और अलग है। मनोरंजनकारी प्रेरणा के पाश में यह साहित्य कभी बँधेगा, ऐसा नहीं लगता। दरअसल दलित साहित्य यथार्थ से, अनुभूति से निर्मित होता है। जीवनवाद शब्द की अपेक्षा दलित साहित्य में 'जीवनवाद' व्यापक है। मराठी साहित्य के मध्यवर्गीय लेखकों में जीवनवाद बहुत कम मात्रा में व्याप्त है। बालविवाह, पुनर्विवाह, विधवा-विवाह, प्रौढ़-विवाह, प्रेम-विवाह, तलाक (divorce), पातिव्रत्य, कठिन वैधव्य, स्त्री शिक्षा, नशाबंदी, दहेज प्रथा से संबंधित प्रश्नों के आसपास मराठी साहित्य में व्याप्त जीवनवाद

घूमता हुआ नज़र आता है। भारतीय साहित्य को श्रेष्ठ जीवनवादी विचार देने का ऐतिहासिक कार्य दलित साहित्य सर्जकों को करना है। मार्क्स एंगल्स यथार्थवाद को वैश्विक कला की एक सर्वश्रेष्ठ सिद्धि मानते हैं। दलित लेखक भी कलावाद को नकारता है और जीवनवाद को स्वीकारता है।

3.5.4 कला मूल्यों का नकार नहीं

मार्क्सवादी साहित्य और दलित साहित्य जीवनवादी है और कलावाद को नकारता तो है लेकिन कला के महत्त्व को कम करके नहीं आँकता। मिन्ना कौंटस्की को लिखे हुए पत्र में एंगल्स ने कहा है 'मेरा, यह लक्ष्य है' ऐसा सीधे पाठकों से खुले तौर पर न कहकर प्रत्यक्ष घटना प्रसंगों में से 'वह लक्ष्य' व्यक्त होना चाहिए (फ्रेडरिक एंगल्स/मार्क्स एंगल्स : साहित्य और कला, पृ. 16)। इसका अर्थ यह होता है कि साहित्य के खुले प्रचारी स्वरूप को मार्क्सवाद मान्यता नहीं देता। इस संदर्भ में मैक्सिम गोर्की कहते हैं, "रोमांचवाद और यथार्थवाद दोनों का संयोग हमारे महान लेखकों की बहुत बड़ी विशेषता सिद्ध हुई है इसलिए उनके लेखन में अभिजातता निर्मित हुई है और सभी विश्वस्तरीय साहित्य पर उनके लेखन का बड़ी मात्रा में और साफ तौर पर सतत बहुत प्रभाव पड़ा है।" (गोर्की मैक्सिम/संस्कृति के उत्तराधिकारियो! तुम किनके साथ हो? पृ. 67) गोर्की साहित्य की अभिजातता के विषय में सजग हैं। इससे यह स्पष्ट होता है कि मार्क्सवाद साहित्य को साधन न मानते हुए साध्य मानता है। दलित साहित्य के संदर्भ में यशवंत मनोहर कहते हैं, "श्रेष्ठ जीवनमूल्यों का और कला मूल्यों का अपूर्व एकरस मिलन समारोह साकार करने वाला साहित्य भविष्य में दलित साहित्य के रूप में पहचाना जाएगा। उनके द्वारा रचा हुआ क्रांतिकारी कलावाद मराठी साहित्य के इतिहास के लिए गौरव की महिमा होगी।" (मनोहर यशवंत/दलित साहित्य : सिद्धांत और स्वरूप, पृ. 621) यशवंत मनोहर ने जीवनमूल्य और कलामूल्य दोनों की 'अपूर्व एकरसता' को महत्त्व दिया है। यह भूमिका गोर्की और एंगल्स के विचारों से नाता रखने वाली है।

3.5.5 आम आदमी ही श्रेष्ठ मूल्य

मार्क्सवादी साहित्य और दलित साहित्य मनुष्य को महान मानता है। मनुष्य की महानता का विचार इस साहित्य की समीक्षा में व्यक्त हुआ है। मार्क्सवाद मानवतावादी है। कला और साहित्य का केंद्र मनुष्य है। मैक्सिम गोर्की कहते हैं, "अपने संसार में जो कुछ सबसे सुंदर है वह मनुष्य के श्रम से निर्मित हुआ है, संपूर्ण नैसर्गिक शक्ति का वही भावी मालिक है।" (गोर्की मैक्सिम/संस्कृति के उत्तराधिकारियो ! तुम किनके साथ हो ? पृ. 98-99)। मैक्सिम गोर्की ने मनुष्य को सर्वश्रेष्ठ माना है। दलित लेखकों की ऐसी श्रद्धा है कि इस इहलोक में मनुष्य की अपेक्षा कोई भी काल्पनिक और

ऐहिक वस्तु महान नहीं हो सकती। दलित साहित्य और मार्क्सवादी साहित्य ने मनुष्य को केंद्र माना है। इसलिए इस साहित्य की प्रेरणा, भूमिका और प्रतिबद्धता में साम्य दिखाई देता है। मनुष्य का शोषण के विरुद्ध विद्रोह और मनुष्य की मुक्ति का समर्थन, यह इस साहित्य की समीक्षा में विशेष रूप से व्यक्त हुआ है।

3.5.6 आम आदमी ही नायक

दलित साहित्य और मार्क्सवादी साहित्य का नायक आम आदमी है। यह नायक नया है। स्थापित लेखकों के वाङ्मय में यह नायक कुचला गया है। स्थापित लेखकों को सामान्य मनुष्य में कभी नायक नहीं दिखा। इस संदर्भ में ए. झीस कहते हैं, "समाजवादी कला ने क्रांतिकारक, लड़ाकू, निर्माणक्षम नये नायक ही केवल सामने नहीं लाए, बल्कि समाजवादी कलाकारों की गुणात्मक दृष्टि से नई विशेषताएँ भी प्रदर्शित कीं। कला के इतिहास में आज तक ऐसे कलाकार अज्ञात थे।" (झीस ए./मार्क्सवादी लेनिनवादी सौंदर्यविज्ञान और जीवन, पृ. 621)। यही विचार दलित साहित्य की समीक्षा में पढ़ने को मिलता है। दलित साहित्य के संदर्भ में बाबूराव गायकवाड़ कहते हैं, "देश के लिए लड़ने वाले सभी जाति धर्म के लोग थे पर निचले स्तर वाला अछूत मनुष्य वहाँ कभी नायक नहीं हुआ। इसलिए आधुनिक मराठी साहित्य में दलितों का चित्रण नहीं हुआ।" (गायकवाड़ बाबूराव/दृष्टि, पृ. 681)

दलित और मार्क्सवादी साहित्य ने आज तक अज्ञात रहे शोषित मनुष्य को अपने साहित्य का नायक बनाया। इस साहित्य की समीक्षा ने इस नए नायक के नायकत्व को प्रस्थापित और विशद किया और इस प्रकार उसके समर्थन की भूमिका अदा की। आम आदमी की मुक्ति का समर्थन करते हुए, इस समीक्षा ने मनुष्य की शोषणवादी कला, साहित्य, समाज, संस्कृति, अर्थ और राजनीति आदि पर कड़ा प्रहार किया।

दलित साहित्य और मार्क्सवादी साहित्य निश्चित ध्येय और विचार से प्रेरित है, इस कारण दोनों के स्वरूप और प्रयोजन में साम्य दिखाई देता है। इन दोनों की प्रेरणा, भूमिका, प्रतिबद्धता मानवतावाद में मिलती है। दलित लेखकों ने इस मानवतावाद को 'अंबेडकरवाद' नाम से संबोधित किया है और मार्क्सवादी लेखकों ने इस मानवतावाद को 'मार्क्सवाद' नाम दिया है। दोनों विचारों में, साहित्य में, आंदोलन में और समाज में आम आदमी की मुक्ति का और महानता का विचार व्यक्त हुआ है। देश, प्रदेश, भाषा और परिस्थिति में भिन्नता होते हुए भी इस साहित्य की भूमिका में जो एकता दृष्टिगोचर है वह शोषण के विरुद्ध विद्रोह की भावना, मनुष्य की मुक्ति का समर्थन और मनुष्य की महानता का सम्मान ही है।

3.6 मार्क्स-अंबेडकर विचार-प्रणाली द्वारा हुई दलित साहित्य की समीक्षा

दलित साहित्य के प्रारंभिक काल से ही दलित साहित्य की मार्क्स-अंबेडकरी विचार-प्रणाली से समीक्षा हुई है। दलित साहित्य के विकास काल में पुरोगामी लेखक समीक्षकों ने महत्त्वपूर्ण साझेदारी की। प्र. श्री. नेरूरकर, गं. बा. सरदार, शरत्चंद्र मुक्तिबोध, नरहर कुरुंदकर, सुधीर बेडेकर, शरद पाटील, नारायण सुर्वे, सदा कव्हाड़े, वि. स. जोग आदि मर्मज्ञों ने दलित साहित्य का समर्थन किया है। मार्क्सवादी और समाजवादी लोगों ने दलित साहित्य के विषय में आस्था दिखायी। म. ना. वानखेड़े, बाबूराव बागूल, यशवंत मनोहर, रावसाहेब कसबे, अर्जुन डांगले, नामदेव ढसाल, दया पवार आदि ने दलित साहित्य का विचार करते हुए मार्क्सवाद को स्वीकार किया है।

3.6.1 दलित शब्द की वर्गवादी व्याख्या

दलित यानि कि केवल अनुसूचित जाति, जन जाति नहीं, बल्कि सभी शोषित दलित हैं—इस प्रकार की परिभाषा (definition) मार्क्सवादी समीक्षकों ने की है। म. ना. वानखेड़े कहते हैं, "दलित शब्द की परिभाषा केवल बौद्ध अथवा पिछड़े हुए नहीं, बल्कि जो भी शोषित, श्रमजीवी हैं वे सभी 'दलित' परिभाषा में सम्मिलित हैं।" (वानखेड़े म. ना./दलितों का विद्रोही वाङ्मय, पृ. 73) इसी प्रकार की परिभाषा नामदेव ढसाल ने की है। वे कहते हैं, "दलित यानी कि अनुसूचित जाति, जन जाति बौद्ध, श्रमिक जनता, मजदूर, भूमिहीन, खेत मजदूर, यायावर और आदिवासी हैं।" (ढसाल नामदेव/दलित पंथर का जाहीरनामा) वानखेड़े और ढसाल ने सभी दुर्बल घटकों को अपनी परिभाषा में सम्मिलित किया है। केवल अछूत, बहिष्कृत जाति ही दलित है, ऐसी यह परिभाषा नहीं है। यह परिभाषा व्यापक सामाजिक और राजनीतिक ऐक्य भावनाओं से निर्मित हुई है। दरअसल यह परिभाषा केवल परिभाषा नहीं है, यह तो लड़ाई की तैयारी से की हुई एक प्रकार की मोर्चाबंदी है। शोषितों की जात शोषित होती है। सामाजिक, आर्थिक और सांस्कृतिक आदि शोषण के सभी प्रकारों से कलंकित शोषितों के सभी रिश्तेदार घटक 'दलित' हैं, यह ऐसी परिभाषा है।

वानखेड़े और ढसाल ने शोषितों को दलित कहा। परंतु ऐसी व्यापक परिभाषा मार्क्सवाद विरोधियों को मान्य नहीं हुई। 'दलित' शब्द की सर्वस्वीकृत परिभाषा अछूत जाति, यायावर जनजाति के रूढ़ अर्थ में हुई है। इसका अर्थ ये नहीं माना जाए कि वानंखेड़े, ढसाल द्वारा दी गई परिभाषा कम महत्त्व की है। व्यापक सामाजिक और राजनीतिक ऐक्य की भूमिका को ध्यान रखते हुए वानखेड़े, ढसालकृत परिभाषा समाज जागृति और संगठन की दृष्टि से बहुत महत्त्वपूर्ण है। आज भारतीय समाज और राजनीतिक जीवन में जिस उच्च स्वर से जिस 'बहुजनवाद' की भाषा बोली

जा रही है, उसका निनाद वानखेड़े, ढसाल की परिभाषा में सुनने को मिलता है। दलित साहित्य को एक आंदोलन माना जाए तो वानखेड़े, ढसाल की भूमिका, व्यापक हित और विधायक दृष्टि से उचित लगती है।

3.6.2 दलित चेतना और वर्ग चेतना

मार्क्सवाद जीवन को अधिक महत्त्व देता है। मार्क्सवाद मानता है "चेतना में से जीवन का स्वरूप निश्चित नहीं होता, बल्कि जीवन से चेतना का स्वरूप निश्चित होता है।" (कार्ल मार्क्स और फ्रेडरिक एंगल्स/मार्क्स एंगल्स साहित्य और कला, पृ. 421)। अर्थात् मनुष्य की चेतना जिस परिस्थितियों से मनुष्य बनता है उस परिस्थिति से बनती है। इसलिए 'दलित चेतना' और 'वर्ग चेतना' का विचार करना महत्त्वपूर्ण है। इस संदर्भ में शरतचंद्र मुक्तिबोध कहते हैं, "मार्क्सवादी चेतना दलित चेतना की अपेक्षा मूलतः भिन्न चेतना है।" वसंत पलशीकर ने दलित चेतना और वर्ग चेतना दोनों में फर्क किया है। वे कहते हैं कि "वर्ग चेतना और दलित चेतना अलग हैं। दलित चेतना संगठन को बाधा पहुँचाने वाली है।" (पलशीकर वसंत/दलित साहित्य प्रवाह और प्रतिक्रिया, पृ. 118)। मुक्तिबोध और पलशीकर दोनों ने कहा है कि दलित चेतना और वर्ग चेतना अलग हैं। यही नहीं, पलशीकर ने तो प्रतिपादित किया है कि दलित चेतना वर्ग चेतना के लिए हानिकारक है। दलित चेतना जातीय अस्मिता का पोषण करती है, जिस कारण से जातीय अस्मिता मारक, कटु और आक्रामक बन जाती है। जातीय भावना प्रबल और आक्रामक होने पर दूसरी जाति के (अधिकार-संपन्न वर्ग के साथ-साथ अधिकार विहीन वर्ग भी शत्रु लगने लगता है)। इस प्रकार पलशीकर का विश्लेषण है कि सभी शोषित एक नहीं हो सकते। वसंत पलशीकर समझते हैं कि 'दलित चेतना' ही जातीय चेतना है, यह मूलतः गलत है। दलित चेतना गुलामी के विरुद्ध स्वातंत्र्य की आकांक्षा से विद्रोह कर उठने वाली चेतना है। इसकी प्रेरणा जातीय भावना न होकर जाति-अंत का अंबेडकरी विचार है। यह ध्यान में रखना चाहिए। दलितों में जाति, जनजातियों का साहित्य 'दलित साहित्य' के रूप में पहचाना जाता है। दलितों में सभी जाति-उपजातियों के लेखक स्वजातीय चेतना से प्रेरित होकर नहीं लिखते। वे तो जाति व्यवस्था का विध्वंस करने के उद्देश्य से लिखते हैं।

दलित चेतना सिर्फ वर्णाश्रम धर्मविरोधी है और मार्क्सवादी चेतना सिर्फ पूँजीवाद विरोधी है, इस प्रकार का विभाजन उचित नहीं है। पूँजीवादी परिस्थिति में मार्क्सवादी चेतना पैदा होती है तो ब्राह्मणशाही परिस्थिति में दलित चेतना पैदा होती है। इसलिए यह शिकायत व्यर्थ है कि मार्क्सवादी चेतना ब्राह्मणशाही के विरुद्ध नहीं बोलती अथवा दलित चेतना पूँजीवाद के विरुद्ध नहीं बोलती, क्योंकि यह स्वयं स्पष्ट है कि इन दोनों चेतनाओं के जन्मकारण अलग हैं। इसका अर्थ यह नहीं होता कि ये दोनों चेतनाएँ अलग हैं या एक-दूसरे के लिए हानिकारक हैं। मार्क्सवादी चेतना जिस विषम

परिस्थिति में पैदा होती है, वह उस विषमता के विरुद्ध विद्रोह करती है और दलित चेतना जिस विषम परिस्थिति में पैदा होती है, वह उस विषमता के विरुद्ध विद्रोह करती है। यह ध्यान में रखना चाहिए कि ये दोनों चेतनाएँ विषमता के विरुद्ध हैं। उनके युद्ध क्षेत्र अलग हैं, पर लक्ष्य तो एक ही है जो 'मनुष्य को मुक्त करना' है।

जिस प्रकार एक राष्ट्र की सेना अनेक छावनियों में से विदेशी शत्रु-राष्ट्र के विरुद्ध लड़ती है, उसी प्रकार इन चेतनाओं का कार्य है। यह ध्यान में रहे कि एक ही राष्ट्र की सेना यदि अलग-अलग छावनियों में बिखरी रहेगी तो वह एक ही राष्ट्र की ओर से लड़ सकती है। यह समझना होगा कि उसी प्रकार दुनिया में स्थान-स्थान पर लगातार जारी हुए विषमता के संघर्ष में उलझी हुई चेतनाएँ अलग-अलग होने पर भी, वे दुनिया में मानवतावाद के पक्ष की ओर से लड़ रही हैं। दलित चेतना, मार्क्सवादी चेतना और नीग्रो चेतना अलग-अलग हैं, उनके युद्ध क्षेत्र भी अलग हैं, लेकिन उनका अंतिम लक्ष्य मानवमुक्ति का है। दुनिया में स्थान-स्थान पर जारी आंदोलनों में, विषमता विरोधी चेतनाएँ एक-दूसरे की कितनी पूरक हैं, इससे यह स्पष्ट होता है।

3.6.3 दलितों के प्रश्न केवल सामाजिक नहीं हैं

दलितों के प्रश्न केवल सामाजिक नहीं हैं, वे आर्थिक भी हैं। दलितों के प्रश्नों का स्वरूप केवल आर्थिक अथवा केवल सामाजिक दृष्टि से अलग-अलग दिखने पर भी दलितों के प्रश्नों का आर्थिक पक्ष नकारा नहीं जा सकता। आज अछूतों पर अत्याचार होते हैं। उसका प्रमुख कारण है आर्थिक दुर्बलता। जीने के लिए अहं की हिफाजत करने वाले वर्ग पर उन्हें निर्भर रहना पड़ता है। आज का दलित भूमिहीन है, खेत मजदूर है। उसका स्वयं का व्यवसाय नहीं है। उत्पादन का भी उसका अपना कोई साधन नहीं है। जब तक वह खुद अपने पैरों पर खड़ा नहीं रह सकेगा तब तक उसे अनिवार्यतः लाचारी में गंदा कार्य स्वीकारना पड़ेगा। उसके लिए आर्थिक, सामाजिक विषमता के विरुद्ध तीव्रता से संघर्ष करना होगा, यानी कि वर्गसंघर्ष और वर्णसंघर्ष दोनों ही लड़ाइयाँ साथ-साथ लड़नी होंगी। वर्ण व्यवस्था में से मुक्त हुआ दलित आर्थिक विषमता के बंधन में से कैसे मुक्त होगा ? दलित केवल अछूत है—ऐसा नहीं है। वह गरीब भी है। उसकी अस्पृश्यता समाप्त होनी चाहिए, उसके साथ ही उसकी गरीबी भी समाप्त होनी चाहिए। केवल छुआछूत नष्ट होने से दलितों की गुलामी समाप्त नहीं होगी। इसके लिए वर्ग-संघर्ष करना महत्त्वपूर्ण है।

3.6.4 मार्क्स-अंबेडकर दोनों की तुलना

हजारों वर्षों से जातियाँ रही हैं। इसका कारण है कि हर एक जाति का व्यवसाय अपरिवर्तनीय था। हर एक जाति का व्यवसाय वंशपरंपरा से चला आया है। नए

साधनों की खोज नहीं हुई। ब्रिटिशों के आगमन से भारत में नया तत्त्वज्ञान और तंत्रज्ञान आया। इसके कारण जातिव्यवस्था ढीली हो गई।

अंग्रेजों के कारण अछूतों को शिक्षा और सेना में प्रवेश मिल गया। उसके साथ ही मजदूर के रूप में बंदरगाह, रेल, टेलिग्राम और डाक विभाग में प्रवेश मिल गया जिसके चलते उनका पारंपरिक व्यवसाय बदल गया और नए प्रश्न निर्मित हुए। दलितों के सामाजिक प्रश्नों के साथ आर्थिक प्रश्नों ने तीव्र स्वरूप धारण कर लिया। दलित आंदोलन द्वारा दलितों के आत्मसम्मान के सामाजिक संघर्ष की ओर विशेष ध्यान दिए जाने के कारण दलितों के आर्थिक प्रश्न अनुत्तरित रह गए। दादासाहब गायकवाड़ ने भूमिहीनों का सत्याग्रह किया। दलित पंथर ने इनामी जमीन के लिए आंदोलन किया। दलितों के बढ़ते आर्थिक प्रश्नों के दबाव के आगे ये आंदोलन बहुत अलग और अल्प सिद्ध हुए। मराठवाड़ा विद्यापीठ को डॉ. बाबासाहब अंबेडकर का नाम दिया जाए--इसके लिए दलित पंथर ने पंद्रह वर्ष दीर्घ संघर्ष किया, जिस कारण पंथर दलितों के आर्थिक प्रश्नों की ओर ध्यान नहीं दे सकी। रिपब्लिकन पार्टी में गुटबाजी और सत्ता की राजनीति के चलते रिपब्लिकन नेताओं को दलितों के आर्थिक प्रश्नों की ओर जितना ध्यान देना चाहिए था, उन्होंने उतना ध्यान नहीं दिया; इसलिए दलितों की आर्थिक समस्या अधिक तीव्र बनती चली गई। दलित साहित्य और आंदोलन में मार्क्सवाद का प्रभाव जिस प्रमाण में बढ़ने लगा उसी प्रमाण में न बढ़े इसलिए उसका विरोध शुरू हुआ। इस विरोध के साथ ही समन्वय का विचार भी रखा गया।

3.6.4.1 दलित साहित्य और मार्क्सवादी साहित्य

दलित साहित्य और मार्क्सवादी साहित्य दोनों में अनेक बातों में साम्य दिखाई देता है। इस साम्य से इस साहित्य की तुलना की जाती है। मार्क्सवादी लेखक और दलित लेखक दोनों की भूमिका बहुत हद तक समान है। आर्थिक विषमता नष्ट करने के लिए मार्क्सवादी लेखक शोषण आधारित पूँजीवाद को नष्ट करने के सपने देखता है। सामाजिक विषमता नष्ट करने के लिए दलित लेखक वर्णव्यवस्था नष्ट होने के सपने देखता है। मार्क्सवादी लेखक को लगता है कि मनुष्य शोषण मुक्त हो। दलित लेखक को लगता है कि मनुष्य तुच्छता मुक्त हो। मनुष्य को मनुष्य के रूप में जीना आना चाहिए। दोनों को लगता है कि उनमें महानता के विकास के लिए सभी दिशाएँ खुली होनी चाहिए। इन दोनों साहित्य में मनुष्य को केंद्र माना गया है। शोषण के विरुद्ध विद्रोह व्यक्त हुआ है। विषमता विरोधी विचारों की प्रतिबद्धता से लेखक लिखता है। दोनों साहित्य जीवनवादी और यथार्थवादी हैं।

3.6.4.2 मार्क्स-अंबेडकर की तुलना

मार्क्स, अंबेडकर और बुद्ध के विचारों का केंद्रबिंदु आम आदमी है और मनुष्य की

शोषण से मुक्ति करना इन तीनों विचारों का ध्येय है। यही विचार रावसाहेब कसबे के 'अंबेडकर और मार्क्स', शरद् पाटील के 'अब्राह्मणी साहित्य का सौंदर्यशास्त्र' और सदा कव्हाडे के 'मार्क्सवाद, बुद्धवाद और अंबेडकरवाद' नामक ग्रंथों में व्यक्त हुआ है। दलितों को सम्यक् क्रांति करनी हो तो उन्हें दलित श्रमिकों के सहभाग को नकारने से नहीं चलेगा। क्योंकि यह काम एक जाति अथवा उपजाति, एक धर्म अथवा एक धर्मपंथ, एक प्रदेश अथवा एक ही प्रदेश में कुछ गुट नहीं कर सकते। उसके लिए जाति-व्यवस्था अंत का अंबेडकरवादी विचार और वर्गव्यवस्था अंत का मार्क्सवादी विचार इन दोनों में समन्वय होना चाहिए।

3.6.4.3 गाँधी और अंबेडकर

'मार्क्स और अंबेडकर' नामक विचार दलित आंदोलन और दलित साहित्य दोनों में बहुचर्चित सिद्ध हुआ है। इसी काल में 'गाँधी और अंबेडकर' नामक वाद भी चर्चा के लिए आया है। रत्नाकर गणवीर के 'गाँधी और अंबेडकर : तीन मुलाकातें', गं. बा. सरदार के 'गाँधी और अंबेडकर' और अलिम वकिल के 'बोधीसत्व और महात्मा' नामक ग्रंथों में बाबासाहब अंबेडकर और महात्मा गाँधी के विचारों में विरोध और साम्य का विवेचन किया गया है। वसंत पलसीकर, मधु लिमये और नलिनी पंडित आदि विचारकों ने 'गाँधी और अंबेडकर' चर्चा का पूरक और रचनात्मक लेखन किया है।

ग. बा. सरदार , पु. ल. देशपांडे, ग. प्र. प्रधान, वि. स. खांडेकर, एस. एम. जोशी आदि गाँधीवादियों ने दलित साहित्य की सहायता की है। बाबासाहब अंबेडकर ने 'मार्क्स और गाँधी' का विरोध किया है इसलिए भी 'मार्क्स और अंबेडकर' और 'गाँधी और अंबेडकर' जैसी तुलनात्मक बहस चर्चित हुई है। इससे यह साफ जाहिर होता है कि दलित साहित्य के विकास के क्रम में अंबेडकरवाद के साथ ही मार्क्स और गाँधीजी के विचार भी आधारभूत सिद्ध हुए हैं।

3.7 समापन

भारतीय कम्युनिस्टों ने जाति-व्यवस्था के विरुद्ध संघर्ष नहीं किया इसलिए बाबासाहब अंबेडकर ने भारतीय कम्युनिस्ट नेताओं की आलोचना की है। इतना ही नहीं मार्क्स 'हिंसा और तानाशाही को स्वीकार' करता है।

इसीलिए बाबासाहब ने मार्क्स का विचार नकार कर जनतंत्र और हिंसा का मार्ग स्वीकारने वाले बुद्ध-विचार को मार्क्स के विकल्प के रूप में स्वीकृत किया है। भारतीय मार्क्सवादी विचारकों ने, भारतीय सामाजिक परिस्थिति में मार्क्सवाद अपूर्ण है, यह मानकर ऐसा दृष्टिकोण अपनाया, जिससे भारतीय सामाजिक संदर्भ में मार्क्सवाद

का उचित विकास हो। इस दृष्टिकोण के कारण भारतीय मार्क्सवादियों ने फुले, अंबेडकर और मार्क्स के विचारों में मैत्री की कल्पना की है। दलितों के प्रश्न केवल सामाजिक नहीं हैं, वे आर्थिक भी हैं। वर्ण-व्यवस्था का गहराई से विचार किए जाने पर लगता है कि उसके पीछे एक ऐसी ही मजबूत विषम अर्थव्यवस्था कार्य कर रही है। यह प्रस्थापित विषम-व्यवस्था केवल अल्पसंख्यक दलितों द्वारा नष्ट नहीं होगी। इसके लिए मार्क्स और अंबेडकर की विचार-प्रणाली को स्वीकार करने वाले समीक्षकों ने माना है कि जाति-अंत का अंबेडकरवादी विचार और वर्ग-अंत का मार्क्सवादी विचार, दोनों में समन्वय होना चाहिए। इसमें प्रधानतः म. ना. वानखेड़े, बाबूराव बागूल, नामदेव ढसाल, दया पवार, अर्जुन डांगले, यशवंत मनोहर, रावसाहेब कसबे, शरद पाटील, सदा कव्हाड़े, नारायण सुर्वे, सुधीर बेडेकर, शरतचंद्र मुक्तिबोध, प्र. श्री. नेरूरकर और वि. स. जोग का उल्लेख करना पड़ता है। मार्क्स अंबेडकर समन्वयवाद का भाऊसाहेब आडसूल, राजा ढाले, विजय सोनवणे, रा. ग. जाधव, हरीश खंडेराव, गंगाधर पानतावणे और सुधाकर गायकवाड़ ने विरोध किया है।

दलित साहित्य और मार्क्सवादी साहित्य निश्चित लक्ष्य और विचार से प्रेरित होने के कारण इस साहित्य के स्वरूप और प्रयोजन में साम्य दीखता है। दोनों की प्रेरणा, भूमिका और प्रतिबद्धता मानवतावाद से संबंधित है। दलित लेखकों ने इस मानवतावाद को 'अंबेडकरवाद' नाम से संबोधित किया है तो मार्क्सवादी लेखकों ने इसे 'मार्क्सवाद' नाम दिया है। दोनों विचारों में, साहित्य में, आंदोलन में और समाज में मनुष्य की मुक्ति का और महानता का विचार व्यक्त हुआ है। देश, प्रदेश, भाषा और परिस्थिति भिन्न हो तो इस साहित्य की भूमिका में जो एकरूपता दीख पड़ती है—वह शोषण के विरुद्ध विद्रोह की भावना, मनुष्य की मुक्ति का समर्थन और मनुष्य की महानता का सम्मान है।

बाबासाहब अंबेडकर के मरणोत्तर काल में 'मार्क्स और अंबेडकर' और 'गाँधी और अंबेडकर' नामक वैचारिकवाद की चर्चा हुई है। अर्थात् दलित साहित्य की समीक्षा में प्रधान विचारधारा अंबेडकर विचारप्रणाली हुई, तो इसके साथ-साथ समविचारी पुरोगामी विचारों का योगदान दलित साहित्य की समीक्षा को प्राप्त हुआ है, यह भी स्पष्ट दिखाई देता है।

4

दलित साहित्य और अमेरिकन नीग्रो साहित्य

4.1 प्रस्तावना

दलित साहित्य की समीक्षा में 'अमेरिकन नीग्रो साहित्य और दलित साहित्य' का तुलनात्मक विचार-विमर्श किया गया है। इस साहित्य की तुलना करते समय नीग्रो और दलित समाज की तुलना करना तो आवश्यक था ही उसके साथ-साथ उनके आंदोलन को भी नजरअंदाज नहीं किया जा सकता। चूँकि दोनों समाज आंदोलन से जुड़े हैं इसलिए इन दो भिन्न लोक-समाजों और उनके साहित्य की तुलना करते समय उनका आंदोलन भी एक महत्त्वपूर्ण पहलू हो सकता है। स्थल और काल सापेक्ष दोनों भिन्न समाज हैं और उनके साहित्य की कुछ सीमाएँ और भिन्नताएँ हैं। वैसे दोनों में साम्य भी है। इस साहित्य के तुलनात्मक अध्ययन से साहित्य के विकास हेतु पोषक वातावरण का निर्माण होगा। इसके चलते दोनों के साहित्य की विशेषताओं, साम्यताओं और विरोध की खोज भी होगी।

4.2 अमेरिकन नीग्रो और दलित

ई. स. 1619 के अगस्त मास में नीग्रो का अमेरिका में आयात होना शुरू हुआ और उनकी बिक्री होने लगी। यहीं से अमेरिकन नीग्रो की गुलामी की शुरुआत होती है। लेकिन बहिष्कृत समाज यानी दलित समाज की गुलामी पौराणिक काल से चली आ रही है। नीग्रो को अफ्रीकी खंड से पकड़ कर अमेरिकी में लाकर बेचा गया। नीग्रो की मातृभूमि अफ्रीका है, लेकिन दलित भारत के ही हैं। उनकी मातृभूमि देश के बाहर नहीं है।

अमेरिका में स्थित श्वेत समाज ने खेती करने के लिए नीग्रो को जानवर के रूप में खरीदा था। नीग्रो गुलाम पकड़ने के लिए उनकी बस्तियों पर डकैतों की तरह

सशस्त्र छापे डाले गए थे। छापे डालने वाले गोरे लोगों की काले लोग भी सहायता करते थे। छापे के समय बहुत मारपीट होती थी। फिर सबको जानवरों की तरह इकट्ठा अधिकार में ले लिया जाता था। इन नीग्रो गुलामों को भयंकर यातनाएँ दी जाती थीं। काले लोगों को सबक सिखाने के लिए उन्हें मरने तक मारना, जीवित गाड़ देना आदि वारदातें हमेशा घटती थीं। गर्भवती नीग्रो स्त्रियों को अत्यधिक कठिन काम दिए जाने से उनका गर्भपात हो जाता था। काले मनुष्य के हाथ में कीलें ठोंक कर दीवार में लटकाना, उसका कान काट कर उसे खाने के लिए देना आदि यातनाएँ भी उन्हें सबक सिखाने हेतु दी जाती थीं। इतना ही नहीं, गर्भ में ही काले बच्चे पुरस्कार के रूप में बाँट दिये जाते थे। ऋण अदायगी न होने पर साहूकारों का उस बच्चे पर गर्भावस्था से ही स्वामित्व का अधिकार शुरू हो जाता था।

गुलामों की संख्या अधिक होने पर वे विद्रोह कर सकते हैं; इस डर से उन्हें हमेशा बेच दिया जाता था। माँ से बच्चे को, पत्नी से पति को अलग कर बेचा और उनका परिवार नष्ट कर दिया जाता था। गोरे लोगों को सदा ऐसा भय बना रहता था कि गुलाम बहुत दिनों तक एकत्र रहे तो उनमें आपसी लगाव हो जाएगा और वे विद्रोह कर देंगे। मालिक द्वारा बेच दिए जाने के डर से गुलाम भाग जाते थे। अलेक्स हेली की 'द रूट्स' पुस्तक में इस यातना और जुल्मों का शरीर पर रोंगटे खड़े करने वाला वर्णन मिलता है।

अस्पृश्य जाति को भी सदियों तक अस्पृश्य कहकर दूर रखा गया। उन पर त्रैवर्णिकों ने गुलामी लाद दी। उन्हें यातना दी गयी। अनुसूचित जनजातियों की ऐसी अवस्था है कि उनका कोई "एक गाँव नहीं, एक घर नहीं।" अपराध कर अथवा भीख माँग कर जीना ही उनकी जीविका का साधन है। इतना ही नहीं आदिवासी जमात वन-कंदराओं में, जंगलों में वन्य जीवन जीती है।

दलितों और नीग्रों की गुलामी ईश्वर निर्मित नहीं है। वह मानव निर्मित है। श्वेत और सवर्ण समाज ने नीग्रो और दलितों पर गुलामी लाद कर उनसे सख्ती से सेवा करवाई है। इस प्रकार मालिक समाज ने गुलाम समाज के स्वाभिमान और ज्ञान का शोषण किया है। नीग्रो और दलित समाज का अतीत एवं भविष्य हमेशा मालिकों के हाथ में टँगा रहा। इससे भी उनकी स्थिति अतिशोचनीय बनी।

न्यूयॉर्क ने ई.स. 1706 में ऐसा कानून बनाया था जिससे क्रिश्चियन बनने पर भी नीग्रों की गुलामी समाप्त नहीं होगी। गुलाम स्वतंत्र नागरिक के विरुद्ध गवाही नहीं दे सकते। 'क्रिश्चनों के मन मं भी कहीं तो मनु ही होगा क्योंकि मनु की भी ऐसी व्यवस्था है कि उच्चवर्णियों के विरुद्ध दास-शूद्रों की गवाही प्रमाण-स्वरूप न मानी जाए।'

श्वेतों ने नीग्रो के लिए अलग शिक्षा-संस्था, अलग भोजनगृह, रेल और बस में अलग स्थान और अलग बस्तियों की व्यवस्था की है। अस्पृश्यों को भी उसी प्रकार

गाँव के बाहर रखा गया। उनके लिए अलग बस्ती, अलग पनघट और अलग श्मशान भूमि की व्यवस्था की गई। हिंदू धर्म व्यवस्था द्वारा शूद्रों को शिक्षा का अधिकार नकारने के कारण उनके लिए अलग शिक्षा-संस्थान होने का प्रश्न ही नहीं उठता। बाद में अंग्रेजों के समय में जब शिक्षा मिलने लगी तब उन्हें एक कोने में अथवा कक्षा की दहलीज पर बैठ कर शिक्षा लेनी पड़ती थी। इसका यथार्थ वर्णन प्र.ई. सोनकांबले के 'यादों के पंछी' और शरणकुमार लिंबाले के 'अक्करमाशी' आत्मकथा में मिलता है।

4.2.1 अलग लेकिन समान ('सेपरेट' बट इक्वल)

सन् 1863 के अध्यादेश के अनुसार 1865 में सभी अमेरिकन नीग्रो स्वतंत्र हो गए। लेकिन सन् 1896 में अमेरिका के सर्वोच्च न्यायालय ने 'प्लेसी विरुद्ध फर्ग्युसन' मुकदमे में 'सेपरेट बट इक्वल' यानी अलग लेकिन बराबर का निर्णय दिया। इस निर्णय के अनुसार "सार्वजनिक जीवन में नीग्रो के लिए अलग पर समान व्यवस्था का फैसला अन्यायपूर्ण नहीं माना गया।"

दलितों ने नासिक के कालाराम मंदिर के प्रवेश के लिए सत्याग्रह शुरू किया। तब वि.दा. सावरकर ने स्वतंत्र मंदिर बनाने की योजना रख दी। बाबासाहब अंबेडकर ने इस स्वतंत्र मंदिर की व्यवस्था के विरोध में अपना मत रखा था। वे कहते हैं, "नए मंदिर की कल्पना सुंदर है, पर अस्पृश्यता दूर करने के नए उपाय के रूप में यदि वह अस्तित्व में आएगी तो उससे अस्पृश्यता दूर नहीं होगी। अस्पृश्यों को मंदिर में जाना है, उन्हें केवल स्पृश्यों के समान अपना हक जताना है। अलग व्यवस्था करने से यदि अस्पृश्य लोग स्पृश्य होते तो अछूत मातंग, चमार बस्तियाँ अनादिकाल से आज तक अलग रही हैं, पर उसका परिणाम क्या हुआ ?" बाबासाहब अंबेडकर ने 3 जून, 1927 को 'अलग पर समान' तत्त्व का विरोध किया था। अमेरिका के सर्वोच्च न्यायालय ने 1954 में 1896 का निर्णय बदलकर अलग पर समान तत्त्व खारिज कर दिया।

कानून एक बहुत बड़ा शस्त्र है। उसका उपयोग नीग्रों की रक्षा के लिए और नागरिक अधिकार के लिए बहुत बड़ी मात्रा में किया गया। दलित आंदोलन द्वारा भी अपने संघर्ष के लिए कानून का आधार लिया गया है। दलितों का महाड़ और नासिक का सत्याग्रह कानून पर आधारित था।

"हम एक महान वंश और महान संस्कृति के उत्तराधिकारी हैं।" मारकस गार्व्हे ने यह विचार रखा कि—"हम को अपने वंश का श्रेष्ठत्व प्रस्थापित करना आवश्यक है।" बाबासाहब अंबेडकर ने ऐसी ही भूमिका 'हू वेअर शूद्राज' और 'द अनटचेबल्स' ग्रंथ में की है।

नीग्रो ने 'नीग्रो' शब्द का उपहास किया और स्वयं को 'ब्लैक' कहने लगे;

तो दलितों ने 'हरिजन' शब्द का उपहास किया और स्वयं को 'दलित' कहा। नीग्रो ने अपने नाम बदल दिए मालिक से मिला हुआ अपना नाम उन्होंने त्याग दिया, क्योंकि ये नाम उनकी गुलामी के प्रतीक थे। दलितों ने भी हिंदू धर्म द्वारा लादे गए अमंगल और अभद्र नाम त्याग दिए हैं। नीग्रो ने अपनी गुलामी समाप्त करने के लिए धर्मांतरण किया और दलितों ने भी अस्पृश्यता से तंग आकर धर्मांतरण किया है।

दलित 'बहिष्कृत भारत' का नायक है तो नीग्रो 'ब्लैक अमेरिका' का नायक है। दोनों ही गुलाम हैं। नीग्रो श्वेत समाज की ओर से तो दलित सवर्ण समाज की ओर से लूटा और ठगा गया है। नीग्रो को खरीद लिया गया इसलिए वह दूसरों को बेचा गया। कुछ नीग्रो अपनी कीमत मालिक को देकर अपनी स्वतंत्रता खरीद लेते रहे हैं, लेकिन भारतीय समाज व्यवस्था में अस्पृश्यता जन्मजात लादी जाने के कारण उसे बेचा नहीं जा सकता था। नीग्रो गुलाम मालिक के घर में रह सकता है। श्वेत बच्चे नीग्रो स्त्री का स्तनपान कर सकते हैं। पर अस्पृश्य मनुष्य तो क्या, उसका स्पर्श और उसकी छाया को भी स्पृश्यों ने अस्पृश्य माना है। यह भेद नोट करना चाहिए कि नीग्रो नस्ल और श्वेत नस्ल मानववंश की दृष्टि से भिन्न है, लेकिन अस्पृश्य लोग उच्चवर्णियों की अपेक्षा मानववंश की दृष्टि से भिन्न नहीं हैं।

अमेरिकन नीग्रो और दलितों की तुलना निम्नानुसार की जा सकती है :

- नीग्रो पैसे देकर अपनी स्वाधीनता खरीद सकते हैं, पर दलितों को पैसे देकर किराए का घर भी नहीं मिलता।
- नीग्रो श्रम के काम करते हैं पर उनका श्रम अप्रतिष्ठित नहीं माना जाता। दलित हीन दर्जे के काम करते हैं, और उनका श्रम अप्रतिष्ठित माना जाता है।
- नीग्रो गुलाम है, पर अस्पृश्य गुलाम नहीं है। नीग्रो की नीलामी होती है लेकिन अस्पृश्यों की नीलामी नहीं होती।
- नीग्रो गुलामों को सँभालना श्वेत मालिक की जिम्मेवारी होती है।
- अस्पृश्य गुलाम न होने के कारण सवर्ण उनकी चिंता नहीं करते। अस्पृश्य सार्वजनिक गुलाम है।
- नीग्रो की गुलामी का कारण आर्थिक है। दलितों की अस्पृश्यता का कारण सामाजिक है।
- नीग्रो अपना रंग छिपा नहीं सकते। अस्पृश्य अपनी जाति छिपा सकते हैं।
- नीग्रो का राष्ट्र अलग है। उन्हें अफ्रीका से लाया गया है। दलित भारतीय ही है।

नीग्रो और दलितों पर होने वाले अत्याचारों और अन्याय के विरुद्ध नीग्रो और दलित, दोनों की भावना में साम्य है। अन्याय करनेवालों की भाषा और प्रांत अलग

हैं तो भी उनका सूत्र एक ही है। उसी प्रकार जिन पर अन्याय होता है, उनकी जाति और धर्म अलग-अलग हैं तो भी उनकी वेदना एक है।

4.3 अमेरिकन नीग्रो साहित्य और दलित साहित्य

नीग्रो और दलितों के आंदोलन अलग-अलग मार्ग और मोड़ों से आगे बढ़ गए हैं। पर ये दोनों आंदोलन मानवीय हक और अधिकारों की माँग और शोषण के विरुद्ध संघर्ष करनेवाले हैं। नीग्रो और दलितों की अमानवीय अप्रतिष्ठा हुई, उसी के विरुद्ध दोनों का संघर्ष है। देश, प्रदेश, परिस्थिति, समाज और भाषा अलग होने पर भी इन दोनों समाजों के जीने और मरने में जो साम्य है, वह दलित एवं नीग्रो समाज का अन्याय-अत्याचार और गुलामी का शिकार होना है। इसी कारण दोनों की वेदना विश्व-स्तर की है। श्वेत और सवर्ण समाज की स्वामित्व की, अधिकार की और वर्ण श्रेष्ठत्व की भावना तथा नीग्रो और दलितों की गुलामगिरी के विरुद्ध विद्रोह की भावना, समान हैं। इस साम्य के कारण ही नीग्रो की वेदना दलित लेखकों को अपनी वेदना लगती है। नीग्रो ने अपनी व्यथा वेदना ब्ल्यूज (Poem), बैलेड, कथा, उपन्यास, नृत्य और संगीत के माध्यम से व्यक्त की है। दलित लेखकों ने भी अपनी वेदना अपने साहित्य के माध्यम से प्रकट की है।

4.3.1 पहली अभिव्यक्ति

नीग्रो और दलित साहित्य में पहली अभिव्यक्ति आध्यात्मिक स्वरूप की है। नीग्रो की आर्त्त-प्रार्थना में से उनकी आध्यात्मिक रचनाएँ पैदा हुई हैं। ऐसी ही आर्त्त भावना दलित संतों के अभंगों में भी है। नीग्रो की वेदना दयाभाव जाग्रत करनेवाली है। नीग्रो साहित्य का प्रारंभिक स्वर दलित साहित्य के प्रारंभिक काल में दिखाई देता है।

अमेरिकन नीग्रो साहित्य का प्रांरभिक काल लोकसाहित्य के माध्यम से व्यक्त हुआ। इसमें अनेक बार बाइबिल के विषय आए हैं। नीग्रों भाटों (Folk Poets) ने अपनी बोली में रचनाएँ प्रस्तुत कीं। इन रचनाओं में विनोद और करुणा भाव व्यक्त हुए। नीग्रों भाटों की रचनाएँ विनोद भरी, मनोरंजन प्रधान और लोकरंजन करनेवाली हैं। दलित साहित्य का आरंभिक काल दलित कवियों, कलाकारों के लोकनाट्य और लोककला से भरपूर है। दलितों का लोकनाट्य भी ऐसा ही लोकरंजन करनेवाले प्रकार का है। अंबेडकरी आंदोलन से लोकनाट्य का स्वरूप बदला और उसका रूपांतर 'अंबेडकरी जलसे' (Folk drama) में हो गया।

4.3.2 अंकल टॉम्स केबिन से पहला महायुद्ध

'अंकल टॉम्स केबिन' (1852) से पहले महायुद्ध (1914) तक के कालखंडों में कालों

की साहित्यिक प्रवृत्ति में अंतर दिखाई देता है।

'अंकल टॉम्स केबिन' पुस्तक को तुरंत यश मिल गया। श्रीमती स्टोव नामक श्वेत लेखिका ने नीग्रों के जीवन पर मार्मिक प्रकाश डालने वाला उपन्यास लिखा। पहले ही वर्ष में इस उपन्यास की 3,00,000 प्रतियाँ बेची गईं। उस काल के अनुसार यह उच्चांक था। इस पुस्तक के अनेक भाषाओं में अनुवाद हुए। अनेक संस्थाओं ने अंकल टॉम्स का नाट्यीकरण प्रस्तुत किया। इतना ही नहीं, इस पुस्तक के विरोधियों ने 'ऐंटी अंकल टॉम्स' पुस्तकें लिखीं।

सन् 1901 में बुकर टी वाशिंगटन की 'अप फ्रॉम स्लेवरी' नामक पुस्तक प्रकाशित हुई। इस पुस्तक के कारण बुकर टी वाशिंगटन को काले समाज का प्रवक्ता माना गया। पर वाशिंगटन के लेखन में श्वेत समाज के संबंध में नम्र निष्ठा व्यक्त हुई। वाशिंगटन के बाद डब्ल्यू.ई.बी. डयुबाईस की 'द सोल ऑफ ब्लैक फोक' नामक पुस्तक प्रकाशित हुई। इस पुस्तक में श्वेत समाज के प्रति विद्रोही भूमिका नजर आई। वाशिंगटन के लेखन में परंपरा-शरण का भाव और डयुबाईस के लेखन में परंपरा-विद्रोह की चेतना, दोनों एक ही काल में व्यक्त हुई हैं। इससे यह स्पष्ट होता है कि काल और कारण समान होने पर भी व्यक्तित्व की भूमिका और चेतना के अनुसार लेखन में अंतर होता है। इन दोनों प्रवाहों के अतिरिक्त नीग्रो लेखकों ने स्वतंत्र प्रकार का ललित लेखन भी किया है।

4.3.3 नया नीग्रो

पहला महायुद्ध और उसके परिणामों के कारण नीग्रो के विचारों में आमूल परिवर्तन हुआ। हजारों नीग्रो दक्षिण से उत्तर की ओर स्थानांतरित हुए। वहाँ उन्हें विविध उद्योगों में प्रवेश मिल गया। उसके साथ ही उनका शिक्षा और राजनीति में प्रवेश हुआ। इससे उनका सामाजिक सहयोग बढ़ा। पारंपरिक नीग्रो के व्यक्तित्व में एक नयी चेतना का निर्माण हुआ। अतीत के नीग्रो की अपेक्षा यह बदला हुआ नया नीग्रो था। केवल नीग्रो में बदलाव हुआ इतना ही नहीं हुआ, इस बदलाव का श्वेतों की भूमिका पर भी प्रभाव पड़ा। इसके अतिरिक्त वांशिक प्रश्नों के प्रति भी कालों और गोरों की भूमिका में फ़र्क पड़ गया। यह फ़र्क कालों-गोरों के दृष्टिकोण तक ही नहीं रहा बल्कि नीग्रो की दो पीढ़ियों में भी इस भूमिका का यह फ़र्क महसूस होने लगा।

हार्लेम शहर नीग्रो का शक्ति-केंद्र बन गया। सभी नीग्रो हार्लेम में जमा हो गए, जिस कारण हार्लेम शहर नीग्रो आंदोलन का केंद्र बन गया। 1920 में 'हार्लेम जागृति आंदोलन' (Harlem Renaissance Movement) का आरंभ हुआ। अमेरिकन नीग्रो के लिए हार्लेम बौद्धिक, आर्थिक और सांस्कृतिक केंद्र बन गया। हार्लेम में नए नीग्रो का निर्माण होने लगा।

पहले महायुद्ध की समाप्ति से लेकर मंदी की तीव्र लहर आने तक का काल

आनंद, मौज़ और बेहोशी का था। फिर भी इस काल में विवशता और उत्साहहीनता महसूसी जाती रही। 1920 से 1930 के काल में क्लाउडे मैके, जीन टूमर, अर्ना बोटेम्प्स, काँऊटी कुलेन, लँगस्टन ह्युजेस, झोरा नील हर्स्टन, रूडलाफ फिशर और वॅलॅस थर्मन आदि प्रमुख लेखन करने लगे। इसी काल में नीग्रो स्वाभिमानी, निर्भय और उद्दाम नज़र आता है और उसने अपनी भावनाएँ संगीत, नृत्य, शिल्प, चित्र और साहित्य में व्यक्त की हैं।

नीग्रो लेखकों ने निर्भीकतापूर्वक, बेझिझक और बेबाक होकर अपने जीवन में घटे अनुभवों को लिखा है। इन लेखकों ने श्वेतों की परवाह नहीं की। उन्होंने उन्हें जो उचित लगा उसे बड़ी प्रामाणिकता और स्पष्टता से व्यक्त किया है। उदाहरणस्वरूप लँगस्टन ह्युजेस के 'रेशियल हिदम' और जिन टयूमर की 'केन' नामक पुस्तकों का उल्लेख किया जा सकता है। ह्युजेस और टयूमर दोनों ने अपने लेखन में विद्रोह का निरंकुश अभियान चलाया। उनका लेखन विद्रोही और स्वाभिमानी चेतना से प्रस्फुटित हुआ नजर आता है।

सन् 1930 के बाद रिचर्ड राईट, मागरिट वाकर और रॉल्फ एलिसन ने नीग्रो लेखकों को लिखने के लिए प्रेरित किया। 1930 के बाद नीग्रो लेखकों के लेखन में कम्युनिस्ट विचारधारा का पुट दिखाई देने लगा। रिचर्ड राईट के 'नेटिव सन' उपन्यास में कम्युनिस्ट विचारधारा व्यक्त हुई है। क्लाउड मैके रूस गए थे, फिर भी उनके लेखन में कम्युनिस्ट विचारधारा उतने प्रभावी ढंग से व्यक्त नहीं हुई। जॉर्ज एस. स्क्यू. यू. ने कम्युनिस्ट विचार का विरोध किया है। इस काल की नीग्रो कविता अधिक यथार्थवादी और नीग्रो की सामाजिक समस्याओं को समेटने वाली है।

सन् 1940 के बाद काले लेखकों के लेखन में यथार्थ चित्रण और निषेध का तीव्र स्वर व्यक्त हुआ है। मंदी के काल से दूसरे महायुद्ध की समाप्ति तक का सन् 1932 से 1945 का काल निराशा, यातना और कष्टों से भरा था।

दूसरे महायुद्ध की समाप्ति के बाद शांति निर्मित होने की बजाय संघर्ष की शुरुआत हो गई। अमेरिका को आंतरिक और अंतर्राष्ट्रीय स्तर पर भी अनेक समस्याओं का डटकर सामना करना पड़ा। शस्त्रास्त्र स्पर्धा और रूस के साथ शीतयुद्ध का भी अमेरिका पर प्रभाव पड़ा। इसके अतिरिक्त वियतनाम युद्ध के समय तक अमेरिका में भी युवकों में असंतोष और बढ़ते हुए गंदे शहरों की वृद्धि के कारण आंतरिक अशांति शिखर पर पहुँच गई थी। यह काल अशांति, अस्थिरता और असुरक्षा के भय से ग्रसित रहा।

दूसरा महायुद्ध जनतांत्रिक मूल्यों के लिए लड़ा गया। इस महायुद्ध के कारण Freedom for Want, Freedom for Worship, Freedom from Fear and Freedom of Speech अर्थात् अभाव से मुक्ति पूजा-अर्चना की आजादी, भय से मुक्ति, अभिव्यक्ति की आजादी का उद्घोष हुआ। पर नीग्रो के पल्ले निराशा ही

पड़ी। इस कारण नीग्रो की चेतना में भी फर्क पड़ गया।

द्वितीय महायुद्धोत्तर काल में नीग्रो में प्रचंड संघर्ष की भावना महसूसी जाने लगी। 1954 में सुप्रीम कोर्ट द्वारा दिया गया निर्णय, 1960 में मार्टिन लूथर किंग का आंदोलन, माँटगोमेर बस बॉयकॉट का अहिंसक आंदोलन, 1960 में राष्ट्राध्यक्ष केनेडी की हत्या और इसी वर्ष हजारों श्वेत और कालों के नौकरी और नागरिक अधिकारों के लिए एक होने की घटना तथा कांग्रेस द्वारा समय-समय पर मंजूर किए गए कानून आदि के कारण नीग्रो में मानसिक एकता और संगठन का विस्तार हुआ। 1966 में नीग्रो युवकों के 'ब्लैक पंथर' नामक लड़ाकू संगठन का उदय हुआ।

'अंकल टॉम्स केबिन' (1852) से 'ब्लैक पंथर' (1966) तक के कालखण्ड में नीग्रो के सामाजिक और सांस्कृतिक रूप में बदलाव आया है। साहित्य, समाज और आंदोलन नरम पथ से गरम पथ की ओर जाते हैं। 'अंकल टॉम्स' की अपेक्षा आज का नीग्रो युवक पूरी तरह भिन्न है। वह 'ब्लैक पंथर' है। 'आय एम अ ब्लैक, ब्लैक इज ब्यूटीफुल'—"मैं काला हूँ, काला सुंदर है" यह उसका निश्चित विचार है। 'मैं श्वेत नहीं हूँ' यह भावना अब उसे नहीं सताती। उसने अपनी 'पहचान' बनाई है।

बाबासाहब अंबेडकर ने 1920 में 'मूकनायक' नाम का साप्ताहिक शुरू किया। यहाँ से अंबेडकरी चेतना युग की शुरुआत होती है। यही काल नीग्रो के लिए हार्लेम चेतना आंदोलन (Harlem Renaissance Movement) का है। इस काल में प्रकाशित हुआ दलित साहित्य चेतना-परक और प्रचारक स्वरूप का था। इस काल में बंधु माधव, शंकरराव खरात, अण्णाभाऊ साठे और ना.रा. शेंडे के लेखन में एक प्रवृत्ति नज़र आती है तो बाबूराव बागूल, नामदेव ढसाल और राजा ढाले के लेखन में दूसरी प्रवृत्ति मुखर हुई दीख पड़ती है। इसी काल में जन्म से दलित होने वाला ग्रेस जैसा कवि ललित लेखन में तल्लीन हुआ दिखाई पड़ता है।

श्रीमती स्टोव नामक श्वेत लेखिका ने नीग्रो जीवन पर 'अंकल टॉम्स केबिन' नामक उपन्यास लिखा। इसी के समान ही श्री. म. माटे ने दलितों के जीवन पर 'उपेक्षितों का अंतरंग' (उपक्षितांचे अंतरंग) नामक पुस्तक लिखी है।

हिंदू धर्मप्रणीत विषम समाज व्यवस्था में अपमानित और गुलामी का जीवन जीने वाले बहिष्कृत समाज के जीवन में बाबासाहब अंबेडकर के रूप में क्रांति की आग सुलग उठी और निरंतर फैलती गयी। अज्ञान के अंधकार में अपनी जातीय-हीनता की सीढ़ी सँभालकर जीने वाले समाज ने अपनी जाति की सीढ़ी उलट दी—केंचुल फेंक दी। पारंपरिक दलितों की अपेक्षा, अंबेडकरी आंदोलन का यह नया दलित पूर्णतः भिन्न है।

भारत स्वतंत्र होने के बाद भारतीय समाज और मनुष्य के मन में राजनीतिक आकांक्षाएँ बढ़ गईं। प्रत्येक पंचवर्षीय योजना, चुनाव, सत्ता का विकेंद्रीकरण, जनकल्याणकारी योजनाएँ एवं शिक्षा के प्रचार के कारण भारतीय जनजीवन में परिवर्तन

आया। जनतांत्रिक शासन-प्रणाली के कारण सर्वसामान्य मनुष्य हक-अधिकार की भाषा समझने लगा। सब से निचले तबके में जागृति आई स्वतंत्रता मिलने के कारण सभी प्रश्न हल होंगे, ऐसी आशा बँधी। पर काल के साथ अनेक समस्याएँ बढ़ती गईं। बेकारी, गरीबी, बढ़ती जनसंख्या, जातीय दंगे, भ्रष्टाचार, जातिवादी राजनीति, हिंदुत्ववादी शक्ति का कुहराम, अत्याचार और अकाल के कारण दलितों का स्वतंत्रता पर से विश्वास उठ गया। अपने प्रश्नों के हल के लिए दलित युवकों ने संगठन के माध्यम से संघर्ष की शुरुआत की। सन् 1972 में 'दलित पंथर' नामक दलित युवकों का लड़ाकू संगठन का उदय हुआ।

शंकरराव खरात के 'रामा महार', 'सांगावा', 'दौंड़ी', 'आबा', 'रामोशी', 'भाट' नामक कथाओं में दलित जीवन का मार्मिक दुःख व्यक्त हुआ। पर इन कथाओं में मिलने वाला दलित और 'दलित पंथर' संगठन में काम करने वाला आज का दलित, बिलकुल भिन्न है।

4.4 ब्लैक समीक्षा और दलित समीक्षा

नीग्रो और दलित समाज और उनके वाङ्मय में बहुत साम्य है। इसका कारण यह है कि दोनों समाज के भाव-संसार में समानता है। उनकी वेदना, विद्रोह और आशा-आकांक्षा एक होने के कारण उनके साहित्य में साम्य दिखाई देता है। इसलिए नीग्रो और दलित साहित्य की समीक्षा में भी साम्य का दर्शन होता है।

4.4.1 श्वेत और सवर्ण लेखकों के लेखन के संबंध में आपत्ति

श्वेत लेखकों ने अपने वाङ्मय में नीग्रो का चित्रण किया है। गोरे लेखकों ने अमेरिकन साहित्य में नीग्रो का जो चित्रण किया, वह विकृत और विसंगतिपूर्ण है। उसमें नीग्रो मनुष्य दुष्ट प्रवृत्ति का बहुत बड़ा मक्कार और गंदा अथवा विदूषक दिखाया है। उसका ऐसा चित्रण किया है कि वह अपने रंग के अनुरूप अंतर्मन से भी काला दिखे। अमेरिका में हुई सिविल वार तक अमेरिकी वाङ्मय में नीग्रो का वास्तविक और सही चित्रण नहीं मिलता। मराठी लेखकों ने भी दलितों का सही चित्रण नहीं किया। सफेदपोश (Middle class) लेखकों ने कल्पना के आधार पर दलितों के जीवन पर उपन्यास लिखे। उनमें दलितों के जीवन के सच्चे अनुभव न होने के कारण वे नीरस रह गए और वे उथले और विकृत बन गए। उनमें उदारमतवादी सफेदपोश (Middle class) दृष्टिकोण भरा है। उसमें दलितों की प्रखर अस्मिता और लड़ाकू प्रवृत्ति दिखाई नहीं देती।

"हमारा चित्रण हमारे समान नहीं हुआ। तुमने हमारा जो चित्र खींचा है, वह घिनौना और विकृत है। इसलिए तुम हमारा प्रखर और लड़ाकू चित्र खींच नहीं सकोगे।"

यही नीग्रो और दलित समीक्षकों का तेवर रहा है।

नीग्रो समीक्षकों की केवल यही शिकायत नहीं है कि श्वेत लेखकों ने नीग्रो का वास्तविक चित्रण नहीं किया, उनकी यह भी शिकायत है कि नीग्रो लेखकों ने भी नीग्रो का उचित चित्रण नहीं किया। रॉबर्ट हेडेन के 'दी सिलेक्टेड पोएम्स' काव्य संग्रह का, जेम्स बॉल्डविन के 'गोइंग टू मीट द मैने' कथा संग्रह का, जॉन ए विलियम के 'दिस इज़ माय कंट्री टू' यात्रा-वर्णन आदि साहित्य का नीग्रो लेखकों ने उपहास किया है क्योंकि इन पुस्तकों में प्रबल नीग्रोवाद या ब्लैक चेतना व्यक्त नहीं हुई। इसी प्रकार की आलोचना शंकरराव खरात, ना. रा. शेंडे और अण्णाभाऊ साठे के लेखन पर भी हुई है। सवर्ण लेखक दलितों का सही चित्रण नहीं कर सके तो उनकी भी आलोचना हुई है और दलित लेखकों द्वारा दलितों का वास्तविक चित्रण नहीं कर पाने पर उनकी भी आलोचना होना एक महत्त्वपूर्ण बात है। यह केवल जाति और वंशवाद से प्रभावित एकांगी दृष्टिकोण नहीं है।

4.4.2 दलित और नीग्रो साहित्य कौन लिख सकता है ?

''मैंने जो संसार और जीवन देखा है उसके मेरे अनुभव भीषण हैं। इस कारण मैं लिखता हूँ'' प्रहलाद चेंदवणकर ने कहा। (चेंदवणकर प्रहलाद : ऑडिट-मनोगत) ऐसी ही प्रतिक्रिया नीग्रो लेखिका ग्वेंडोलिन ब्रुक्स ने व्यक्त की है। उन्होंने कहा है, ''मैंने उन परिस्थितियों के बारे में लिखा है जो हमारे समाज की बर्बर घटनाओं से प्रभावित होती रही हैं।'' (ग्वेंडोलिन ब्रुक्स/दि एंग्री मैन एंथोलॉजी ऑफ कण्टेम्परेरी अमेरिकन पोएट्री, स्टुवर्ट फ्रेबर्ट डेविट यंग, पृ. 52) प्रह्लाद चेंदवणकर और ग्वेंडोलिन ब्रुक्स दोनों को अपने लेखन के विषय की पृष्ठभूमि एक ही दिखाई देती है। नीग्रो लेखक हो अथवा दलित लेखक, वह अपनी व्यथा, वेदना और असंतोष अपने लेखन से व्यक्त करता है। दलित लेखकों की जाति (कास्ट) और नीग्रो लेखकों का 'वर्ण' (कलर) ही इन लेखकों का अलग अनुभव है। ''मेरी त्वचा का रंग स्वाभाविक रूप से मुझे दक्ष बनाता है'' जेम्स बाल्डविन ने कहा। 'कलर कॉन्शसनेस' नीग्रो लेखकों का नया अनुभव है। ''हमारा संवाद नस्ल विरोधी है'' अथवा ''वो जो वास्तव में अमेरिका से प्यार करते हैं वे इस वीर नीग्रो विद्रोह में शामिल हों और हमारे देश को बदलें और बचाएँ'' अथवा ''दरअसल हम सर्वाधिक मुखर अमरीकी हैं'' नीग्रो लेखकों का मत रहा है।

''हमारे अनुभव हमें लिखने के लिए प्रेरित करते हैं''—दलित और नीग्रो लेखकों की यह मान्यता है। इसका अर्थ यह होता है कि ''हमारे अनुभव, अन्य लेखक व्यक्त नहीं कर सकते।'' दलित लेखक अपने अनुभव जिस तीव्रता से व्यक्त करते हैं उसी तीव्रता से दलितेतर कर पाएँगे ऐसा मानना कठिन है। नीग्रो लेखक और श्वेत लेखक के संदर्भ में क्लाउड मैके के मत पर विचार करना होगा। वे कहते हैं, ''एक अश्वेत

तथा श्वेत लेखक में समानता नहीं हो सकती, चाहे वे समान क्षमता के ही क्यों न हों।" (क्लाउड मैके/ए लांग वे फ्रॉम होम एफ्रो-अमेरिकन राइटिंग, वाल्यूम-II, पृ. 388) उनका यह मत है कि नीग्रो लेखक अपने अनुभव अधिक तीव्रता से व्यक्त कर सकते हैं, इसलिए श्रीमती स्टोव नामक श्वेत लेखिका के 'अंकल टॉम्स केबिन' नामक उपन्यास का बाद के दिनों में नीग्रो ने उपहास किया है।

दलित साहित्य दलितेतर नहीं लिख सकेंगे ऐसी एकांगी समीक्षा नहीं हुई। इस संदर्भ में म.ना. वानखेड़े कहते हैं कि "यदि दलितेतरों का अनुभव बड़ा होगा तो दलितेतर भी दलित साहित्य लिख सकेंगे।" (वानखेड़े म.ना./दलितों का विद्रोही वाङ्मय, पृ. 60-61) अर्थात् दलितेतर भी दलित साहित्य लिख सकेंगे ऐसा विचार भी दलित समीक्षकों ने प्रकट किया। श्वेत लेखकों के संदर्भ में ॲलन लॉक कहते हैं, "एक श्वेत व्यक्ति के द्वारा लिखे गए नीग्रो जीवन से संबंधित साहित्य की प्रशंसा एवं अनुमोदन नीग्रो कर सकेगा बशर्ते ऐसा साहित्य सत्यान्वेषी तथा सौंदर्यपरक हो।" (एलेन लॉक कोटीड फ्रॉम सौन्डर्स रेडिंग्स, एफ्रो-अमेरिकन कल्चर एण्ड दि ब्लैक इस्थैटिक् : नोट्स टु वर्ड ए रिवोल्यूशन, पृ. 45) "श्वेत और सवर्ण लेखकों को 'सत्य और सौंदर्य' की पृष्ठभूमि में ही दलितों और नीग्रो का चित्रण करना चाहिए। इतना ही नहीं दलित और नीग्रो लेखकों को भी 'सत्य और सौंदर्य' की भावना से अपने समाज का चित्रण करना चाहिए।"

4.4.3 अश्लीलता विरोध

दलितेतर और श्वेत लेखकों ने दलित और नीग्रो समाज का विकृत और उपहासात्मक चित्रण किया है इसलिए दलित और नीग्रो लेखकों ने ऐसे साहित्य का विरोध किया है। केवल दलितेतर और श्वेत लेखकों ने ही ऐसा अवास्तविक चित्रण किया है, ऐसा नहीं है। नीग्रो और दलित लेखकों ने भी अवास्तविक और बढ़ा-चढ़ा कर लेखन किया है, इसकी भी चर्चा इस साहित्य के समीक्षकों ने की है। दलित साहित्य के संदर्भ में विजय सोनवणे कहते हैं, "दलित कथा का रुझान विचारों की ओर कम और संभोग का विस्तृत वर्णन करने की ओर ही अधिक है, जिस कारण मूल विचारों की तीव्रता कम हो गयी और विकृत वर्णन को बहुत तूल दे दिया गया। इससे विकृत अभिरुचि के पाठकों को बहुत आनंद मिलता है। संभोग के मसालेदार वर्णन चाव से लिखे जाते हैं और पढ़े जाते हैं।" (सोनवर्ण विजय : दलित साहित्य क्यों नहीं, पृ. 21)

दलित आत्मकथा 'बलुत' 'अक्करमाशी' और 'मुझे उद्ध्वस्त होना है' पर भी अश्लीलता और सनसनीखेज़ होने के आरोप लगाकर उनकी खूब आलोचना हुई है।

ख्याति, पैसा और प्रतिष्ठा के लिए दलित और नीग्रो-लेखक अपने समाज का

अत्युक्तिपूर्ण वर्णन करते हैं, इस प्रकार का स्वर इन दोनों वाङ्मयों की समीक्षा में सुनाई पड़ता है। नीग्रो साहित्य के संदर्भ में एडीसन गायले जूनियर का मत जान लेना महत्त्वपूर्ण होगा। वे कहते हैं, "अश्वेत लोगों के जीवन को विकृत करके, शब्दों के माध्यम से अमेरिका और अमेरिका के बाहर प्रचारित करने का दोष श्वेत लोगों पर मढ़ना बिलकुल सरलीकृत, तथ्यहीन और विकृत कथन होगा। जिन लोगों ने अश्वेत लोगों के विरुद्ध शब्द-युद्ध छेड़ा है उनमें प्रायः खुद अश्वेत कलाकार और लेखक भी शामिल हैं। अश्वेत शोषण की फिल्में और अश्वेत टेलीविजन के कार्यक्रम जिनमें अश्वेत जीवन के गलत बिम्ब लोगों को दिखाए जाते हैं, प्रतिभाहीन तथा विचारहीन अश्वेतों द्वारा ही प्रस्तुत किए जाते हैं। जैसे किसी भी समालोचना के प्रति संवेदनहीन थॉमस जैफर्सन व नार्मन मेलर जैसे अमेरिकी-प्रचारक अश्वेत ही हैं।"

दलित साहित्य और नीग्रो साहित्य पर अश्लीलता का आरोप लगाया गया है। दया पवार की 'बलुत' पुस्तक पर आलोचना करते हुए विलास राशिनकर ने लिखा है, "लैंगिक जीवन के अनेक पहलुओं (Sides) का अनेक प्रकार से 'अछूत' (बलुत) में दर्शन होता है। इस कामपूर्ण जीवन को खुलेपन से दर्शाते हुए उन्होंने जो धैर्य दिखाया है, वह असामान्य ही है। इसमें उन्होंने माँ, बाप, चाचा, मौसी को भी घिनौने रूप में चित्रित किया है।" (विलास राशिनकर/बलुत एक तूफान, पृ. 23) 'बलुत' पुस्तक के समान ही क्लाउड मैके के 'होम टू हार्लेम' पुस्तक पर भी आलोचना हुई है। इस संदर्भ में क्लाउड मैके कहते हैं :

" 'होम टू हार्लेम' को कटु आलोचक अश्लील घोषित करते रहे। मैं प्रायः आश्चर्य करता हूँ कि क्या अश्लीलता का कोई वास्तविक बौद्धिक मापदण्ड निर्धारित करना संभव है, मापदंड—जो अश्लील क्रिया माप सके और अश्लील विचार को—परिभाषित कर सके।" (क्लाउड मैके—ए लांग वे फ्रॉम होम, एफ्रो-अमेरिकन राइटिंग, वाल्यूम-II, पृष्ठ 387)

क्लाउड मैके ने अपने पर लगे अश्लीलता के आरोप को नकारा है। दया पवार भी 'बलुत' पर लगे इस आरोप का खंडन करते हुए कहते हैं, "दलितों को जो अतीत घृणास्पद लगता है, उसकी शर्म दलित को महसूस होने की बजाय दरअसल सही मायने में उन्हें महसूस होनी चाहिए जिन्होंने यह घृणित जीवन उन पर लादा है।" (पवार दया/बलुतं एक तूफान, पृ.16-17)

नीग्रो और दलित लेखकों ने अपने ऊपर हुई आलोचना के उत्तर दिए हैं। नीग्रो और दलित लेखकों ने कभी भी अश्लीलता का समर्थन नहीं किया। इन लेखकों की ऐसी मान्यता है कि अपने पर लादा हुआ जो भी लज्जास्पद एवं अमानुष जीवन है, वह लोगों को समझ में आना चाहिए। समाज की बदनामी होती है यह सोच कर वस्तुस्थिति को नजरअंदाज नहीं किया जा सकता।

4.4.4 साहित्य 'दलित' अथवा 'काला' हो सकता है ?

मराठी साहित्य अनेक वाङ्मय प्रवाहों से विकसित हुआ है। मराठी साहित्य में संत साहित्य आज भी लोकप्रिय है। संत साहित्य के संदर्भ में प्राचीन से अर्वाचीन काल तक 'संत साहित्य' संत साहित्य ही कहलाता है। उस पर कभी भी ऐसा प्रश्न उपस्थित नहीं हुआ। लेकिन दलित साहित्य के संदर्भ में कभी केवल साहित्य ही 'दलित' होता है ? यह प्रश्न बार-बार उपस्थित हुआ है। साहित्य 'दलित' नहीं होता पर दलितों का साहित्य हो सकता है। क्योंकि दलित और जनजाति (Trible) यहाँ की प्रस्थापित धर्मव्यवस्था से पैदा हुई है। "तुम श्रेणीबद्ध समाज व्यवस्था जारी रखोगे, ऊँच-नीच भाव पोसते रहोगे और 'दलित' साहित्य ऐसा न कहे, यह आग्रह करते रहोगे, यह कैसे होगा ?" प्रस्थापित विषम समाजव्यवस्था के कारण मनुष्य-मनुष्य में भेद-भाव पैदा हुआ है। इसी भेदभाव का परिणाम साहित्य में व्यक्त हुआ है। नीग्रो साहित्य के संदर्भ में ग्वेंडोलिन ब्रुक्स का कहना है, "कभी-कभी विवाद उठता है कि क्या कविता काली हो सकती है ? यह तथ्य कि कवि स्वयं काला है अर्थात् उसकी जिंदगी, उसकी कविता और उसके पूर्वजों का इतिहास, चीनी-जापानी एस्कीमों, भारतीय और आयरिश कवियों के इतिहास से भिन्न है...काले कवियों की कविता में पीड़ा एवं साफगोईवादिता निहित होती है।" (ग्वेंडोलिन ब्रुक्स/इण्ट्रोडक्शन : ब्लैक वर्ड्स दैट से : डोंट क्राई स्क्रीम, बाई डान ली)। दलित और नीग्रो का प्रस्थापित विषम-व्यवस्था में होने वाला गौण स्थान और मालिक समाज की सेवा-नौकरी से निर्माण हुए उनके समग्र सांस्कृतिक प्रश्नों के कारण, नीग्रो और दलितों की मानसिकता विभाजित हो गयी है। यह मानसिकता श्वेत-सवर्ण समाज की अपेक्षा निश्चय ही अलग है। अलग मानसिकता और जीवन के प्रत्येक क्षेत्र में मिलने वाले गौण बर्ताव के कारण नीग्रो और दलितों का भाव-संसार, आशा-आकांक्षा, श्वेत-सवर्णों की अपेक्षा अलग है। श्वेत-सवर्ण समाज की अपेक्षा अलग विश्व का और भाव-संसार का दर्शन कराने वाले साहित्य में अलग नाम से पहचाना जाता है। इस साहित्य की भिन्नता में इन लेखकों की सामाजिक और सांस्कृतिक भिन्नता प्रतिबिंबित होती है। दलित, नीग्रो समाज की सामाजिक गौणता नजरअंदाज कर 'उनका साहित्य अलग क्यों' यह प्रश्न उठाना सर्वथा अनुचित है।

4.4.5 विद्रोह का स्वीकार

दलित और नीग्रो साहित्य, दलित और नीग्रो के जीवन का और दुःख दरिद्रता का प्रतिबिंब है। जीवन और अनुभव, समाज और समस्या, वेदना और विद्रोह के रसायनों से इस साहित्य का सृजन हुआ है। 'ज्वलंत अनुभव' और 'लड़ाकू' आशय की अभिव्यक्ति इस साहित्य में विपुलता से मिलती है। नीग्रो और दलितों का श्वेत-सवर्ण लेखकों द्वारा दयाभाव से किया हुआ चित्रण हो अथवा नीग्रो और दलित लेखकों

द्वारा किया हुआ दलित और नीग्रो का अवास्तविक और करुणाजनक चित्रण हो, इन दोनों को दलित साहित्य समीक्षकों ने नकारा है।

दलित और नीग्रो वाङ्मय की समीक्षा में विद्रोह को स्वीकृति मिली है। विद्रोह का विश्लेषण करते हुए यशंवत मनोहर कहते हैं, ''विद्रोह जीवन और साहित्य में सबसे मूल्यवान (valuable) सातत्य है।'' (मनोहर यशवंत/दलित साहित्य चिंतन, पृ. 29) इनका मानना है कि विद्रोह सृजनात्मक है। वह विकृति का विध्वंस कर, संस्कृति संवर्धन करता है। ग्वेंडोलिन ब्रुक्स का कथन है, ''उग्र बदलाव के मध्य में सृजन के केंद्रीय बीज अवस्थित होते हैं।'' (ग्वेंडोलिन ब्रुक्स/इण्ट्रोडक्शन : ब्लैक वर्ड्स दैट से : डोंट क्राई स्क्रीम, बाई डॉन ली) नीग्रो और दलितों ने विद्रोह का स्वीकार किया है। 'ब्लैक पॉवर' ग्रंथ में नीग्रो की भूमिका मुखर रूप से दिखाई देती है। ''सांस्कृतिक आतंक और स्वानुमोदित श्वेत अपराधबोध की अवनति से अपने इतिहास और अपनी अस्मिता को उबारना ही हमारी बुनियादी जरूरत है। हमें अपनी शर्तें स्वयं सृजित करने का अधिकार प्राप्त करने के लिए संघर्ष करना होगा जिसके माध्यम से हम अपने और समाज से अपने रिश्ते को पारिभाषित कर सकें और इन शर्तों को मान्यता दिलवा सकें। यह किसी स्वतंत्र कौम की पहली जरूरत है और यह पहला अधिकार है जिसे कोई भी शोषक उससे छीनना चाहेगा।'' (कारमिकाइल एण्ड हैमिल्टन/ब्लैड पावर कोटिड फ्राम एडिसन गायले जूनियर। दि फंक्शन ऑफ क्रिटिसिज्म ऐट दि प्रेजेंट टाइम/रीडिंग ब्लैक एसेज इन दि क्रिटिसिज्म ऑफ एफ्रीकन, कैरीबियन एण्ड ब्लैक अमेरिकन लिटरेचर, पृ. 38) दलित और नीग्रो वाङ्मय की समीक्षा, साहित्य को अपने समाज की मुक्ति के आंदोलन के रूप में देखती है, इसलिए क्रांति, परिवर्तन, प्रबोधन, संघर्ष और सामाजिक प्रतिबद्धता के साधन के रूप में ही इस साहित्य की चर्चा होती है। 'द ब्लैक आर्ट्स मूवमेंट' कालों का आंदोलन 'ब्लैक पॉवर' के आदर्श को मानती है और यह नीग्रो मनुष्य को उसके समाज से अलग करने वाले प्रयत्नों का विरोध करती है। काले समाज की सांस्कृतिक जरूरत से ही इस आंदोलन का निर्माण हुआ है। हम कला और विचारों में सांस्कृतिक क्रांति के हिमायती हैं। यह इस आंदोलन की प्रस्तावना है। सौंदर्यबोध की धारणा के पीछे जो मंशा कार्यरत है वह है श्वेत विचारों एवं विश्व को देखने के श्वेत नजरिए का विनाश। इसी विचार से यह आंदोलन प्रेरित हुआ है।

दलित साहित्य दलितों का साहित्यिक आंदोलन है। दलित साहित्य के प्रयोजन संदर्भ में यशवंत मनोहर कहते हैं, ''जनतांत्रिक समाजवाद प्रस्थापित करना और उस तारतम्य से कला का आशय निश्चित करना ही, दलित साहित्य का प्रयोजन है।'' (मनोहर यशवंत/दलित साहित्य : सिद्धांत और स्वरूप, पृ. 39) तो नामदेव ढसाल कहते हैं, ''दलितों का मुक्ति संघर्ष सर्वांगीण क्रांति चाहता है, आंशिक परिवर्तन हमें नहीं चाहिए। हमें संपूर्ण क्रांतिकारी परिवर्तन चाहिए।'' (ढसाल नामदेव/आम्ही दि.

अं.1973, पृ. 78)

दलित और नीग्रो लेखक-समीक्षक अपने साहित्य को आंदोलन और मुक्ति आंदोलन का हथियार मानते हैं। इसी कारण साहित्य में 'विद्रोह' को प्रधानता मिली है।

4.4.6 मानवतावाद का स्वीकार

नीग्रो का संघर्ष अपने साथ किए गए अन्याय के विरुद्ध होने पर भी, वह सभी अन्याय के विरुद्ध पक्ष लेता है। दलितों का संघर्ष भी यद्यपि अपने साथ हो रहे अन्याय के विरुद्ध है तो भी वह सभी शोषित, दलितों का पक्ष लेते हुए नजर आता है। दलित और नीग्रो अपने समाज के साथ ही अन्य समाज के अन्यायग्रस्त लोगों के लिए भी बोलते और लिखते हैं। इसी कारण इन दोनों के साहित्य का केंद्रबिंदु 'मनुष्य' बन गया है और इसलिए इन दोनों के साहित्य की समीक्षा में 'मानवतावादी विचारों' को समर्थन मिला है। दलित और नीग्रो लेखक-समीक्षक अपने साहित्य के संदर्भ में मानवतावादी भूमिका निभाते हैं।

1. ''जहाँ कहीं भी मानवता के हितार्थ सहायता की जरूरत पड़ती है आप हमेशा नीग्रो को उसके लिए तत्पर पाएँगे।'' (मारकस गैरी के 25 नवम्बर, 1922 को लिबर्टी हाल में दिए गए भाषण से उद्धृत)
2. यदि विकल्प संभव हो तो अश्वेत कवि कभी मृत्यु का समर्थन नहीं करता। वह केवल जीवन के रक्षार्थ तथा जीवन की गरिमा के लिए मरना ज्यादा पसंद करता है। (ग्वेंडोलिन ब्रुक्स/इण्ट्रोडक्शन : ब्लैक वर्ड्स दैट से : डोंट क्राई स्क्रीम, बाई डॉन ली)
3. दुनिया मेरी कल्पना और अस्वाद के अनुरूप और अधिक पसंदीदा होती जा रही है। मुझे दिली खुशी होती है जब मैं संयुक्त राष्ट्र में मनुष्यता और संपूर्ण मानव नस्ल के स्वत्व के अनुरूप काले और भूरे स्त्री-पुरुषों को प्रतिष्ठित देखता हूँ। (जॉन ओ किलर्स। दि ब्लैक साइकी एफ्रो-अमेरिकन राइटिंग, वाल्यूम-II, पृ. 612)
4. ''मनुष्य की मुक्ति को स्वीकार करने वाला, मनुष्य को महान मानने वाला, वंश, वर्ण और जाति श्रेष्ठत्व का प्रबल विरोध करने वाला साहित्य ही दलित साहित्य है।'' (बाबूराव बागूल : दलित साहित्य आज का क्रांति विज्ञान, पृ. 259)

यह साहित्य शोषण के विरुद्ध नारा देता है। इन दोनों वाङ्मयों की समीक्षा में प्रधानतः मानवतावादी विचार व्यक्त हुए हैं।

4.4.7 समाजशास्त्रीय दृष्टिकोण की आवश्यकता

दलित और नीग्रो की प्रस्थापित व्यवस्था में निर्धारित गौण स्थान, इस गौणता में

जीने के कारण उपजे उनके प्रश्नों को नजरअंदाज करके, उनके साहित्य का आकलन नहीं किया जा सकता। नीग्रो और दलितों की अलग बस्तियों के अनुभवों को जो आज तक साहित्य में व्यक्त नहीं हुए—समझने के लिए यहाँ की प्रस्थापित समाज व्यवस्था का अध्ययन करना आवश्यक है। प्रस्थापित विषम-व्यवस्था के कारण नीग्रो और दलितों पर होने वाले शोषण को समझने के अतिरिक्त इस साहित्य में व्यक्त हुई 'वेदना और विद्रोह का' सही अर्थ लगाना कठिन होगा। इसलिए नीग्रो और दलित साहित्य की समीक्षा समाजशास्त्रीय दृष्टि से हो। दलित साहित्य के संदर्भ में प्रभाकर मांडे का मत भी जान लेना उचित होगा। वे कहते हैं, "दलित साहित्य के निर्माण की यह घटना केवल एक साहित्यिक घटना नहीं है, इसलिए केवल 'साहित्यिक दृष्टि से' इस साहित्य की ओर देखना नहीं चाहिए। इस साहित्यिक घटनाक्रम को समाज में घटित पूरे परिवर्तन की पृष्ठभूमि पर सामाजिक दृष्टि से देखे बगैर उसमें पनपता मर्म समझा नहीं जा सकेगा।" (मांडे प्रभाकर/दलित साहित्य की भिन्नता, पृ. 66) प्रभाकर मांडे का यह मत महत्त्वपूर्ण है। दलित साहित्य की समीक्षा समाजशास्त्रीय दृष्टि से होनी आवश्यक है क्योंकि दलित साहित्य का जन्म ही मूलतः सामाजिक है, इसे ध्यान में रखना चाहिए। इस संदर्भ में हस्टन ए बेक कहते हैं, "एक आलोचक का कार्य आलोचक एवं आलोचना के समाजशास्त्रीय परिस्थितिकरण को भी ध्यान में रखना है ताकि वह बाहरी प्रभावों से युक्त निर्णय एवं आकलन से बचाव कर सके। इस तथ्य से आलोचक मस्ती से बेखबर रह सकता है।" (हस्टन ए बेक जूनियर/रीडिंग ब्लैक : एसेज इन दि क्रिटिसिज्म ऑफ एफ्रिकन, कैरिबियन एण्ड ब्लैक अमेरिकन लिटरेचर, पृ. 2)

प्रभाकर मांडे और हस्टन ए बेक जूनियर का मत जान लेने पर दलित और नीग्रो वाङ्मय में सामाजिक संदर्भ की तुलना का महत्त्व समझ में आता है। जिस साहित्य की आत्मा ही 'समाज' और 'सामाजिक समस्या' है, उस साहित्य के आकलन और समीक्षा के लिए समाजशास्त्रीय दृष्टि से अध्ययन की अत्यंत जरूरत है। समाज और सामाजिक समस्या छोड़ कर नीग्रो और दलित साहित्य का आकलन अथवा इसकी उचित समीक्षा नहीं हो सकेगी।

4.4.8 दलित और नीग्रो साहित्य का पाठक

दलित की जाति और नीग्रो का रंग, ये दोनों समाज की कभी समाप्त न होने वाली वेदनाएँ हैं। ऐसा नहीं है कि प्रस्थापित व्यवस्था ने केवल दलित और नीग्रो मनुष्य को ही घृणास्पद माना है, इस व्यवस्था ने तो इस मनुष्य की भाव-भावना और आशा-आकांक्षा को भी घृणास्पद माना है। गुलाम द्वारा स्वतंत्रता, समता, न्याय और स्वाभिमान की भाषा का बोला जाना, मालिक समाज के मनुष्य को कभी भी नहीं जँचा। इसलिए नीग्रो और दलितों का साहित्य श्वेत और सवर्ण पाठकों को जँच नहीं

सकता। इस संदर्भ में क्लाउड मैके कहते हैं "अपने नस्ली पूर्वाग्रह के चलते श्वेत जनता अच्छी नीग्रो पुस्तकें नहीं पढ़ सकी।" (क्लाउड मैके/ए लांग वे फ्रॉम होम/एफ्रो-अमेरिकन राइटिंग, वाल्यूम-II, पृ. 388) जिस प्रकार श्वेत पाठक वांशिक पूर्वाग्रहों के चलते कालों के भाव जान नहीं सके उसी प्रकार वर्णाभिमानी सवर्ण पाठक भी दलितों के भाव समझ नहीं सके। इसलिए दया पवार कहते हैं, "हमारा संपूर्ण समाज एक सांस्कृतिक स्तर पर नहीं है। समाज में भिन्न सांस्कृतिक खाने, जाति व्यवस्था और संस्कारों के फलस्वरूप बनी मानसिकता के कारण सामाजिक जीवन और सारासार विवेक विभाजित हुआ। नैतिकता के झूठे दबाव के कारण साहित्य कृति का आस्वाद लेने की प्रक्रिया भी शुद्ध नहीं रही।" (पवार दया/बलुतं एक तुफान, पृ. 81) क्लाउड मैके और दया पवार की ये शिकायत है कि श्वेत और सवर्ण पाठक उनका साहित्य पूर्वाग्रह और दूषित मानसिकता से पढ़ता है। यह अर्धसत्य है क्योंकि नीग्रो और दलित साहित्य का श्वेत और सवर्ण पाठक वर्ग द्वारा अभूतपूर्व स्वागत हुआ है, इसे नकारा नहीं जा सकता। दलित साहित्य का गौरव बखानते हुए पंढ़रीनाथ रानडे कहते हैं, "राष्ट्रीय संघर्ष के पूर्व में जीवनवादी साहित्यिक मूल्यों की जो शान थी, उस शान के झंडे मराठी साहित्य में फिर से दलित साहित्य के सामाजिक और राजनीतिक दबाव के कारण खड़े हुए।" (रानडे पंढ़रीनाथ/दैनिक लोकमत, 'औरंगाबाद' 21.9.1991) नीग्रो साहित्य के संदर्भ में जे. साउंडर्स रेडिंग कहते हैं, "नीग्रो इस बात पर गर्व करते थे कि उन्होंने जो सृजा वह राष्ट्रीय अभिव्यक्ति के रूप में स्वीकृत हुआ तथा उसे अमेरिकन माना गया।" (जे. साउंडर्स रेडिंग/रीडिंग ब्लैक एसेज इन दि क्रिटिसिज्म ऑफ एफ्रिकन कैरिबियन एण्ड ब्लैक अमेरिकन लिटरेचर, पृ. 44) इसका अर्थ यह कि श्वेत और सवर्ण समाज में, नीग्रो और दलित साहित्य का अंतःकरण से स्वागत करने वाला कुछ पाठकवर्ग है।

4.5 नीग्रो साहित्य के साथ तुलना का विरोध

नीग्रो और दलित साहित्य की जैसे तुलना हुई है, वैसे ही इस तुलनात्मक रचना का विरोध भी हुआ है। गंगाधर पानतावणे का मत है कि दलित और नीग्रो साहित्य की तुलना नहीं की जा सकती। वे कहते हैं, "दलित साहित्य के संदर्भ में नीग्रो साहित्य का उल्लेख किया जाता है। पर नीग्रो अस्पृश्य नहीं हैं। अस्पृश्यता यानी कि मनुष्यता को नकारना है। यह बहुत बड़ा फर्क इन दोनों वाङ्मय में है।" (संदर्भ : पानतावणे गंगाधर। दलित साहित्य पर संगोष्ठी में, किर्ती कॉलेज, मुंबई 6.2.77) नीग्रो अस्पृश्य तो नहीं है किंतु श्वेत समाज में उसका स्थान गौण है। उनके लिए भी दलितों जैसा 'सीढ़ीनुमा' चरणबद्ध 'स्थान' रखा है। नीग्रो काला है इसलिए उसे यंत्रणा दी जाती है। उसे अलग 'घेट्टोज़' में रखा गया है। सवारी में उनके लिए अलग स्थान है और भोजनगृह भी अलग हैं।

मालिक के घर में वह चारों ओर घूम फिर नहीं सकता। भले नीग्रो अस्पृश्य नहीं है लेकिन फिर भी उसका दुःख अस्पृश्य के समान ही भीषण है, इसे नकारा नहीं जा सकता। नीग्रो की मनुष्यता को नकारा नहीं गया यह कहना उचित नहीं है। नीग्रो पर जो असीम जुल्म हुए हैं, उससे मनुष्यत्व की जो दुर्गति हुई है, उसका मूल कारण नीग्रो की 'मनुष्यता' नकारने में है।

'नीग्रो साहित्य का आदर्श सामने रखकर दलित साहित्य का निर्माण हुआ, यह परदेशी प्रेरणा भी दलित साहित्य में प्रबल होने लगी है' ऐसी आलोचना भाऊ साहेब आडसूल ने की है। आडसूल को यह प्रेरणा 'अभारतीय' लगती है। म.फुले ने अपनी 'गुलामगिरी' नामक पुस्तक नीग्रों को अर्पित की है। यानी कि क्या फुले की प्रेरणा अभारतीय थी? लेकिन जहाँ दलित और नीग्रो साहित्य की तुलना का विरोध हुआ, वहीं इस तुलना का स्वागत भी हुआ है। इस संदर्भ में ताराचंद्र खांडेकर कहते हैं—"दलित साहित्य की प्रेरणा का नीग्रो साहित्य प्रेरणा से संबंधित लगना अपरिहार्य है। विकासशील और प्रगतिशील समाज की मूलभूत प्रेरणा का यह रिश्ता समान है।" ताराचंद्र खांडेकर को यह तुलना 'अभारतीय' नहीं लगती।

'दलित' और 'नीग्रो' साहित्य की तुलना करके निम्नलिखित निष्कर्ष निकाले गए हैं :

1. नीग्रो और दलित लेखक अपनी अस्मिता की खोज कर रहे हैं।
2. दोनों के साहित्य में अनुभव, विषमता पर आधारित है और सामाजिक जीवन से आए हैं।
3. दोनों का साहित्य जीवनवादी है। नीग्रो और दलित लेखक सामाजिक प्रतिबद्धता की प्रतीती से लिखते हैं।
4. इन दोनों की भाषा सांस्कृतिक विद्रोह की भाषा है।
5. इन दोनों में नए सांस्कृतिक मूल्यों का सुराग लिया जा रहा है।

दलित और नीग्रो साहित्य की तुलना का जो भी विरोध हुआ वह बहुत ही कमजोर रहा। ऐसे भी यह विरोध तर्क के स्तर पर टिक नहीं सकता। दलित और नीग्रो साहित्य की तुलना के चलते दलित साहित्य के विकास के लिए एक पोषक वातावरण का निर्माण हुआ—इसे नकारा नहीं जा सकता।

4.6 समापन

नीग्रो और दलित समाज और उनके साहित्य में बहुत साम्य है। उसका कारण यह कि इन दोनों समाज के भावसंसार में समानता है। उसकी वेदना हो, विद्रोह हो अथवा आशा-आकांक्षा हो इनमें साम्य है। दोनों की भाषा भिन्न होने पर भी इनमें व्यक्त हुई मानसिकता और भाव समान हैं। इसके अलावा इस समाज, साहित्य और आंदोलन

का इतिहास भी एक ही दिशा से हुआ है। इसी कारण इन दोनों प्रकार के साहित्य की समीक्षा में समान प्रश्नों की चर्चा हुई है। इन दोनों ही की समीक्षा विद्रोह और मानवतावाद का स्वीकार करनेवाली और अश्लीलता, अवास्तविकता और अतिरंजिता का विरोध करने वाली है। यह समीक्षा अपने साहित्य को 'मानव मुक्ति' के आंदोलन के रूप में देखती है।

5

दलित साहित्य का सौंदर्यशास्त्र

5.1 प्रस्तावना

दलित साहित्य की केवल साहित्य के रूप में समीक्षा होनी चाहिए। चूँकि यह दलितों द्वारा रचित साहित्य है इसलिए सहानुभूति का दृष्टिकोण अपनाकर इसकी स्तुति करना पूर्णतः अनुचित है। सवर्ण समीक्षकों के अनुसार इसका साहित्यिक मूल्यांकन साहित्यिक कसौटी के आधार पर ही होना चाहिए। उनका कहना है भले ये दलित साहित्य है लेकिन पाठक इस साहित्य को केवल साहित्य के रूप में ही पढ़ेगा, इसलिए इसकी समीक्षा करते हुए साहित्येतर दृष्टिकोण को नजरअंदाज करना होगा, किंतु दलित लेखक इस धारणा को नकारते हैं। दलित लेखकों का मत है कि सफेदपोश समीक्षा दलित साहित्य का उचित मूल्यांकन नहीं कर सकती।

5.2 सवर्ण समीक्षक की समीक्षा और दलित समीक्षा

मराठी समीक्षक दलित साहित्य को एक अलग धारा नहीं मानते। इसके पहले अथवा इसके साथ-साथ अलग विशेषताओं सहित कई अन्य साहित्य-धाराएँ मराठी में आई हैं। मराठी समीक्षा ने संतों से शूद्रों तक की साहित्यिक अभिव्यक्ति को जाँचा और परखा है। दलित साहित्य के साथ-साथ ही अनेक तबकों में, अनेक व्यवसायों में रत मनुष्य लिखने लगा। दलित, ग्रामीण, आदिवासी, मुस्लिम, ख्रिस्ती, जैन आदि में साहित्यिक चर्चा का प्रारंभ हुआ। समकालीन साहित्य के साथ ही विज्ञान, श्रमिक, बाल और स्त्रीवादी साहित्य जैसी साहित्यिक धाराओं की चर्चा भी शुरू हुई। विदर्भ, दक्षिण महाराष्ट्र, मुंबई, कोंकण, गोवा, आंध्रप्रदेश, कर्नाटक और मध्यप्रदेश में होने वाले साहित्य मंडल, साहित्यिक विकास के लिए प्रयत्न करने लगे। इन सब में दलित साहित्य की चर्चा प्रभावी है।

5.2.1 दलित साहित्यिकों के एकाधिकार का विरोध

ई. स. 1967 में महाबलेश्वर में आयोजित महाराष्ट्र साहित्य परिषद् के विभागीय साहित्य सम्मेलन में दलित साहित्य पर एक संगोष्ठी का आयोजन किया गया था। इस संगोष्ठी में दलित लेखकों के साथ दलितेतर भीमराव कुलकर्णी, वि.दि.घाटे, विद्याधर पुंडलिक और कवि अनिल आदि वक्ताओं ने भाग लिया था। कवि अनिल ने अपनी भूमिका प्रस्तुत करते हुए कहा—'दलित जीवन की संवेदनापूर्ण प्रतीति को रखकर लिखा गया साहित्य ही दलित साहित्य है।' प्रथम दृष्टया तो यह दृष्टिकोण व्यापक स्वरूप का लगता है लेकिन इसके पीछे एक दूसरी दृष्टि अदृश्य रूप से कार्यरत है। 'केवल दलित ही दलित साहित्य लिखेंगे' इस भूमिका को कवि अनिल स्वीकृति नहीं देते। कवि अनिल की भूमिका से जो ध्वनित होता है वह यह है कि दलितेतर लेखक भी दलित साहित्य लिख सकते हैं—यह केवल दलित लेखक का ही एकाधिकार नहीं है।

दलितों के दुःख दलित ही समझेंगे यह विधान सीमित अर्थ में सच है, यह विद्याधर पुंडलिक की मान्यता है। उनके अनुसार "कल्पना शक्ति के बल पर दलित अनुभूति की अभिव्यक्ति करना संभव है" पर पुंडलिक जी ने यह स्पष्ट नहीं किया कि आज तक दलितेतर प्रतिभावानों की शक्ति का जोर कहाँ लुप्त हुआ था, मृत जानवर खींचना और फाड़ना—दलितों के इस अनुभव को कल्पनाशक्ति के बल पर दलितेतर कैसे लिखेंगे ? अस्पृश्यों के मन में उठते क्षुब्ध विचारों को निरुपाय कल्पना के बल पर कैसे महसूस करेंगे? स्वयं विद्याधर पुंडलिक गाँव की सीमा के बाहर आना नहीं चाहते, लेकिन उनकी कल्पना शक्ति का जोर गाँव की सीमा के बाहर आना चाहता है, यह भी कम नहीं है। पुंडलिक को उनकी ही भाषा में उत्तर देना हो तो कल्पना शक्ति के बल पर 'दलित चेतना की अभिव्यक्ति' करना सीमित अर्थ में सच है।

निर्मल कुमार फडकुले और नरहर कुरूंदकर का मत है "दलित साहित्य का सृजन ब्राह्मण भी कर सकता है। उसके लिए लेखक का जन्म गाँव की सीमा के बाहर होना चाहिए ऐसा नहीं, क्योंकि दलित साहित्य का आधार किसी एक जाति में पैदा होना ही नहीं है। वह तो सामाजिक प्रतीति में होता है।" (फडकुले निर्मलकुमार/कुछ रंग : कुछ रेखाएँ, पृ. 37 और कुरूंदकर नरहर/भजन, पृ. 96-97) "दलित साहित्य का आधार यहाँ की जातिव्यवस्था है और इस जातिव्यवस्था में पैदा होकर मरने तक गुलामी सहन करने की घुटन दलित साहित्य की प्रेरक शक्ति है—इसलिए दलित साहित्य का सृजन दलितेतर लेखक कर सकता है"—यह मत म.सु. पाटील को स्वीकार्य नहीं है। वे कहते हैं, "दलित होना इसलिए महत्त्वपूर्ण है कि इससे उसकी चेतना को एक विशिष्ट रूप मिलता है।" जन्मसिद्ध दलित लेखक का विद्रोह और नकार से युक्त दलित चेतना की अभिव्यक्ति करने वाला साहित्य

ही दलित साहित्य है। दलितों का जातीय विशेष अनुभव, कल्पना के बल पर व्यक्त करना संभव नहीं है। आज इस पर सवर्ण समीक्षकों में दो विचारधाएँ हैं। एक यह कि दलितेतर लेखक कल्पना के बल पर दलित साहित्य लिख सकता है, दूसरी यह कि केवल दलित लेखक ही दलित साहित्य लिख सकता है। इन दोनों में से दूसरी विचारधारा अधिक यथार्थवादी लगती है। पहली मूलतः कल्पना के बल पर आधारित है।

5.3 सवर्ण समीक्षकों द्वारा की गई दलित साहित्य की समीक्षा

"दलित साहित्य एक आंदोलन है" यह दलित-लेखकों की मान्यता है। दलित लेखक अपने साहित्य को अपनी व्यथा, वेदना, प्रश्न एवं समस्याओं की अभिव्यक्ति के माध्यम के रूप में देखता है लेकिन दलित साहित्य का पाठक दलित लेखक की पुस्तक को 'साहित्य' के रूप में ही पढ़ता है, जिस कारण लेखक और पाठक के बीच होने वाली 'समानधर्मिता' टूट जाती है।

दलित साहित्य मूलतः जीवनवादी साहित्य है। इस साहित्य के सभी सूत्र जीवन से जुड़े हैं। "मेरा साहित्य मेरा जीवन है, मैं मनुष्य के लिए लिखता हूँ"—ऐसी दलित लेखक की स्पष्ट धारणा है। फिर ऐसे साहित्य की कलावादी समीक्षा कैसे हो सकती है ? कलाकृति की समीक्षा लेखक की दृष्टि के अनुरूप हो या समीक्षक की दृष्टि से, यह भी तय करना होगा। जब लेखक और समीक्षक एक ही दृष्टि से साहित्य की ओर देखते हैं, तब उनके साहित्य और समीक्षा में मूलभूत स्वरूप की असंगति नहीं होगी लेकिन जब लेखक और समीक्षक की दृष्टि में अंतर पड़ने लगेगा तब साहित्य और समीक्षा में असंगति का सुर हमेशा बढ़ने लगेगा।

दलित लेखकों के साहित्य को जब एक कलाकृति के रूप में देखा जाता है तब यह प्रश्न भी उठता है कि क्या पारंपरिक कला के मूल्य और उनकी साहित्यिक कसौटियाँ परिपूर्ण हैं ?

5.3.1 कला की कसौटियाँ

"किसी भी कलाकृति का महत्त्व आँकते हुए केवल कला के ही मूल्य उपयोग में लाने चाहिए, अन्य सभी प्रश्न अप्रस्तुत्य हैं—बेमानी हैं। यदि इनका स्थान होगा भी तो गौण ही होगा" ऐसा दृष्टिकोण पु.शि.रेगे का है। (रेगे पु.शि./छांदसी, पृ. 29) अर्थात् कला का केवल कला के रूप में विचार होना चाहिए। दलित साहित्य 'दलित' के रूप में कला की अलग कसौटियाँ नहीं माँग सकता। उसका मूल्यांकन कला की स्वयंभू और स्वतंत्र कसौटियों पर ही करना होगा। दलित साहित्य के लिए अलग सौंदर्यशास्त्र की माँग करना अलग सूबा खड़ा करने के प्रयत्न जैसा है। दलित

साहित्यकारों द्वारा अलग समीक्षाशास्त्र की रचना करने का कोई औचित्य नहीं है। उनका साहित्य यदि महान होगा तो वह किसी भी कसौटी पर कभी भी खरा उतरेगा। नकारने से मूल्य नष्ट नहीं होते। मूल्य नकार दिए जाएँ तो दलित साहित्य मूल्यांकन से वंचित होगा—ऐसा मत बालकृष्ण कवठेकर ने रखा है। (कवठेकर बालकृष्ण/दलित साहित्य : एक आकलन, पृ. 12)

कवठेकर ने आग्रह किया है कि दलित साहित्य का मूल्यांकन रूढ़ समीक्षाशास्त्र के आधार पर हो। साहित्य में जो चिरंतन मूल्य हैं वे कभी भी नहीं बदलते। तब प्रश्न उठता है कि ऐसे चिरंतन मूल्यों के आधार पर दलित साहित्य की समीक्षा कैसे करें ? ये चिरंतन मूल्य क्या हैं ? उन्हें कौन तय करेगा ?

(1) वे साहित्यिक कसौटियाँ कौन-सी हैं ?
(2) वे साहित्यिक कसौटियाँ कैसे निर्मित हुईं ?
(3) वे साहित्यिक कसौटियाँ भारतीय साहित्य से पैदा हुईं या कि पाश्चात्य साहित्य से आयात की गईं ?
(4) क्या ये साहित्यिक कसौटियाँ काल के अनुसार बदलती हैं ? क्या वे चिरकाल चिरंतन स्वरूप की हैं ?
(5) साहित्यिक कसौटियाँ यदि बदलती हैं तो वे कौन से काल में, कौन-सी परिस्थिति में बदलती हैं ?
(6) क्या समीक्षकों ने साहित्यिक मूल्यांकन की कसौटियों का कोई 'साँचा' या 'नाप' तैयार कर रखा है ?

दलित लेखक को पारंपरिक कसौटियाँ समयातीत लगती हैं। मराठी का पारंपरिक साहित्यशास्त्र मूलतः संस्कृत अथवा अंग्रेजी के साहित्यशास्त्र पर आधारित है। ऐसा साहित्यशास्त्र क्या दलित साहित्य को न्याय दे सकेगा ? ऐसे प्रश्नों का उत्तर "चिरंतन मूल्य नकारे नहीं जा सकते"—जैसे शब्दों से नहीं दिया जा सकता।

कला नामक संकल्पना अस्थिर और परिवर्तनशील होती है। कला का स्वरूप असीमित होने के कारण उसकी निश्चित-कसौटी देना संभव नहीं है। बदलती संस्कृति के साथ साहित्य भी बदलता है। यदि ये कसौटियाँ बदलती नहीं हैं तो साहित्य और समीक्षा दोनों का रिश्ता टूट जाएगा। भारत में आस्वाद के भिन्न-भिन्न स्तर और प्रक्रिया बहुत बड़े पैमाने पर हैं। एक को जो आस्वादनीय लगता है वह दूसरे को भी आस्वादनीय ही लगे, ऐसा नहीं है। ऐसी परिस्थिति में निश्चित कसौटी का आग्रह करना उचित नहीं होगा। साहित्य के अनुसार समीक्षा भी विकासशील है। साहित्य की यात्रा जैसे अलग-अलग युग में बदलती आ रही है वैसे ही समीक्षा का स्वरूप भी बदलता आ रहा है। किसी के लेखन को साहित्य कहना हो तो उस पर हमारे साहित्य की कसौटियाँ ही लागू होंगी, ऐसी भूमिका लेना सांस्कृतिक तानाशाही का लक्षण है। साहित्य की कसौटियाँ सभी कालों में स्थिर नहीं रहतीं। बदलते काल के

साथ साहित्य भी बदलता है और उसकी समीक्षा में भी बदलाव की संभावना होती है। रूढ़ साहित्यिक कसौटी के आधार पर नयी साहित्यिक धारा का उचित मूल्यांकन नहीं किया जा सकता !

दलित साहित्य की समीक्षा के संदर्भ में दो सुर मिलते हैं। एक यह कि दलित साहित्य का मूल्यांकन चिरंतन साहित्यिक मूल्यों के आधार पर किया जाना चाहिए और दूसरा यह कि साहित्य की कसौटियाँ सभी कालखंडों में स्थिर नहीं रहतीं और रूढ़ साहित्यिक कसौटियों के आधार पर दलित साहित्य की समीक्षा नहीं की जा सकती। दलित समीक्षक दूसरे सुर से सहमत हैं। ''दलित लेखकों को सफेदपोश लेखकों और समीक्षकों द्वारा निश्चित किए हुए मूल्य दुतकारने चाहिए,'' ऐसा म.ना. वानखेड़े का मानना है। दलित समीक्षकों ने पारंपरिक और सफेदपोश-मूल्य सिद्धांत को तोड़ दिया है।

साहित्यिक समीक्षा में संकल्पना और कसौटियों का उपयोग स्थिर अथवा निश्चित होने पर भी उसमें यांत्रिकता नहीं आनी चाहिए अन्यथा ऐसी समीक्षा तंत्र में अटक जाएगी। समीक्षक अलग-अलग प्रणाली का उपयोग करते हैं। समीक्षा की यह एक स्वाभाविक प्रक्रिया है। वह एक ही प्रकार और स्वरूप की भी नहीं है। समीक्षा को कलाकृति का विश्लेषण, पृथक्करण और दोष-दिग्दर्शन करना है। कलाकृति के मूल्यांकन के लिए एक की अपेक्षा अनेक कसौटियों का उपयोग करना चाहिए। कलाकृति के अनेक पहलुओं का उचित आकलन होने के लिए उत्कट समरसता, और सर्वांगीण विचार प्रणाली आवश्यक है। कलाकृति का उचित मूल्यांकन होने के लिए 'स्थिर कसौटी' अथवा 'निश्चित कसौटी' का आग्रह करना उचित नहीं होगा।

5.4 सवर्ण समीक्षकों द्वारा की गई दलित साहित्य की समीक्षा का स्वरूप

दलित साहित्य की समीक्षा विविधांगी है। सवर्ण समीक्षकों ने दलित साहित्य की जो समीक्षा की है उसका स्वरूप दलित समीक्षकों की अपेक्षा भिन्न है। गो.म. कुलकर्णी ने दलित साहित्य के संदर्भ में कहा है—''ग्रामीण साहित्य के बाद से आए और तीव्र हुए दलित साहित्य पर देखते-देखते चार-छः ग्रंथ पैदा हो जाएँ और ग्रामीण साहित्य की सुध लेने वाला एक भी ग्रंथ उपलब्ध न हो—क्या यह चमत्कार नहीं ?'' (कुलकर्णी गो.म./ग्रामीण साहित्य : स्वरूप और समस्या, लेखक आनंद यादव, प्रस्तावना, पृ. 9) इस प्रश्न का स्वरूप साफ है। सन् 1925 से ग्रामीण साहित्य लिखा जाने पर भी उस साहित्य की समीक्षा सफल नहीं हो सकी। गो.म. कुलकर्णी को इसका खेद है। अपना खेद व्यक्त करते हुए कुलकर्णी ने दलित साहित्य-समीक्षा के प्रति शिकायत की है। उनकी इस बात पर शिकायत है कि दलित साहित्य बाद में आकर कैसे एकाएक इतना तीव्र हो गया कि देखते-देखते इस पर पाँच-छः ग्रंथ भी पैदा

हो गए ? दरअसल उनके इन शब्दों में दलित साहित्य की इतनी अधिक चर्चा के स्वीकार में अप्रसन्नता का स्वर व्यक्त होता है।

दलित साहित्य सामान्य भी हो तो वह पाठक को वेदना देने की विलक्षण सामर्थ्य रखता है, यह वा.ल. कुलकर्णी कहते हैं (कुलकर्णी वा.ल./अस्मिता, 1967) 'विलक्षण आनंद देना' आदि कलाकृति का मूल्य ठहरता है, तो 'विलक्षण वेदना देना' भी क्या साहित्यिक मूल्य नहीं ठहरता ? सामान्य अथवा कलात्मक होना यह बाहरी कारीगरी का अंग है। कलाकृति में कलात्मकता अधिक महत्त्वपूर्ण है या कि आशय ? किसी कलाकृति में कलात्मकता न होने पर भी वह विलक्षण रूप से बेचैन करती है तब उसका सामान्य होना या तो गौण हो जाएगा अथवा ऐसी कलाकृति का साहित्यिक मूल्य ऐसा ही है, यह कहना पड़ेगा।

ना.सि. फडके ने प्रतिपादन किया है कि अछूत—चमार के जीवन की घटनाओं के आधार पर उपन्यास नहीं लिखा जा सकता। वे कहते हैं, "उपन्यास रंगने के लिए जिस प्रकार के प्रसंगों और घटनाओं की जरूरत है उस प्रकार के प्रसंग और घटनाएँ दलितों के जीवन में नहीं मिलतीं।" (फडके ना.सि./प्रतिभा विलास, पृ. 152) उपन्यास की भव्य इमारत जिस पर खड़ी हो सके ऐसी पक्की और दृढ़ नींव अछूत के जीवन में नहीं मिलती। फडके को अछूत चमार की झोंपड़ी पर उपन्यास की भव्य इमारत बाँधना कठिन लगता है पर अरुण साधु, जयवंत दलवी और मधु मंगेश कर्णिक ने दलितों के जीवन पर उपन्यास लिखे हैं। दलित लेखकों के अनेक उपन्यास प्रकाशित हुए हैं। फडके को अपनी कलावादी दृष्टि के कारण दलितों के जीवन में घटना और प्रसंग दिखाई नहीं पड़ते।

कुसुमावती देशपांडे को लगता है कि सभी संस्कारों से वंचित रहे दलितों को वाणी का सामर्थ्य और हाथ का कौशल मिलना कठिन है। (देशपांडे कुसुमावती : पासंग, पृ. 3) उन्होंने ये भी कहा है कि दलितों को सुसंस्कार न मिलने के कारण उनकी वाणी में सामर्थ्य और हाथ में कौशल नहीं है। इसका अर्थ तो यह है कि सभी सुसंस्कार प्राप्त हुए दलितेतरों में वाणी का सामर्थ्य और हाथ में कौशल है। परंतु वस्तुस्थिति वैसी नहीं है। दूसरा यह कि सभी सुसंस्कार मिले हुए दलितेतर जब दलितों को यंत्रणा देते हैं, तब क्या यह कहा जा सकता है कि उन्हें सभी सुसंस्कार मिले हैं ? दलित सभी संस्कारों से वंचित हैं। इसका अर्थ यह हुआ कि उनके पास सुसंस्कार नहीं है। ना.सि. फडके को दलितों के जीवन में भव्य प्रसंग और घटनाएँ नहीं दिखाई देतीं तो कुसुमावती देशपांडे को दलितों के जीवन में सुसंस्कार नहीं दिखाई पड़ते। कुल मिलाकर यह सफदपोश भूमिका लगती है।

भीमराव कुलकर्णी का मत है—"दलित साहित्य में चिढ़ और क्रोध झूठा है और उनकी शिकायतें बेढंगी और हास्यास्पद हैं।" (कुलकर्णी भीमराव/ दलित साहित्य पर परिसंवाद में भाषण—मराठी साहित्य परिषद् का विभागीय साहित्य सम्मेलन,

महाबलेश्वर, 1969) भीमराव कुलकर्णी के मत से होने वाली भ्रान्ति को स्पष्ट करने के लिए यहाँ भीमराव अंबेडकर का मत उद्धृत करना उचित होगा। बाबा साहब अंबेडकर कहते हैं, "हम पर ऐसा आरोप है कि हमारी नीति चढ़ाई की है। हमें विनम्र भाव से जो कुछ माँगना है वह नहीं माँगते जिसके कारण अस्पृश्यता दूर करने के लिए अनुकूल लोग भी प्रतिकूल हो जाते हैं। पर मुझे ऐसा लगता है कि ऐसी आपत्ति करने वालों को जन की न सही कम-से-कम मन की लज्जा तो करनी चाहिए। अस्पृश्य जैसा नम्र और लाचार इस भरी दुनिया में दूसरा कौन है? क्या हम सैकड़ों वर्ष नम्र नहीं रहे ? अब तो कृपा कर हमें नम्रता और विनय का पाठ न पढ़ाएँ ! हमें गुस्ताखी की आदत है अथवा बेअदब चढ़ाई की हरकत करने का शौक है, ऐसा नहीं। दिनभर कष्ट कर पेट के लिए रोटी कैसे मिलेगी यही चिंता हमारी रोज की साथिन रही है। रोटी की अपेक्षा मनुष्यता श्रेष्ठ है। मनुष्यता के हमारे सामान्य हक भी तुम्हारे हाथ से नहीं छूटते, इसलिए हमें संघर्ष करना पड़ता है।" (अंबेडकर बाबा साहब/समता, 5 अक्टूबर, 1928)

बालकृष्ण कवठेकर को लगता है कि दलित लेखकों को नकार, विद्रोह और प्रतिशोध के पार जाकर, मनुष्य के रूप में देखने की दृष्टि स्वीकार करनी चाहिए। (कवठेकर बालकृष्ण/दलित साहित्य : एक आकलन, पृ. 16-17) कवठेकर को नकार, विद्रोह और विप्लव की अपेक्षा मनुष्य को मनुष्य के रूप में देखना महत्त्वपूर्ण लगता है। इसका अर्थ क्या ऐसा नहीं है कि दलित लेखक मनुष्य को मनुष्य के रूप में नहीं देखता ? क्या कवठेकर को यह मालूम नहीं है कि दलित साहित्य का केंद्रबिंदु सामान्य शोषित मनुष्य ही है? कवठेकर को लगता है कि दलित सभी मानवजाति को 'मनुष्य' के रूप में देखे। ऐसा होने पर नकार, विद्रोह और प्रतिशोध का प्रश्न ही पैदा नहीं होगा। लेकिन मानवों में कोई शोषक है तो कोई शोषित है। शोषितों का पक्ष लेकर शोषकों के विरुद्ध नकार, विद्रोह और प्रतिशोध की भूमिका लेना ही तो दलित साहित्य का प्रयोजन है। भीमराव कुलकर्णी को दलित साहित्य में चिढ़ और क्रोध झूठा लगता है तो बालकृष्ण कवठेकर को दलित साहित्य में नकार, विद्रोह और प्रतिशोध की भावना मनुष्य-द्रोही नजर आती है। कुल मिलाकर ऐसा लगता है कि कुलकर्णी और कवठेकर को दलितों का विद्रोह नहीं भाता।

5.5 सवर्ण समीक्षकों द्वारा की गई दलित साहित्य की समीक्षा की सीमाएँ

दलित साहित्य के प्रारंभ काल से ही दलितेतर समीक्षकों ने उसकी समीक्षा करनी शुरू की। अपना बड़प्पन दिखाते हुए दलित लेखकों का मागदर्शन किया। दलित साहित्य की समीक्षा के संदर्भ में सलाह देने वाले और मार्गदर्शन करने वाले विधान बहुत मिलते

हैं। दलित साहित्य के समीक्षकों में दलितेतर समीक्षकों की संख्या अधिक है। जिस प्रकार दलित साहित्य पर समीक्षात्मक लेखन ग्रंथाकार रूप में प्रकाशित हुए हैं, वैसे लेख, परीक्षण, भाषण, साक्षात्कार और प्रस्तावना के स्वरूप में भी प्रकाशित हुए।

5.5.1 प्रशंसा भाव की समीक्षा

दलितेतर समीक्षकों ने अपनत्व भाव से दलित साहित्य की प्रशंसा की है। दलित लेखकों को प्रोत्साहन दिया है, उनकी स्तुति की है। दलित लेखकों के मार्गदर्शन के लिए विचार प्रस्तुत किये हैं।

दलितेतर समीक्षकों का लेखन आश्रयदाता का दिखावा करने वाला है। ये ऊपर-ऊपर से सहलाता है लेकिन विचार की प्रवृत्ति पैदा करने वाला या प्रेरणादायक नहीं है।

कुछ दलितेतर समीक्षकों ने दलित साहित्य की प्रशंसा-भाव से समीक्षा की है। इस समीक्षा पर कुछ और दलितेतर समीक्षकों ने आलोचना की। दलितेतर समीक्षकों में एक गुट समर्थकों का है तो दूसरा गुट विरोधियों का है। दलित साहित्य की मित्र-भाव से जो समीक्षा हुई है, उसकी आलोचना भी हुई है।

5.5.2 प्रतिकूल आलोचना

ऐसा नहीं है दलित समीक्षकों ने केवल दलित साहित्य का समर्थन किया है, उन्होंने दलित साहित्य पर प्रतिकूल आलोचना भी की है। उन्होंने दलित साहित्य के बहुप्रसवता पर भी आलोचना की है। दलित लेखकों ने लिखा तो आलोचना हुई। उन्होंने लेखन नहीं किया तो भी उनकी आलोचना हुई है। उदाहरणस्वरूप, दलित लेखक केवल एक ही आत्मचरित्रात्मक पुस्तक लिखता है और उसका लेखन समाप्त हो जाता है। इसलिए ये भी आलोचना हुई कि चूँकि आत्मचरित्र लेखन के लिए कुछ विद्वत्ता, प्रतिभा की जरूरत नहीं पड़ती, इसीलिए उसे लिखने के बाद लेखक और आगे नहीं लिख पाता। यह भी कहा गया है कि कलानुभव न होने के कारण दलित साहित्य उथला होता है। ऐसे प्रश्न भी उठाए गए हैं कि दलित तो उचक्के, चोर, गुनहगार हैं, उन्हें शोषित कैसे माना जाए ? इस प्रकार दलित साहित्य की प्रतिकूल आलोचना और अनुचित-प्रशंसा भी हुई है। बहुत से साहित्यिक समीक्षक अब भी दलित साहित्य में ज्वलंत प्रेरणा को अनदेखा कर, उनकी त्रुटियों पर बार-बार जोर देते हैं। कुछ भी हो यह छिद्रान्वेषण की दृष्टि बुरी है लेकिन अभिभावक की तरह केवल पीठ थपथपाने से भी दलित साहित्यिकों का दिग्भ्रमित होना संभव है। यदि सम्यक, स्वागतशील वृत्ति लेकिन वस्तुनिष्ठ दृष्टि से दलित साहित्य का मूल्यांकन होता रहा तो यह साहित्य अपना ऐतिहासिक कार्य अच्छे तरीके से संपन्न कर सकेगा। दलित साहित्य की प्रशंसा करने वाली अनुकूल समीक्षा और दलित साहित्य पर पूर्वाग्रह ग्रसित दूषित दृष्टि से

आलोचना करने वाली प्रतिकूल समीक्षा, दोनों ही दलित साहित्य के लिए घातक सिद्ध होंगी। इसलिए दलित साहित्य जैसी नयी अलग साहित्यिक धारा की सम्यक् स्वागतशील वृत्ति से, वस्तुनिष्ठ दृष्टि अपनाते हुए समीक्षा होनी चाहिए।

5.5.3 असली समीक्षा नहीं हुई

हालाँकि दलितेतर समीक्षकों ने दलित साहित्य की बहुत समीक्षा की है तो भी इससे दलित लेखक संतुष्ट नहीं हैं। उनकी शिकायत है कि उनके साहित्य की उचित समीक्षा नहीं हुई। वामन होवाल कहते हैं, "मेरी कथा का विश्लेषण हुआ पर कथा समाप्त होने पर भी समाप्त नहीं होती। वहाँ भी तो मुझे कुछ कहना होता है। लेकिन वहाँ तक कोई नहीं पहुँचता।" (होवाल वामन/प्रत्यक्ष की हुई चर्चा, दूसरा माणदेश साहित्य सम्मेलन सांगोला, महाराष्ट्र, 12,13, नवंबर 1991) दादासाहेब मोरे कहते हैं, "दलित समीक्षा का क्या अर्थ है ? समीक्षक प्रत्येक घटना, प्रसंग पर केवल अभिप्राय देने का काम करते हैं। यह कैसी समीक्षा है ?" (मोरे दादासाहेब/प्रत्यक्ष की हुई चर्चा, नासिक, 11-2-1992) दया पवार कहते हैं, "दलित साहित्य में सामाजिक संदर्भ का ब्योरा समीक्षकों को समझ में नहीं आता, ना ही उन्हें भाषा का अर्थ अच्छी तरह समझ में आता है। कहावत एवं वाक्य प्रचार की जानकारी उन्हें मालूम नहीं होती। ना ही इतनी गहराई तक जाकर कोई पढ़ता है। कोई परिश्रम करके समझने का प्रयास भी नहीं करता। केवल व्यक्ति सापेक्ष समीक्षा होती है। कलाकृति और व्यक्ति के आसपास यह समीक्षा घूमती रहती है। इसका भी समीक्षकों को ध्यान नहीं रहता कि हम अलग सांस्कृतिक टापू में रहते हैं। कल्पना से लिखा हुआ साहित्य और किसी विचार को जी कर लिखा हुआ साहित्य, इन दोनों के बीच के भेद को ध्यान में नहीं रखा जाता।" (दया पवार/प्रत्यक्ष की हुई चर्चा, 65वाँ अ.भा. मराठी साहित्य सम्मेलन, कोल्हापुर, 31, जनवरी 1991) उत्तम बंडू तुपे कहते हैं, "मातंग समाज के आत्मकथन के रूप में मेरी पुस्तक का समीक्षकों ने निबटारा कर दिया।" (तुपे उत्तम बंडू/अस्मितादर्श दि.अं 1983, पृ. 162) दत्ता भगत कहते हैं, "दलित साहित्य सृजन के साथ ही दलित साहित्य समीक्षा लिखी जाने लगी, इसी कारण ढुलमुल ढंग की समीक्षा हुई। जो समीक्षा हुई उसे ही पढ़ कर नए-नए समीक्षकों ने अपनी समीक्षा प्रस्तुत कर दी। सही तो यह है कि साहित्य पढ़ कर समीक्षा की जानी चाहिए।" (दत्ता भगत/प्रत्यक्ष की हुई चर्चा, 7 जनवरी, 1997) वामन होवाल, दादासाहेब मोरे, दया पवार, उत्तम बंडू तुपे और दत्ता भगत आदि के दलित साहित्य की समीक्षा के संदर्भ में व्यक्त किए गए मत देखने से ही दलित समीक्षा का अधूरापन नजर आ जाता है।

दलिततेर समीक्षकों ने सही और सच्ची समीक्षा नहीं की, यह शिकायत तो समझ में आती है लेकिन कितने लेखकों ने दलित लेखन पर लिखा है—इसका भी विचार होना चाहिए। दलित लेखक केवल नवोदित लेखक की पुस्तक की प्रस्तावना लिखता है, वह

साहित्य सम्मेलन की संगोष्ठी में बोलता है, उसे अलग-अलग मंच पर वक्ता के रूप में, अध्यक्ष के रूप में और अतिथि के रूप में विचार रखना ही बस अच्छा लगता है, लेकिन वह अन्य दलित लेखकों के साहित्य के विषय में नहीं लिखता। दलित लेखक की नयी पुस्तक आती है। सभी दलित लेखक मौन भाव रखते हैं। इस समय दलितेतर समीक्षक दलित साहित्य की चर्चा तथा समीक्षा करते हैं। सच तो यह है कि दलित साहित्य की चर्चा दलितेतर समीक्षकों के लेखन के कारण टिकी हुई है। प्रस्थापित दलित लेखक नए दलित लेखक के पुस्तक पर नहीं लिखते। उनकी इस संकीर्णता पर भी विचार करना चाहिए। इस पृष्ठभूमि में गंगाधर पानतावणे की 'विद्रोह का पानी भड़क उठा' और 'तूफान के वंशज' पुस्तकें महत्त्वपूर्ण हैं।

एक ओर दलित लेखक की संकीर्णता है तो दूसरी ओर दलितेतर समीक्षकों के आकलन की कमी है। इस दायरे में यह समीक्षा अटकी हुई है। यह दायरा तोड़ा नहीं जा रहा, इसलिए मराठी समीक्षा के समक्ष अपनी सीमाएँ हैं। जैसे :–

(1) मराठी समीक्षा का उथलापन।
(2) दलित साहित्य में मिलने वाली एकांगी, एकसुरी तथा बहुप्रसवता में स्तरहीन लेखन दिखाने की असमर्थता।
(3) परंपरा और संस्कृति से दलितों का संबंध तोड़ने की प्रवृत्ति।
(4) समाजशास्त्रीय साहित्यिक कसौटियों का पूर्णतया अभाव।
(5) दलित साहित्य-मींमांसा की जरूरत।

5.6 दलित साहित्य का सौंदर्यशास्त्र

शरद पाटील की 'अब्राह्मणी साहित्य का सौंदर्यशास्त्र' पुस्तक के कारण दलित साहित्य के सौंदर्यशास्त्र की चर्चा को अधिक गति मिल गई। दलित साहित्य के पास अपना कोई सौंदर्यशास्त्र नहीं है इसलिए उसे ब्राह्मणी सौंदर्यशास्त्र पर निर्भर रहना पड़ता है, यह ज्ञान शरद पाटील ने करा दिया। वे कहते हैं, "प्रतिक्रांति के साहित्य के पास सौंदर्यशास्त्र का हथियार है तो विद्रोही साहित्य के पास वह क्यों नहीं है, इस पर विचार करना चाहिए।" (पाटील शरद/अब्राह्मणी साहित्य का सौंदर्यशास्त्र, पृ. 6)

शरद पाटील ने सौंदर्यशास्त्र को हथियार कहकर संबोधित किया है। उनकी मान्यता है कि सौंदर्यशास्त्र का हथियार विद्रोही साहित्य के पास होना चाहिए। चूँकि शरद पाटील ने सफेदपोश उच्चवर्णियों के साहित्य को ब्राह्मणी साहित्य अथवा प्रतिक्रांतिवादी साहित्य कहकर संबोधित किया है तो क्या इससे यह मान लिया जाए कि मराठी साहित्य का सौंदर्यशास्त्र हथियार के समान है ? अगर है भी तो क्या हुआ ? क्या उसका प्रयोग दलित साहित्य के विरुद्ध बतौर हथियार नहीं हुआ है ? इसकी खोज करनी भी आवश्यक थी और है।

5.6.1 मराठी साहित्य का सौंदर्यशास्त्र

मराठी साहित्य की समीक्षा में सौंदर्य विचार की चर्चा हुई है। बा.सी. मर्ढेकर, रा.भा. पाटणकर, सुरेंद्र बारलिंगे, नरहर कुरूंदकर, मे. पु. रेगे, शरतचंद्र मुक्तिबोध, द, भि. कुलकर्णी और प्रभाकर पाध्ये ने सौंदर्यशास्त्र के विषय में महत्त्वपूर्ण लेखन किया है।

5.6.1.1 'आनंद' ही सौंदर्यमूल्य

सौंदर्य-विधान वस्तु के स्वरूप के विषय में न होकर, वस्तु के दर्शन से अपने मन में निर्मित होने वाले सुख-संवेदना के विषय में होता है। सौंदर्यजन्य सुख-संवेदना रसिकों से संबद्ध होती हैं। कलाकारों को अपनी कलाकृति का सौंदर्य इस प्रकार निर्मित करना पड़ता है कि वह रसिकों की अभिरुचि को स्वीकार्य हो अर्थात् उसके लिए रसिकों की अभिरुचि महत्त्वपूर्ण प्रमाणित होती है। सौंदर्यवाद की ऐसी मान्यता है कि पाठकों के मन पर कलाकृति का होने वाला परिणाम सौंदर्यजन्य आनंद ही हो।

सौंदर्यभाव तो सबको होता है लेकिन सौंदर्यस्वाद लेने की रसिकवृत्ति तो केवल रसिक को होती है। सौंदर्य की कल्पना ही सुसंस्कृतत्व की देन है। इस पर ना.गो. चापेकर का मत है कि "सौंदर्य का अनुभव पाने के लिए सुसंस्कृत बुद्धि, पूर्ण स्वास्थ्य और उल्लसित वृत्ति की आवश्यकता है।" (चापेकर ना. गो./चुने हुए लेख, भाग 1, पृ. 66) चापेकर के अनुसार "चूँकि 'सौंदर्यजन्य आनंद' और 'शुद्ध संवेदना' महत्त्वपूर्ण होने पर भी आनंद का आस्वाद तो रसिक ही लेने के योग्य होते हैं, इस कारण उनकी सुसंस्कृत बुद्धि, संपूर्ण स्वास्थ्य और उल्लसित वृत्ति का महत्त्व होता है।"

रसिक तो परिस्थिति की पैदाइश है। जिसके कारण कलाकार और कलाकृति के साथ ही यह घटक भी आस्वाद प्रक्रिया में महत्त्वपूर्ण सिद्ध होता है। उन्हीं कारणों से वस्तु सापेक्ष, व्यक्ति-सापेक्ष और परिस्थिति-सापेक्ष सौंदर्यजन्य अनुभवों का विचार करने के लिए भी विवश होना पड़ता है। इसलिए ही ये सौंदर्य-विधान सामान्य विधान नहीं हो सकता। मराठी साहित्य का सौंदर्य शास्त्र, सौंदर्यजन्य आनंदभाव पर आधारित है। रसिकों को मिलनेवाले आनंद को ही महत्त्वपूर्ण मानकर मराठी साहित्य के सौंदर्यशास्त्र की चर्चा हुई है।

5.6.1.2 सौंदर्यशास्त्र और दलित साहित्य

मराठी साहित्य का सौंदर्यशास्त्र आनंद पर आधारित है तो दलित साहित्य का व्यथा या वेदना पर। दलित साहित्य में व्यक्त हुई वेदना और विद्रोह पढ़ कर पाठक बेचैन होगा या आनंदित ? दलित साहित्य पाठक को बेचैन करने वाला साहित्य है। सौंदर्य विचार में 'रसिक वृत्ति' और दलित साहित्य में 'दलित चेतना' का मेल कैसे संभव

किया जाए ? दलित चेतना क्रांतिकारी मानसिकता है। यह चेतना आनंद पर निर्भर न होकर समता, स्वतंत्रता, न्याय और बंधुभाव पर आधारित है। इसलिए दलित समीक्षकों को सौंदर्य की कल्पना बदलना महत्त्वपूर्ण लगता है। सौंदर्य की कल्पना हर युग में होने वाले विचारों से संबंधित होती है। एक समय में राजा-महाराजा ही साहित्य के विषय रहते थे। पर आज गाँव की सीमा के बाहर झुग्गी-झोंपड़ी में जिया जाने वाला जीवन साहित्य का विषय बन गया है। सौंदर्य की कल्पना बदलना इसलिए भी जरूरी हो गया है चूँकि पारंपरिक सौंदर्य-शास्त्रीय कल्पना स्वीकार करके दलित साहित्य का सृजन एवं दलित साहित्य में विद्रोह और नकार का अन्वेषण करना संभव नहीं है।

दलित साहित्य स्वातंत्र्योत्तर काल में नयी साहित्यिक धारा है। यह केवल नई ही नहीं है बल्कि इस साहित्य का स्वरूप और प्रयोजन भारतीय साहित्य की अपेक्षा भिन्न है। इसलिए रूढ़ सौंदर्यशास्त्र के आधार पर इस नयी धारा की चर्चा नहीं की जा सकती।

5.6.1.3 दलित साहित्य की रस-चर्चा

यदुनाथ थत्ते ने यह घोषित किया कि आचार्य जावडेकर द्वारा 'क्रांति' को दसवाँ रस माने जाने के क्रम में ही 'आक्रोश' को भी ग्यारहवाँ रस मानना चाहिए (थत्ते यदुनाथ/युगवाणी, नागपुर, एमेजू 1990, पृ. 9)। दलित साहित्य में आक्रोश को रस मानने के बाद विद्रोह को भी रस मानना पड़ेगा क्योंकि दलित साहित्य ने 'विद्रोह' का नए मूल्य के रूप में निर्माण किया है। इस प्रकार रसों की संख्या बढ़ाने से क्या लाभ होगा ? मूलतः रस की संख्या बढ़ाना क्या प्रचलित रसचर्चा को अपूर्ण सिद्ध करना नहीं होगा? माधव आचवल का मानना है कि "यह कौन-सा 'रस' है—यह रसास्वादन करते हुए, धीरे-धीरे घूँट भरते और हर एक घूँट के साथ उसका स्वाद, स्पर्श, गंध, मुँह में घोलते हुए उसकी 'रसमयता' चखते हुए ही जाना जा सकता है।" (आचवल माधव/रसास्वाद : वाङ्मय और कला, पृ. 7) क्या इस प्रकार दलित साहित्य का आस्वाद लिया जा सकेगा ? इसका उत्तर 'नहीं' में होगा। दलित साहित्य में वेदना, आक्रोश, नकार एवं विद्रोह, समस्या, संघर्ष, अन्याय-अत्याचार का रसास्वाद धीरे-धीरे घूँट लेते हुए, मुँह में घोलते, चखते हुए कैसे जाना जाएगा ? दलित साहित्य के संदर्भ में ऐसी रसचर्चा अपर्याप्त लगती है। इसलिए तो यदुनाथ थत्ते ने रसों की संख्या बढ़ाने की घोषणा की। लेकिन दलित साहित्य की रसचर्चा करने के लिए रसों की संख्या बढ़ाना और उसके आधार पर नयी रसचर्चा करने का महत्त्व हो, इस पर कोई व्यापक चर्चा नहीं हुई। एकाध लेख इस संदर्भ में जरूर लिखे गए लेकिन दलित साहित्य की समीक्षा ने भी ऐसे लेखन की कोई नोटिस नहीं ली।

5.6.2 दलित साहित्य के सौंदर्यशास्त्र के विषय में दलित लेखकों की भूमिका

दलित साहित्य कलावादी अथवा रंजनवादी साहित्य नहीं है इसलिए कलावादी साहित्य के सौंदर्यशास्त्र के आधार पर दलित साहित्य का सौंदर्यशास्त्र सिद्ध करने की चर्चा नहीं की जा सकती। इसी कारण इसके अलग सौंदर्यशास्त्र के निर्माण की जरूरत महसूस होती है। दलित साहित्य के सौंदर्यशास्त्र की जरूरत होने को प्रमाणित करने के कारण दलित साहित्य में क्या सुंदर है और क्या असुंदर, यह भी प्रमाणित करना पड़ेगा ? इसके लिए कौन-सी बातें सुंदर हैं और वे कौन से गुणों के कारण सुंदर हैं, यह भी तय करना पड़ेगा। कुरूपता से सौंदर्य कैसे अलग किया जाए, इस विषय में भी निश्चित मत प्रतिपादित करना होगा।

5.6.2.1 दलित साहित्य का सौंदर्यशास्त्र भौतिकवादी

दलित साहित्य का सौंदर्यशास्त्र तय करते हुए सबसे पहले सौंदर्य की परिभाषा करनी आवश्यक होगी। क्या सौंदर्य की ऐसी परिभाषा की जा सकेगी ? संकल्पना और नियम की सहायता से सौंदर्य की परिभाषा नहीं की जाती। ऐसे लगता है कि सौंदर्य-मीमांसा गूढ़ और अध्यात्मवादी है। कलाकृति का सौंदर्य विश्वचैतन्य की अथवा परतत्त्व की अभिव्यक्ति होती है, यह प्रतिपादित करने वाला सौंदर्यशास्त्र विश्वचैतन्यवादी अथवा अध्यात्मवादी कहलाता है। कलाकृति का सौंदर्य वास्तविकता की कलात्मक अभिव्यक्ति होती है, यह प्रतिपादित करने वाला सौंदर्यशास्त्र भौतिकवादी अथवा बाह्यार्थवादी होता है। दलित साहित्य अध्यात्मवाद और गूढ़वाद को नकारता है, इस कारण यह मानना होगा कि इस साहित्य का सौंदर्यशास्त्र अध्यात्मवादी न होकर भौतिकवादी है।

5.6.2.2 दलित साहित्य का सौंदर्य विचार : अंबेडकरी विचार

दलित लेखकों के लेखन में होने वाली प्रेरणा अंबेडकर की विचार-प्रणाली है। फिर भी आलोचकों द्वारा कुछ दलित लेखकों की कलाकृतियाँ स्तरीय प्रमाणित होती हैं तो कुछ की साहित्यिक कृतियाँ स्तरहीन भी कही जाती हैं। स्तरीय और स्तरहीन साहित्यकृति का सृजन करने वाला दलित लेखक एक ही प्रेरणा से लिखता है तो भी उसकी साहित्यकृति में गुणात्मकता के विषय में ऐसा फ़र्क क्यों पड़ता है ? इस प्रश्न के उत्तर में ही दलित साहित्य के सौंदर्यशास्त्र के उद्गम की खोज की जाएगी।

सभी दलित लेखक एक ही प्रेरणा से लिख रहे हैं। उनकी सभी साहित्यिक कृतियों में जीवन मूल्य व्यक्त हुए हैं, केवल इन्हीं कारणों से दलित साहित्यिक कृतियों को सुंदर ठहराया नहीं जा सकेगा। कलाकार का कलाकृति में सन्निहित विचार पाठक के मन को कितना और कैसे प्रभावित करता है, इस पर उस साहित्यिक कृति का

स्तर निर्भर रहता है। जो दलित साहित्यिक कृति पाठक की, आस्वादक की चेतना अधिकाधिक जाग्रत कर सकती है वह साहित्यिक कृति सुंदर और परिणामतः स्तरीय सिद्ध होगी। इसका अर्थ दलित लेखकों को तय करना होगा कि उनके साहित्य में अंबेडकरी विचार कैसे व्यक्त होगा। जो कलाकृति अधिकाधिक 'दलित चेतना' जाग्रत करेगी, वह कलाकृति सर्वश्रेष्ठ होगी।

दलित लेखक को सबसे पहले अपनी प्रेरणा से एकरूप होना पड़ेगा। जिस प्रेरणा से वह लिखता है, वह प्रेरणा और उसका अनुभव साहित्य में व्यक्त करने के लिए उसे साहित्य की 'समृद्ध प्रतीति होना' महत्त्वपूर्ण है। दलित लेखक का साहित्य पढ़ने वाले पाठक का दलित लेखक की प्रेरणा से जितना गहरा रिश्ता होगा उतनी ही वह कलाकृति उसे अच्छी लगेगी। कलाकार, कलाकृति और पाठक, ये तीनों घटक अत्यंत महत्त्वपूर्ण हैं। कलाकार का समग्र व्यक्तित्व कलाकृति में प्रतिबिंबित होता है और पाठक का समग्र व्यक्तित्व कलाकार की कलाकृति में प्रतिबिंबित व्यक्तित्व से एकरूप होता है। कलाकार और पाठक ये दोनों 'कलाकृति' में एक होते हैं। उनका यह मिलन उनकी समानधर्मिता पर निर्भर होता है। दलित लेखक का अनुभव जितनी तीव्रता से दलित पाठक को अपना लगेगा उतनी तीव्रता से दलितेतर पाठक को नहीं लगेगा, लेकिन दलित लेखक का अनुभव जितनी तीव्रता से दलितेतर पाठक को 'अभूतपूर्व' लगेगा उतनी तीव्रता से दलित पाठक को नहीं लगेगा क्योंकि दलित लेखक का अनुभव दलित पाठक के नित्य के जीवन का अंग है। यह भी ध्यान में रहे कि यह सच है कि दलित साहित्य का सौंदर्य-विधान सामान्य विधान नहीं हो सकता लेकिन दलित साहित्य में व्यक्त होने वाली 'अंबेडकरी प्रेरणा' सामान्य-विधान हो सकती है।

5.6.2.3 अभिरुचि और दलित साहित्य

पाठक के मन पर कलाकृति का कैसा प्रभाव होता है, कलावादी समीक्षा इसकी जाँच करती है। कलाकार, कलाकृति और रसिक यह समीक्षा के आधार होते हैं। उसमें भी रसिक मन को अधिक प्रधानता दी जाती है। किसी भी साहित्य के परिशीलन में आकलन और आस्वाद का अत्यंत महत्त्वपूर्ण स्थान है। आकलन और आस्वाद के बिना समीक्षा पूर्ण नहीं हो सकती। जब आकलन और आस्वाद का प्रश्न उठता है तब अभिरुचि के विषय में चर्चा करना भी अपरिहार्य होता है।

- 'पाठक' महत्त्वपूर्ण घटक है।
- इस पाठक की अभिरुचि बनी हुई अथवा बनायी गई होती है।
- पढ़ने से पूर्व उसके कुछ पूर्वाग्रह निर्धारित होते हैं।
- ये पूर्वाग्रह टूट जाते हैं या कि पूर्ण होते हैं, यह वह जाँच कर देखता है।
- एक ही कलाकृति एक को अच्छी लगती है और दूसरे को अच्छी नहीं लगती।

- पाठक की मानसिकता अपने वर्ग और जाति की होती है।
- पूर्व-पठन उसकी पूँजी होती है।

पाठक को महत्त्वपूर्ण घटक मान कर अभिरुचि के संदर्भ में किया हुआ यह विवेचन महत्त्वपूर्ण है। पाठक और कलाकृति के साथ 'कलाकार' का घटक भी महत्त्वपूर्ण है—क्योंकि कलाकृति स्वयं पूर्ण मानी गयी तो भी वह स्वयंसिद्ध नहीं है। वह एक कलाकार की सर्जना होती है।

दलित लेखकों के अनुभवों का ब्योरा, उनके द्वारा पारंपरिक मूल्यों के विरुद्ध किये गये आक्रोश, निषेध और विद्रोह तथा सामाजिक संदर्भ का ज्ञान हुए बिना दलित साहित्य का पूर्ण आकलन नहीं होगा। बिलकुल अपरिचित साहित्य के अनुभव और समीक्षक के जीवन के अनुभव में संघर्ष, आस्वाद प्रक्रिया में बाधा पैदा करते हैं। साहित्य का आस्वादन तादात्म्य से संबद्ध होता है और तादात्म्य रसिक के मन पर निर्भर है। जो कला रसिकों के मन का रंजन करे तो वहाँ अभिरुचि में रुकावट नहीं आती। लेकिन यह भी नोट करना चाहिए कि जो कला परंपरा का प्रभंजन करती है तो उससे आस्वाद प्रक्रिया में बाधा निर्मित होती है क्योंकि अनेक पीढ़ियों से जाने-अनजाने जो पूर्वाग्रह और आग्रह पाठकों ने सुरक्षित रखे हैं—वे उनके साहित्यिक, सामाजिक आकलन पर अपनी छाया डालते हैं।

दलित लेखक अपने पाठकों की अपेक्षा अपने समाज का प्रश्न महत्त्वपूर्ण मानता है। वह अपनी अनुभूति, अपने साहित्य में व्यक्त करता है। वह नागर पाठकों को ध्यान में रखकर अपने साहित्य का सृजन नहीं करता। उसकी कोशिश तो रसिकों को ही अपने अनुभव के स्तर पर ले जाने की होती है। दलित लेखक की यह भूमिका आस्वाद-प्रक्रिया में महत्त्वपूर्ण है। यह भी ध्यान रखना चाहिए कि दलित कलाकारों की भूमिका और उनकी जाति विशेष अनुभूति से अलग ठहराई गई कलाकृति, आकलन और आस्वाद प्रक्रिया में रसिक के समान ही महत्त्वपूर्ण होती है, जिसके कारण रसिकगामी सौंदर्यशास्त्र यहाँ कुछ कम पड़ता है।

5.6.2.4 'स्वतंत्रता' ही सौंदर्यमूल्य

क्या मनुष्य केवल सौंदर्य का दीवाना है? क्या मनुष्य को केवल आनंद चाहिए? इसका उत्तर नकारात्मक है, क्योंकि हजारों-लाखों मनुष्य स्वतंत्रता, प्रेम, न्याय और समता, के लिए दीवाने हुए दिखाई पड़ते हैं। इसके लिए उन्होंने आत्मबलिदान किया। इसका अर्थ यह कि मनुष्य केवल आनंद और सौंदर्य के लिए दीवाना नहीं होता, वो समता, स्वतंत्रता, न्याय और प्रेम के लिए भी दीवाना होता है, अर्थात् मनुष्य को कलामूल्य के समान ही बल्कि उससे अधिक सामाजिक मूल्य भी प्राण-प्रिय नजर आता है। समता, स्वतंत्रता, न्याय और प्रेम ये व्यक्ति और समाज की मूलभूत भावनाएँ हैं। वे आनंद और सौंदर्य से कई गुणा अधिक महत्त्वपूर्ण हैं।

आनंद अथवा सौंदर्य के लिए दुनिया में कभी भी क्रांति नहीं हुई। समता, स्वतंत्रता और न्याय के लिए अनेक सत्ता-पलट हुए हैं, यही इतिहास है। आनंद का स्वीकार करने वाला साहित्य रंजनवादी होकर रसिक को केंद्र स्थान में मानता है। समता, स्वतंत्रता और न्याय का स्वीकार करने वाला साहित्य क्रांतिकारी होता है और वह मनुष्य और समाज को केंद्र-बिंदु मानता है। रंजनवादी साहित्य व्यक्ति की सुख-संवेदना जाग्रत करता है तो क्रांतिवादी साहित्य व्यक्ति के आत्मसम्मान की चेतना जाग्रत करता है। यह अंतर ध्यान में रखना होगा। इस संदर्भ में पु.शि.रेगे कहते हैं, "साहित्य से बड़ी क्रांति होगी यह संभव नहीं है।" (रेगे पु.शि./छांदसी, पृ. 22) रेगे का यह विधान कलावादी साहित्य के संदर्भ में चरितार्थ होता है। रूसो, व्हाल्टेअर, कार्ल मार्क्स के साहित्य से क्रांति हुई है। फुले, अंबेडकर के साहित्य से लोक-आंदोलन मजबूती से खड़े रहे हैं। इसलिए रेगे का विधान सभी प्रकार के साहित्य के संदर्भ में खरा नहीं उतरता।

दलित साहित्य की प्रेरणा डॉ. बाबासाहब अंबेडकर का विचार है और दलित साहित्य का सृजन 'दलित चेतना' से हुआ है। यह गुलामी के विरुद्ध चेतना है। इसमें समता, स्वतंत्रता, न्याय और बंधुभाव आदि मूल्यों का समावेश है। दलित साहित्य का सौंदर्यशास्त्र प्रस्तुत करते हुए अम्बेडकरवादी विचार से प्रेरित हुई 'दलित चेतना' महत्त्वपूर्ण होती है।

शोषितों का साहित्य प्रधानतः 'स्वतंत्रता' की खोज-खबर लेनेवाला और उसकी अभिव्यक्ति करनेवाला साहित्य है। स्वतंत्रता के सभी रूपों और अंतरंगों का दर्शन उसमें होता है। हमें यह ध्यान में रखना चाहिए कि स्वतंत्रता की कल्पना अथवा विचार के राजनीतिक, आर्थिक, सामाजिक और नैतिक पहलू के समान ही सौंदर्यशास्त्रीय पहलू भी होते हैं। स्वातंत्र्य की भावना दलित साहित्य का प्राणतत्त्व तो है ही पर वह उसमें सौंदर्यत्व के रूप में भी है। समता, स्वतंत्रता और बंधुत्व इन तीनों जीवन मूल्यों को दलित साहित्य के सौंदर्य तत्त्व मान सकते हैं। दलित साहित्य का सौंदर्यशास्त्र 1. कलाकारों की सामाजिक प्रतिबद्धता 2. कलाकृति में जीवन मूल्य 3. पाठकों के मन में जाग्रत होनेवाली समता, स्वतंत्रता, न्याय और भ्रातृभाव की चेतना जैसे मूलतत्त्वों पर टिका रहने वाला है।

दलित लेखकों का लिखना क्यों जरूरी है इसकी खोज की जाए तो कलाकार, कलाकृति और समाज की रिश्तेदारी का विचार स्पष्ट होगा। इस विचार में ही दलित साहित्य के सौंदर्यशास्त्र का ब्योरा छुपा है।

5.6.2.5 दलित साहित्य की कसौटियाँ

दलित साहित्य के मूल्यांकन के लिए निम्नलिखित कसौटियाँ निश्चित की जा सकती हैं :–

(1) कलाकार को अपने अनुभव के साथ ईमानदार होना चाहिए।
(2) कलाकारों के अनुभवों का सार्वजनिनीकरण होना चाहिए।
(3) कलाकार के अनुभव में प्रदेश की सीमा पार करने की शक्ति होनी चाहिए।
(4) कलाकार का अनुभव किसी भी काल में ताजा लगना चाहिए।

सवर्ण समीक्षकों द्वारा मराठी साहित्य का सौंदर्यशास्त्र आनंदवादी होने पर भी उसका स्वरूप हथियार के समान नहीं है। सवर्ण समीक्षकों ने मराठी साहित्य के सौंदर्यशास्त्र का दलित साहित्य के संदर्भ में भी उपयोग नहीं किया।

5.7 समापन

दलित साहित्य के प्रारंभ से ही सवर्ण समीक्षकों ने दलित साहित्य के विषय में प्रचुर मात्रा में लेखन किया है। दलित साहित्य की समीक्षा करने वाले दलित समीक्षकों की अपेक्षा सवर्ण समीक्षकों की संख्या अधिक है। सवर्ण समीक्षकों ने दलित साहित्य की अनुकूल-प्रतिकूल आलोचना की है। सवर्ण समीक्षकों की दलित साहित्य विषयक समीक्षा आस्वाद के स्तर पर टिकी रहती है। इस समीक्षा में प्रशंसाभाव, सलाह, मार्गदर्शन और सहानुभूतिपूर्वक पीठ थपथपाने जैसे स्वर उभरे हैं। यह समीक्षा दलित लेखक को अपने साहित्य की असली समीक्षा नहीं लगती।

सवर्ण समीक्षकों का एक गुट दलित साहित्य का समर्थन करता है तो दूसरा गुट अनुचित, अवास्तविक समर्थन का विरोध। दूसरे गुट का यह मत है कि दलित साहित्य का मूल्यांकन 'साहित्य' के रूप में होना चाहिए न कि इसलिए कि वह दलितों ने लिखा है—इसलिए उसकी स्तुति की जाए।

दूसरे गुट का मत है कि सवर्ण समीक्षकों ने आग्रहपूर्वक यह तो कहा कि दलित साहित्य की चिरंतन मूल्यों के आधार पर समीक्षा हो लेकिन उन्होंने ऐसी समीक्षा कभी की हो, ऐसा दिखता नहीं। दलित लेखकों ने पारंपरिक कला की कसौटियों और सौंदर्यशास्त्र को नकारा है। उन्होंने अलग सौंदर्यशास्त्र की रचना करने का प्रयत्न किया है लेकिन दलित साहित्य का सौंदर्यशास्त्र तय करने के लिए रूढ़, प्रस्थापित सौंदर्यशास्त्र को अपूर्ण और अयोग्य साबित करने में अपनी सभी बौद्धिक शक्ति की बाजी लगाने का नाटक करने की कोई आवश्यकता नहीं है। जिस गाँव जाना नहीं है उसका नाम पूछने से क्या लाभ ? अपना पथ अलग है। अपनी दिशा अलग है। तब अपने पथ पर चलना और अपनी दिशा की खोज करना, इसमें ही अपनी सभी शक्ति खर्च करनी चाहिए।

परिशिष्ट

दलित साहित्य के संदर्भ में
डॉ. शरणकुमार लिंबाले के छह साक्षात्कार

हमें दया नहीं अधिकार चाहिए

शरणकुमार लिंबाले से ओमप्रकाश वाल्मीकि

मराठी के युवा दलित रचनाकार शरणकुमार लिंबाले की पुस्तक 'अक्करमाशी' ने आत्मकथा लेखन को एक नया आयाम दिया है। हिंदी पाठकों के लिए अब शरण कुमार लिंबाले का नाम नया नहीं है। दलित साहित्य में वे अपना एक विशिष्ट स्थान रखते हैं। साहित्य के विभिन्न मुद्दों पर उनसे बातचीत कर रहे हैं ओमप्रकाश वाल्मीकि।

हिंदी पाठकों ने आपको 'अक्करमाशी' के माध्यम से जाना। 'अक्करमाशी' की पीड़ा और संताप ने हिंदी पाठकों और समीक्षकों को झकझोरा है। मराठी जगत का अनुभव कैसा था?

आप तो जानते ही हैं कि मराठी में फुले-अंबेडकर का 'सोशियो-पॉलिटिकल मूवमेंट' रहा है। इस मूवमेंट (आंदोलन) ने मुझे ही नहीं महाराष्ट्र के तमाम लोगों को स्वतंत्रता की प्रेरणा दी है। यह एक जन-आंदोलन है जो जाति-व्यवस्था के खिलाफ छेड़ा गया है। इस आंदोलन से जुड़े कार्यकर्ता जब लेखक बने, तो उन्होंने फुले-अंबेडकर के विचारों को जनसामान्य तक पहुँचाया। ये हमारी पहली पीढ़ी के लेखक थे। इन्हीं विचारों ने मुझसे 'अक्करमाशी' लिखवाई। यदि इस विचार से मेरा परिचय न होता तो रवींद्रनाथ टैगोर की तरह कवि होता या रोमैंटिक कवि हो जाता। जो कि मेरी परंपरा नहीं है। न ही उस प्रांत की परंपरा है, जहाँ मैं रहता हूँ। वहाँ एक पुरोगामी (प्रगतिशील) परंपरा है। ऐसे ही वातावरण में मेरी आत्मकथा प्रकाशित हुई। मात्र यह वातावरण ही काफी नहीं था। बल्कि मैं इस आंदोलन का एक कार्यकर्ता था जिसका मेरे लेखन और जीवन पर प्रभाव पड़ा। इसी कारण इस पुरोगामी परंपरा ने मुझे एक ही रात में यानी 'अक्करमाशी' छपते ही बड़ा लेखक बना दिया।

एक बात मैं विशेष रूप से कहना चाहता हूँ। महाराष्ट्र एक छोटा प्रांत है। फिर भी 'अक्करमाशी' छपने पर हर रोज दस-पंद्रह पत्र आते थे। जबकि हिंदी क्षेत्र एक विशाल क्षेत्र है। बिहार से एक पत्र आता है तो पंद्रह दिन बाद मध्य प्रदेश

से आता है। दस दिन बाद उ.प्र. से एक पत्र आता है। यानी जो रेस्पांस महाराष्ट्र के पाठकों से मिला, वैसा हिंदी क्षेत्रों से नहीं मिला।

इसका अर्थ यह हुआ कि 'अक्करमाशी' की पीड़ा को हिंदी में उतनी शिद्दत से म्हसूस नहीं किया गया?

क्या हिंदी में प्रगतिशील परंपरा नहीं है? जबकि हम कबीर को प्रगतिशीलता के रूप में अपनी परंपरा मानते हैं। फिर कबीर के अवशेष कहाँ छिपे हैं?

कबीर एक अवैध संतान था। मैं भी अवैध संतान हूँ। कबीर अध्यात्म की बात करते हैं। मैं इंसान और उसकी स्वतंत्रता की बात करता हूँ। मेरा हिंदी प्रकाशक मूर्ख है। मैं उसे जानबूझकर गाली दे रहा हूँ। क्योंकि उसने मेरी आत्मकथा को उपन्यास कहकर छापा है। हिंदी में जो भी चर्चा हुई वह उपन्यास की चर्चा हुई है। आत्मकथा की नहीं।

उपन्यास काल्पनिक होता है। आत्मकथा सत्य। एक सत्य को काल्पनिक कहना, एक हरामी झूठ है। जिसके कारण मेरी आत्मकथा हिंदी में मराठी जैसी चर्चित नहीं हुई है।

इसका एक कारण यह भी है कि सवर्ण प्रकाशकों की यह धारणा है कि समाज में इतना घृणित जीवन है ही नहीं। यानी सच्चाई को सच्चाई कहने में इन्हें डर लगता है। ये प्रकाशक अपने लब्ध प्रतिष्ठित लेखकों के साथ हमें गिनने की कोशिश करते हैं। क्योंकि लेखक का जीवन ऐसा हो सकता है, यह उनकी कल्पना में ही नहीं है। मेरा तो यह मानना है कि ऐसे प्रकाशकों को सड़क पर खड़ा करके कोड़े मारने चाहिए, जो सच को भी कल्पना मानते हैं।

साठ-सत्तर के बीच मराठी दलित-साहित्य आंदोलन प्रखरता से उभरा। प्रस्थापित सौंदर्यशास्त्र और साहित्यिक अवधारणाओं के विरुद्ध उसने आदमी की स्वतंत्रता के नए आयाम ढूँढ़े। जिसके मूल में फुले-अंबेडकर की संघर्ष-यात्रा विद्यमान थी। उन दिनों प्रस्थापित साहित्यकारों और समीक्षकों की प्रतिक्रियाएँ क्या थीं?

2 मार्च, 1958 में जब दलित साहित्य सम्मेलन हुआ उसका पाँचवाँ प्रस्ताव था कि दलित साहित्य की स्वतंत्र रूप से बात होनी चाहिए। 1960 तक सवर्ण प्रकाशक या संपादक दलित साहित्य की रचनाएँ नहीं छापते थे। उसे बिना पढ़े ही कचरा पेटी में फेंक देते थे। इस टिप्पणी के साथ कि यह तो गटर (Drainage) साहित्य है। 1960 के बाद दलित लेखकों ने स्वयं की संस्थाएँ शुरू कीं और एक नया माहौल बनाया। दलित साहित्य की विस्तृत चर्चा होने लगी। इसी वजह से दलित साहित्य नए अनुभवों के साथ उभरा। अब तक के मराठी लेखक केवल एक ही जाति (3½% ब्राह्मण जाति) से थे। उनके ही अनुभवों पर मराठी साहित्य आधारित था। क्योंकि अध्ययन-अध्यापन का अधिकार उनके ही पास था। उनका साहित्य काल्पनिक साहित्य था। इसमें स्त्री और शूद्रों की विडंबना होती थी। उनका अपमान होता था इस साहित्य

से। दोयम दर्जे का जीवन था। दलित साहित्य ने आम आदमी को नायक बनाया। दलित व्यक्ति को सिर पर बैठाया। क्योंकि दलित साहित्य व्यक्ति को ही सर्वोपरि मानता है। देव और धर्म से ऊँचा व्यक्ति को मानता है। धर्म से ऊपर व्यक्ति को मानकर साहित्य लिखा जाता है। काल्पनिक और बनावटी अयथार्थवादी साहित्य की भूमिका के स्थान पर जीवनवादी दलित साहित्य ने हंगामा मचाया। तब इन भड़वों ने दलित साहित्य अलग क्यों का सवाल उठाया। जो दलित साहित्य की बात भी नहीं करते थे, उन्होंने कहा कि मुख्य धारा में आइए, राष्ट्रीय धारा में शामिल होइए। अलग धारा की जरूरत नहीं है। हमें आश्चर्य हुआ कि ब्राह्मणों की संस्कृति ही राष्ट्रीय-संस्कृति है। और हमारी संस्कृति गटर-संस्कृति। क्या हम राष्ट्र-प्रवाह का हिस्सा नहीं हैं? एक सड़ी हुई संस्कृति की छाया में, हम बढ़ नहीं सकते हैं। इसलिए हमने एक स्वतंत्र साहित्य और उसकी भूमिका की बात शुरू की।

जब हमने स्वतंत्र रूप से अपनी परंपरा शुरू की तब उन्होंने पुरानी परंपराओं का आधार देने की बात शुरू की। संत ज्ञानेश्वर, तुकाराम से लेकर केशव सुत, मर्ढेकर की प्रगतिशील परंपरा को उद्धृत किया जाने लगा। जवाब में हमने उनसे पुरानी परंपराओं चार्वाक और बुद्ध को उद्धृत किया तो भड़वे चुप हो गए। बुद्ध और चार्वाक से आगे वे क्या बात करेंगे।

दूसरी प्रतिक्रिया ऐसी थी कि नीची जाति के हैं, इन्हें प्रोत्साहन देना चाहिए, साहित्य जगत में जातिवाद नहीं होना चाहिए। उसकी रचना कला के मूल्यों पर ही परखनी चाहिए। और एक प्रतिक्रिया थी कि हमने भी दलित साहित्य लिखा है, लिख सकते हैं। हम अपनी प्रतिभा और लेखन कौशल से उनके जीवन का साहित्य लिख सकते हैं। ऐसा हुआ भी, जैसे जयंत दलवी की 'चक्र' कहानी, मधु मंगेश कर्णिक की 'माहिम की खाड़ी' (उपन्यास) और अरुण साधु का 'बहिष्कृत' (उपन्यास) जिसमें दलितों का यथार्थवादी चित्रण नहीं है। उनका यौन और उत्तेजक चित्रण किया गया है, जो विकृत मानसिकता का द्योतक है। मैं इन ब्राह्मण लेखकों का आभार व्यक्त करना चाहता हूँ कि उनकी कल्पना शक्ति तो हमारी बस्ती में आना चाहती है। मगर अचरज की बात है कि सदियों से यह इच्छा किसके साथ अनैतिक रंगरेलियाँ मना रही थी।

'अक्करमाशी' के बाद आपका कथा-संग्रह 'देवता आदमी' हिंदी में छपा। उस पर अभी तक कोई विशेष चर्चा नहीं हुई है?

मुझे तो यह भी नहीं मालूम कि 'अक्करमाशी' की चर्चा हिंदी में हुई है। आप कहते हैं तो मान लेता हूँ। 'देवता आदमी' की क्यों नहीं हुई, इसका उत्तर तो हिंदी समीक्षक ही दे सकते हैं। मैं क्या कहूँ...हाँ इतना जरूर कह सकता हूँ कि होनी चाहिए थी। क्योंकि प्रगतिशील विचारों की चर्चा होनी चाहिए। वह सिर्फ इसलिए नहीं कि मेरी पुस्तक है। बल्कि दलित चेतना के नए मोड़ की चर्चा होनी चाहिए। मराठी

में ऐसा हुआ है कि प्रगतिशील विचारों की पुस्तक छपते ही चर्चा होती है। इसी वजह से दलित साहित्य यहाँ तक पहुँचा है।

गैर दलितों द्वारा दलितों पर लिखा गया साहित्य दलित साहित्य माना जाना चाहिए? हिंदी साहित्य में भी आज वही स्थितियाँ हैं जो 1960 के आसपास मराठी में थीं। हिंदी समीक्षक प्रेमचंद, अमृतलाल नागर, नागार्जुन, निराला, धूमिल की कुछ विशिष्ट रचनाओं को दलित-चेतना की रचनाएँ कहकर उद्धृत कर रहे हैं।

गैर दलितों के द्वारा लिखे गए साहित्य में दलित चेतना नहीं होती। जो दलित साहित्य की प्रमुख विशेषता है। मेरा तो यह भी मानना है कि दलितों द्वारा लिखा गया साहित्य जिसमें दलित चेतना नहीं है, दलित साहित्य नहीं है। मैंने ब्लैक लिटरेचर का अध्ययन किया। वहाँ भी यह प्रश्न उठा था। क्या श्वेत लेखक ब्लैक साहित्य लिख सकता है? जब श्वेत लेखिका श्रीमती स्टोव ने 'अंकल टाम्स केबिल' लिखा तो पूरे अमेरिका में हलचल मच गई थी। और इस उपन्यास को नीग्रो के जीवन का हृदय विदारक चित्रण कहा गया था। लेकिन अगली पीढ़ी ने इसे नकार दिया। उनका कहना था कि यह हमारे स्वाभिमान का चित्रण नहीं है। मराठी में भी यही हुआ। श्री म. माटे ने 'उपेक्षितांचे अंतरंग' पुस्तक लिखी जो चर्चित हुई। उसे भी दलितों ने नकार दिया।

गैर दलितों के लेखन में सहानुभूति और दया का दृष्टिकोण होता है। हमें सहानुभूति और दया नहीं चाहिए। अधिकार चाहिए। हमें मानवतावादी उदार दृष्टिकोण से नफरत है। यह दृष्टिकोण (सफेदपोश) हमारे सदियों के संताप को नजरअंदाज करता है। हमें यह सफेदपोश गुंडा लगता है। गैर दलितों के साहित्य को दलित साहित्य कहना साहित्यिक, सांस्कृतिक छल और हेरा-फेरी है। यह बात मैं गैर दलितों के संदर्भ में कर रहा हूँ।

लेकिन उन दलित लेखकों के बारे में भी कहना है जो साहित्य की इस भाषा को नहीं समझते हैं। तीन धाराएँ दिखाई पड़ती हैं। जिसमें प्रथम धारा वह है जहाँ वेदना प्रमुख रूप से व्यक्त हुई है। लेकिन उस पीढ़ी के लेखकों ने अपने दर्द को कुछ ऐसे व्यक्त किया है जैसे वह आभिजात्य वर्ग की दया का याचक हो। उदाहरण के तौर पर शंकर राव खरात का लेखन। दूसरी पीढ़ी आती है नामदेव ढसाल, राजा ढाले, बाबूराव बागुल। ये विद्रोह और संताप की बात करते हैं। उन्होंने दया को ठुकराया है। हक की बात उठाई है। इनके साहित्य में दलित का चित्रण लड़ाकू, स्वाभिमानी, संघर्षशील के रूप में उभरा है। इन दो धाराओं से अलग एक धारा और भी है, जिसका इन धाराओं से कोई मतलब नहीं है, जैसे ग्रेस रोमेंटिक, छायावादी कविताएँ लिखते हैं, तो कहिए कि जो पहली धारा का साहित्य है उसे दलित चेतना का साहित्य माना जाएगा या जो रोमेंटिक कविता लिख रहे हैं, उसे दलित चेतना का साहित्य कहें? हम संघर्षशील, स्वाभिमानी अभिव्यक्ति को ही दलित चेतना का

साहित्य मानते हैं।

कुछ विद्वानों का कहना है कि दलित साहित्य में विद्रोह की भावना नहीं होनी चाहिए इससे समाज में दरार बढ़ती है। कुछ यथास्थितिवादी इस पर संकीर्णता का आरोप भी लगाते हैं।

सदियों से दलित समाज नम्रता से विनीत भाव में जिया है। गाँव से बाहर रहा, मरे जानवर ढोए, गंदे और दूषित कार्य किए, अन्याय सहा, छलकपट भी सहे। तमाम वे कार्य किए जो उसे अस्पृश्य बनाते थे। तब उसने विद्रोह की बात नहीं की। हजारों सालों में विद्रोह की बात नहीं थी। तब आपकी मानवता कहाँ थी, कहाँ विलुप्त हो गई थी। लाचार वर्ग को आपने कहाँ रखा था। उसमें जो दरार थी, उसे तो नहीं मिटाया। अलग बस्तियाँ, क्या दरार की द्योतक नहीं थीं। हम जब हक की बात करते हैं तो आपको विद्रोह लगता है। हम सामाजिक न्याय की बात करते हैं तो आपको समाज में दरार पड़ने का भय सताने लगता है। अभी तो मात्र दो दशक ही हुए हैं विद्रोह की बात शुरू हुए। अभी तो आगे और चलेगी। जो समाज में दरार है उसे मिटाने की चिंता है हमें। यही दलित साहित्य की मूल संवेदना है।

दलित साहित्य पर अनगढ़, अरुचिकर, असंयत भाषा और शिल्पगत त्रुटियों, कलात्मकता का अभाव, जैसे आरोप अकसर लगते हैं। हिंदी प्रकाशक और संपादकों का रवैया भी इन्हें निकृष्ट मानकर नजरअंदाज़ करता है। कलात्मकता साहित्य के लिए जरूरी है?

वाल्मीकि जी, मेरा यह आक्रोश मेरा दर्द है। जब मेरी माँ-बहन पर अत्याचार होता है, उसे क्या कलात्मक ढंग से अभिव्यक्त करूँ? जब मैं लिखता हूँ तो मेरी रचनाएँ मेरे साथ हुए छल-कपट की अभिव्यक्ति होती हैं। अपने ऊपर हुए छल-कपट को कलात्मक शैली में पेश करूँ। जिसका घर जल रहा है, उसका संताप सुर में होना चाहिए। आक्रोश शास्त्रीय संगीत नहीं है। जो शास्त्रीय संगीत है वह आक्रोश नहीं है।

दलित लेखक की पीड़ा काल्पनिक नहीं है। इस व्यवस्था की उपज है। जो उसके अपने प्रश्न हैं वे इस पीड़ा, दुःख-दर्द से अलग हटकर नहीं हैं। इनसे लहू का रिश्ता है। मेरे अनुभवों से मेरा रक्त-संबंध है। इसलिए मैं तटस्थ नहीं रह सकता हूँ। अन्याय सहते हुए तटस्थ रहकर कैसे रियेक्ट करूँ। यह तटस्थ भाव मुझे उदासीन भाव लगता है। कलात्मकता से मुझे क्या लेना। कलात्मकता मुझे निःशस्त्र करनेवाली है। मैं शब्द की अभिव्यक्ति को शस्त्र मानता हूँ, जो मेरी मुक्ति का आंदोलन है। आंदोलन ही दलित साहित्य की कलात्मकता है।

यदि यह साहित्य निकृष्ट है तो यह साहित्य चर्चित कैसे हुआ? हमारा लेखक रातों-रात बड़ा लेखक बन जाता है। पुस्तकें बिकती हैं। बहस होती है। ऐसा कैसे होता है? कलात्मक साहित्य के बारे में ऐसा नहीं होता है। मुझे लगता है दलित

साहित्य में जीवन-मूल्य है। तभी ऐसा होता है। मैं कला से श्रेष्ठ जीवन-मूल्यों को मानता हूँ।

दलित लेखक यदि कलावाद अपनाएगा तो वह जीवनवादी नहीं हो सकता। वह अंधा हो जाएगा। उसे गुमराह करने के लिए यह प्रस्थापित और पारंपरिक साहित्य का षड्यंत्र है। जिससे दलित लेखकों को सावधान रहना चाहिए। कलावाद एक जातिवाद है साहित्य का, जो क्रांति और सामाजिक बदलाव को रोकता है। मुझे इससे सख्त घृणा है। जो समाज में रहकर समाज की नहीं, कला की बात करते हैं। जो फूलों की चिंता तो करते हैं लेकिन दुःखी, पीड़ित, शोषित की चिंता नहीं करते हैं। यह कैसी संवेदनशीलता है? क्या आदमी की चीख उन्हें सुनाई नहीं पड़ती है।

दलित साहित्य का सौंदर्यशास्त्र अलग होना चाहिए, ऐसी भी चर्चा है। आप इस विषय में क्या सोचते हैं?

बिलकुल अलग होना चाहिए। क्योंकि अभी तक साहित्य में राजा, महाराजाओं का ही चित्रण था। किसी लब्ध प्रतिष्ठित वर्ग को ही प्रतिष्ठित करता था वह सौंदर्यशास्त्र। जो दलित साहित्य के साथ न्याय नहीं कर सकता। क्योंकि दलित साहित्य आम आदमी की बात करता है। आम आदमी का चेहरा, नस्ल अलग है। पारंपरिक सौंदर्यशास्त्र का स्थायी भाव आनंद है। जिस कलाकृति को पढ़कर ज्यादा आनंद की अनुभूति होगी, वही उत्कृष्ट है। क्या आनंद ही जीवन में सर्वश्रेष्ठ भाव है, मैं नहीं मानता। समता, बंधुता, स्वतंत्रता आनंद से बढ़कर कहीं ज्यादा मूल्यवान है। मैंने देखा है समता के लिए आंदोलन हुए हैं, न्याय के लिए लड़ाइयाँ हुई हैं। मैंने देखा है, बंधुता के लिए सत्याग्रह हुए हैं। लेकिन आनंद के लिए ऐसा कुछ भी नहीं हुआ है। स्वतंत्रता के लिए आत्म-बलिदान हुए हैं, लोग जेल जाते हैं, बड़े-बड़े आंदोलन होते हैं।

लोग मरते हैं आनंद के लिए ऐसा कुछ भी नहीं होता है। क्या आनंद से बड़ा स्वतंत्रता मूल्य नहीं है?

दलित साहित्य का सौंदर्यशास्त्र का विचार फुले-अंबेडकर विचारधारा है जो मनुष्य की स्वतंत्रता की बात करती है। यही वह बिंदु है जो आनंदवादियों से हमारी सोच अलग करता है। इसीलिए हमारा सौंदर्यशास्त्र अलग होगा। दलित साहित्य की रचना पढ़कर पाठक के मन में स्वतंत्रता की चेतना प्रखर रूप से जाग्रत हो। जो कृति इस चेतना को उदात्त भाव से जगाए वही श्रेष्ठ कलाकृति है, ऐसा मैं मानता हूँ।

दलित साहित्य पर पुनरावृत्ति का आरोप भी लग रहा है? आपकी क्या राय है?

यह बदमाश लोगों का प्रचार है। मैं पूछना चाहता हूँ रामायण से लेकर गीत रामायण तक साहित्य में वही चल रहा है। आज भी वही अध्यात्म, मोक्ष, पाप, मोह,

लालसा, वही प्यार दिख रहा है, वही प्रेयसी, वही प्रेमी, क्या यह पुनरावृत्ति नहीं है। दलित साहित्य में जो दलित कविता आई, उसके बारे में इस आरोप को दोहराया गया था। फिर आत्मकथाएँ आईं, उसे झूठा साबित किया जाने लगा। क्योंकि हर एक आत्मकथा एक जात और जमात की प्रतिनिधि है। वह, उसकी भाषा, संस्कृति, रीतिरिवाज, यथास्थितिवाद के अन्याय, शोषण की व्यथाएँ अभिव्यक्त हुई हैं। दलित आत्मकथाओं ने मराठी साहित्य के क्षितिज का विस्तार किया। मराठी पाठक जो रोमेंटिसिज्म पढ़ते थे, उन्हें दग्ध जीवन के अनुभव दिए। दलित कथा आंदोलन ने कई आत्मकथा लेखकों का निर्माण किया। विभिन्न तबकों के लेखक आए और अपनी जाति की व्यथा नई भाषा, नए विचार के साथ लिखी, जिसे अभिरुचि, जिसे सांस्कृतिक एटीट्यूड (Attitude) कहना चाहिए, एक बदलाव आया। दलित आत्मकथाओं में जो नग्न दग्ध जीवन व्यक्त हुआ है, उससे एक यथार्थवादी, जनवादी साहित्य की बाढ़ आ गई है। क्या ये पुनरावृत्ति है। दलित कथा का एक और शक्तिमान आयाम है, जिसमें बाबूराव बागुल जैसा विद्रोही कथाकार है जिसकी कहानियाँ मराठी की चर्चित कहानियाँ हैं। क्या यह पुनरावृत्ति है। दलित समीक्षा ने दलित साहित्य को एक नया प्रवाह दिया है। वाङ्मय कैसा होना चाहिए इसका विवेचन किया गया है।

जिस समय मराठी कलावादी समीक्षा का दबदबा था उस कलावादी समीक्षा को हटाकर दलित समीक्षा ने स्वयं को स्थापित किया। क्या यह पुनरावृत्ति है?

आज दलित साहित्य में एक सौ से ज्यादा आत्मकथाएँ हैं, दो सौ समीक्षा ग्रंथ हैं। लगभग पाँच सौ कविता संग्रह हैं। एक सौ कथा-संग्रह हैं। बाबा साहेब और ज्योति बा फुले पर अनगिनत ग्रंथ हैं। ये तीन दशक की उपलब्धि है। क्या तीन दशक में ही पुनरावृत्ति की बात छेड़ी जा सकती है। अभी तो शिक्षा का प्रसार हो रहा है। कई जातियों में अभी तक शिक्षा पहुँची ही नहीं है। शिक्षा पाकर वे जाग्रत होंगे। उन जन-जातियों से लेखक आएँगे, अपनी आत्मकथाएँ लिखेंगे, तब क्या होगा? यह तो हिम नद है जो दर्द के समंदर में है, इससे टकराओ मत वर्ना इसमें डूब जाओगे।

हिंदी दलित साहित्य पर आपकी राय क्या है?

फुले-अंबेडकर के विचार-आंदोलन हुए हैं महाराष्ट्र में। अब यह समूचे देश में फैल गया है। देश के कोने-कोने में दलित, पिछड़े, शोषित वर्ग के लेखकों में चेतना आई है। इस चेतना के संपर्क से क्रांतिकारी आग फैलेगी। इस आग का प्रचंड रूप हमने महाराष्ट्र में देखा है। राष्ट्रीय परिदृश्य पर जब यह उभरेगी तो भारतीय साहित्य को एक नया रूप मिलेगा। हिंदी क्षेत्रों में जातीय अत्याचार महाराष्ट्र से ज्यादा भयानक है। मराठी साहित्य से भी अधिक विद्रोही साहित्य उत्तर प्रदेश, बिहार, राजस्थान से आएगा। आज जरूरत है हिंदी दलित लेखक पूरी निर्भयता से स्वयं को उजागर करें। इसके लिए मराठी से अनूदित साहित्य ने आधार बना दिया है। एक महत्त्वपूर्ण बात

है कि जब मराठी दलित-साहित्य उभरा था यहाँ के प्रगतिशील लोगों ने दलित साहित्य को समर्थन दिया था। हिंदी में भी ऐसा ही होगा मुझे उम्मीद है। प्रगतिशील सोच के लोग, बुद्धिजीवी हिंदी दलित साहित्य को समर्थन देंगे। राजेन्द्र यादव, कमलेश्वर, महीप सिंह ने पहल की है। और भी लोग इसमें जुड़ेंगे। ओमप्रकाश वाल्मीकि, मोहनदास नैमिशराय आदि इस आनेवाले साहित्य के दिशा संकेत होंगे। ओमप्रकाश वाल्मीकि उभरकर सामने आए हैं, कंवल भारती, श्योराज सिंह, एन. सिंह आदि की सशक्त रचनाएँ आई हैं। मैं इनकी आत्मकथाएँ, कविताएँ, कहानियाँ और समीक्षाएँ पढ़ने की उत्सुकता से प्रतीक्षा कर रहा हूँ।

(हंस : दिसंबर, 1995)

अपनी किताब को मैं हथियार समझता हूँ

शरणकुमार लिंबाले से गोपाल प्रधान

शरणकुमार लिंबाले मराठी के युवा दलित लेखक हैं। दया पवार के अछूत के बाद शरणकुमार लिंबाले की आत्मकथा 'अक्करमाशी' दलित साहित्य में मील का पत्थर साबित हुई है। पिछले दिनों विश्व पुस्तक मेले के अवसर पर जब वे नासिक से दिल्ली आए तो हमारे कार्यालय भी आए। वहीं उनसे न सिर्फ साहित्य, बल्कि दलित आंदोलन और आज के सामाजिक प्रश्नों पर भी लंबी और अंतरंग बातचीत हुई। लिंबाले से बातचीत करना किसी लक्ष्य के प्रति एकनिष्ठ व्यक्तित्व से टकराना है। निजी प्रसंगों पर बातचीत करते हुए भी वे कतई निजी नहीं होते, उनका निजी जीवन भी फैलकर व्यापक सामाजिक प्रश्न बन जाता है। वे अपने बारे में कुछ भी नहीं छिपाते, उन्हीं के शब्दों में 'दलित लेखक को निर्भय और निर्लज्ज होना चाहिए।' लेकिन उतना ही बताते हैं, जितना उन्हें अपने उद्देश्य के लिए आवश्यक लगे। हिंदी में दलित साहित्य एक आंदोलन की शक्ल में अभी शुरू ही हुआ है। इसीलिए एक परिपक्व आंदोलन के अनुभव सामने लाने के लिए हम शरणकुमार लिंबाले से बातचीत के कुछ चुने हुए अंश प्रस्तुत कर रहे हैं।

आपने लिखा है कि दलित साहित्य का लेखक एक सामाजिक कार्यकर्ता भी होता है। इस आंदोलन में आप कैसे आए?

बचपन से लेकर पदवीधर होने (1978 में बी. ए. पास करने) तक मैं बाबा साहब अंबेडकर को नहीं जानता था क्योंकि मेरा जो स्कूली पाठ्यक्रम था उसमें कहीं भी अंबेडकर का नाम नहीं था। जब मराठवाड़ा में मेरी पहली नौकरी शुरू हुई तो वहाँ नामांतर आंदोलन शुरू था कि मराठवाड़ा विद्यापीठ को डॉ. बाबा साहब अंबेडकर का नाम देना चाहिए। तब तक मेरी जिंदगी में संघर्ष नहीं था। मैं कौन हूँ, क्या हूँ—यह मुझे मालूम नहीं था। मैं एक आम, सामान्यजन जैसे जीता है, वैसे जी रहा था। मैंने विद्यार्थी जीवन में मध्यवर्गीय मराठी लेखकों ने जो लिखा था—प्रेम के बारे

में, निसर्ग के बारे में पाठ्यक्रम में, जो रोमांटिक साहित्य था, उसे ही पढ़ा था। इस साहित्य को पढ़कर मेरी रुचि ऐसी बनी थी कि मैं एक रोमांटिक कवि बन जाऊँ। मैंने रोमांटिक कविताएँ, प्रेम कविताएँ लिखीं। मुझे जिंदगी में प्रेम क्या चीज है, प्रेयसी क्या होती है, प्रियतम क्या होता है—ये मालूम नहीं था, तो भी मैंने ये प्रेम कविताएँ लिखीं। काल्पनिक प्रेम पर। और वे बहुत अच्छी (कविताएँ) हैं, ऐसा महसूस करने लगा। यानी मेरा जो पहला दौर है लिखने का, वह काल्पनिक था, शुद्ध ढोंग था। नाटक था। वह (मेरा) सही नहीं नकली रूप था। नकली और काल्पनिक भावनाओं को मैं साहित्य में ला रहा था और वे छप रही थीं।

जब नामांतर का आंदोलन हुआ, मेरी उम्र के नौजवान रास्ते पर आकर घोषणा करते हैं। नारे लगाते हैं। जेल जाते हैं और मैं कुछ भी नहीं करता, उस तबके का होकर भी कुछ नहीं करता, यह मुझे बहुत शर्म की बात लगी। तब मैंने उस नारेबाजी को, उस संघर्ष को साहित्य में लाने की सोची। मैं जब आंदोलन के बारे में, और आंदोलन के लिए लिखने लगता तो उसे बहुत प्रशंसा मिलने लगी। और मुझे भी लगा कि यह मेरा है, इसमें मैं हूँ, मेरा समाज है, मेरे रिश्तेदार हैं, मेरे सवाल हैं और मेरे जवाब इसमें हैं। अब तक बचपन से लेकर, महाकाव्यों से लेकर आगे तक मैंने जो पढ़ा, वह सब ढकोसला था। उसमें मैं नहीं था। मेरे बाप-दादे नहीं थे, मेरे प्रश्न नहीं थे और वह सब काल्पनिक था। अभी मैं जो लिख रहा हूँ और मेरे साथ जो सहयोगी दोस्त लिख रहे हैं, वह सही है। वही हमारा चेहरा है।

प्रेम तो जीवन का एक हिस्सा भी हो सकता है, उस पर लिखा नकली कैसे माना जा सकता है?

दलित साहित्य में जो प्रेम है, वह मुख्य रूप से आंदोलन से जुड़ा हुआ है। आम आदमी के प्रश्न से जुड़ा हुआ है। यह प्रेम संघर्ष का रूप लेकर आता है। यहाँ मराठी साहित्य और दलित साहित्य में फर्क है। हम सारे जमाने की बात करते हैं और हमारे केंद्र में होता है इंसान। हमारे सवाल रोटी के हैं, इंसानियत के हैं। अमानुषिक व्यवस्था ने इंसान को दबाया है, कुचला है। उसके खिलाफ हमारी आवाज ही दलित साहित्य का मुख्य रूप है।

हज़ारों बरसों से यहाँ इंसान को अछूत कहा गया है, उसे गाँव के बाहर रखा गया है। नदी में नीचे वाले हिस्से में उसने पानी पिया। स्कूल में उसके लिए अलग जगह है। इस अमानवीय व्यवस्था को हटाने के लिए विद्रोह करना जरूरी था जिसे हमने साहित्य के रूप में छोड़ा। यह खाली साहित्य नहीं, हमारा हथियार है। अपनी किताब को मैं खाली किताब नहीं, इस सड़ी-गली व्यवस्था के विरोध में उठाया गया हथियार समझता हूँ।

नामांतर आंदोलन के दौरान आपने क्या-क्या लिखा?

जब मैं आंदोलन में आया तो मैंने पहले जो कुछ लिखा था उसको जला दिया,

वे प्रेम कविताएँ, नाटक, सब जला दिए। आंदोलन के लिए मैंने जो पहली कविता लिखी, उससे मेरा लेखक कैरियर शुरू हुआ। मेरा पहला कविता संग्रह उत्पात 1982 में आया। बाद में अक्करमाशी 1984 में। तीन आत्मकथाएँ—अक्करमाशी, बारामाशी, रानीमाशी—तीन खंडों में आईं। बाद में रथयात्रा और हरिजन—ये दो कथा संग्रह हैं। भीमलिंगी, कादंबरी और उत्पात के बाद श्वेत पत्रिका कविता संग्रह आया है। कुल मिलाकर मेरे नाम पर 25 टाइटिल्स हैं।

हिंदी में क्या-क्या अनुवाद होकर आया है?

हिंदी में देवता-आदमी एक कहानी संग्रह है और अक्करमाशी मेरी आत्मकथा है। हिंदी में इस आत्मकथा को उपन्यास कहा गया है। यह एक अजीब चीज है। ऐसा क्यों होता है? इसका मतलब यह है कि जो मैंने भोगा है, दोगलेपन की जो बात उसमें आई है, वैसा हिंदी लेखक जी ही नहीं सकता? वह लब्धप्रतिष्ठ है इसलिए? उसमें (अक्करमाशी के अनुवाद में) भी लिखा है कि मराठी के लब्धप्रतिष्ठ साहित्यकार शरणकुमार लिंबाले का उपन्यास है। मैं न कभी लब्धप्रतिष्ठ था, न हूँ। मैं दलित हूँ और दलित के लिए ही संघर्ष करता हूँ।

क्या दलित साहित्यकार प्रतिष्ठित नहीं हो सकता?

लब्धप्रतिष्ठ के विरोध में ही हमारा संघर्ष चल रहा है और मैं लब्धप्रतिष्ठ कैसे हो सकता हूँ? हिंदी वालों ने बनाया हमें लब्धप्रतिष्ठ लेखक। एक लब्धप्रतिष्ठ लेखक जब दलितों के बारे में लिखता है तो वह गलत ही लिखता है। वह नहीं, उसकी कल्पना जाएगी दलित के पास और वह भी लब्धप्रतिष्ठ कल्पना रहेगी, दलित कल्पना नहीं होगी। दूसरे साहित्य में प्रतिभा महत्त्वपूर्ण होती है। कल्पना महत्त्वपूर्ण होती है, मगर दलित लेखक के लिए कल्पना या प्रतिभा महत्त्वपूर्ण नहीं है। दलित लेखक के लिए प्रतिबद्धता महत्त्वपूर्ण होती है। उसकी प्रतिबद्धता जितनी प्रखर है, इस व्यवस्था के खिलाफ समता, स्वतंत्रता, न्याय, बंधुत्व का विचार उसके मन में जितना प्रखर है, उतनी ही उसकी कलाकृति अच्छी है। यदि वह भी अपने कमरे में बैठकर लिखने लगा तो उसके लिखने में और लब्धप्रतिष्ठ लेखक के लिखने में कोई फर्क नहीं होगा। और कमरे में बैठकर लिखेगा, उसके लेखन पर इस लब्धप्रतिष्ठ साहित्य की कुछ छाप आ सकती है। जो आंदोलन में रहता है, आंदोलन की बात करता है, उसके साहित्य में, लिखने में एक प्रखरता आती है, एक असलियत आती है। इसलिए दलित लेखक एक कार्यकर्ता है। चाहे वह गवर्नमेंट सर्वेंट हो। वह नहीं डरता कि मैं गवर्नमेंट सर्वेंट हूँ, कैसे आंदोलन में जाऊँ। वह डरता नहीं, यही उसका असलीपन है। जो भी दलित लेखक घर में बैठते हैं, नौकरी करते हैं और लिखते हैं, उनका लेखन इतना सशक्त नहीं है जितना उनका, जो आंदोलन में रहकर दलितों के लिए लिखते हैं। दलित साहित्य में भी ये दो धाराएँ हैं।

आप दलित साहित्य की शुरुआत कब से मानते हैं?

1920 से लेकर 1960 तक एक पीढ़ी है—दलित साहित्य की पहली पीढ़ी। इस पीढ़ी ने बहुत कुछ लिखा है। बाबा साहब अंबेडकर की जो पत्रिकाएँ निकलती थीं, उन पत्रिकाओं में इनका लेखन प्रकाशित हुआ है। कई लेख आए हैं, कई कविताएँ आई हैं, कई कथाएँ आई हैं, मगर वे किताब के रूप में नहीं आईं। इस साहित्य का रूप था बाबा साहब अंबेडकर के कार्य और विचार लोगों तक पहुँचाना। यह 1956 तक चला। 1956 तक दलित साहित्य कोई संपादक छापता नहीं था, दलित साहित्य गया तो वे कचरे के डिब्बे में फेंक देते थे। कहते थे यह साहित्य नहीं, गंदगी है, ऐसा कोई साहित्य होता है?

इस दौरान कौन-सी पत्रिकाएँ थीं और उनमें कौन-कौन लिख रहे थे?

मुख्य रूप से सत्यकथा—ये मराठी की एक अनियतकालीन पत्रिका थी। इसमें मराठी के जाने-माने लेखक लिखते थे और सत्यकथा में जो प्रकाशित होता था, वही साहित्य माना जाता था और इसमें लिखने वालों को लेखक। इसके खिलाफ हमने आंदोलन चलाया कि इस पत्रिका को हम नहीं मानेंगे। इस साहित्य को हम नहीं मानेंगे, और हमने अपनी पत्रिकाएँ चालू कर दीं, लघु-अनियतकालीन पत्रिकाएँ चालू कर दीं।

ऐसी कुछ पत्रिकाओं के नाम?

अस्मितादर्श है, सुगावा है, बाद में समुचित है। जो भी निकलीं, बंद हो जाती थीं। हमारे पास एक क्रांतिकारी लक्ष्य था कि इसको व्यवस्था-विरोधी साहित्य के रूप में उभारना है। इसे लेकर हमने पत्रिकाएँ निकालीं, सम्मेलन शुरू कर दिए कि आप अगर साहित्य सम्मेलनों में हमें नहीं बुलाते तो हम अपने साहित्य सम्मेलन शुरू करेंगे। अपनी साहित्य पत्रिका में आप हमारा लेखन नहीं छापते, तो हम अपनी पत्रिकाएँ निकालेंगे और अपना अलग साहित्य छापेंगे। आप हमारे साहित्य पर नहीं लिखते तो हम अपने साहित्य पर लिखेंगे। इसके बाद तो दलित साहित्य की एक बाढ़-सी आ गई। जब तक हम उनके पास जाते रहे, वे नहीं छापते थे। ज़ब हमने खुद छापना शुरू कर दिया तब ये परेशान होने लगे और पूछने लगे भई! आप अलग चूल्हा क्यों खड़ा कर रहे हैं, अलग गुट क्यों बना रहे हैं? आइए। इस राष्ट्रीय प्रवाह में आइए। हमने कहा, भाई आपका प्रवाह राष्ट्रीय है, हमारा गटर का प्रवाह है क्या? आपका जो भी है, वह परंपरा है और हमारा कुछ भी नहीं है? आप लोगों ने हजारों बरसों से हमारी बस्तियाँ अलग रखी हैं, पीने का पानी अलग रखा है, हमें मंदिरों के, स्कूलों के बाहर रखा है, आपके मन में तब ऐसा सवाल कभी क्यों नहीं खड़ा हुआ कि 'ये अलग है' जब हम रचनात्मक रूप से साबित कर रहे हैं कि हम न्याय की, आंदोलन की बात कर रहे हैं, तब आपको लगता है कि अलग बात हो रही है? ये चाहते हैं कि जब राष्ट्रीय प्रवाह की बात हो तब न्याय की, विद्रोह की बात न की जाए। बात हो तो एडजस्टमेंट की बात ही हो।

आप कह रहे थे कि 'अक्करमाशी' आपने गाँव-गाँव घूमकर सुनाया। उस दौरान के कुछ अनुभव बताइए?

अक्करमाशी मेरी आत्मकथा है, इसने बहुत सवाल खड़े कर दिए। मेरे पिता सवर्ण हैं। मेरी माँ अछूत हैं। मेरे नाना मुसलमान हैं। फिर मैं कौन हूँ? क्या सवर्ण हूँ? क्या अछूत हूँ? हिंदू हूँ? कि मुसलमान हूँ? इन सवालों को लेकर मैंने लिखा। यह पहली आत्मकथा आई दलित साहित्य में, मराठी में सोचा भी नहीं गया था कि एक सवर्ण, जो दलित महिलाओं को रखैल बनाकर रखे हुए था, उसका बेटा साहित्य में प्रवेश करेगा और इस तरह से लिखेगा। बी. ए. होने तक मैं यही समझता था कि एक मुखिया की रखैल का बेटा हूँ और मुखिया का बेटा होने पर गौरव महसूस करता था। जब मैं आंदोलन में आया, तब मुझे इस बात पर संताप होने लगा कि मेरी माँ को उसने पत्नी नहीं बनाया, एक रखैल बनाकर रखा और मैं एक रखैल का बेटा हूँ। मैं देखने लगा कि गाँव-गाँव में ऐसे पटेल हैं, जो हरिजन लड़कियों को रखैल बनाकर रखते हैं। इन रखैलों की संतानें हैं और इन संतानों के भी कुछ सवाल हैं, उनकी वेदनाएँ हैं। इन सवालों और इस वेदना को लोगों के सामने लाना जरूरी है—इसलिए मैंने यह आत्मकथा लिखी। मेरी माँ इस आत्मकथा को सुनकर भड़क उठी कि मेरी इज्ज़त मेरे बेटे ने लोगों के सामने नीलाम कर दी। मेरी माँ मुझसे बात तक करने को राजी न हुई। पाँच-छः साल तक उसने मुझसे संबंध तोड़े रखा। पिताजी थे पटेल, वो तो मुझे जान से मारने की बात बोलने लगे, जिस गाँव में मैं रह रहा था, वह पूरा गाँव भड़क उठा कि यह हमारे गाँव की बदनामी है। मैं गाँव जाने से घबराने लगा। दूसरी तरफ जिस आंदोलन के लिए लिखा वो आंदोलन मुझ पर क्रोधित हो गया कि एक दलित औरत गाँव के मुखिया की रखैल है, यह लिखना पूरे दलित समाज की बदनामी है। हमारी सब औरतें रखैल हैं क्या? मैं संकट में आ गया।

बाद में पाठकों ने अक्करमाशी को सर पर उठाया। पुरस्कार मिले। गाँव-गाँव जाकर मैंने लोगों तक अपनी बात पहुँचाई कि भाई जिस पर बलात्कार होता है, जो स्त्री अपमानित होती है वह पूरे आंदोलन का प्रश्न होती है, उसके बारे में बोलना हमारा फर्ज है। इसे हम नहीं टाल सकते। लिंबाले एक आदमी है, रखैल का बेटा है, इसलिए यह अकेले का सवाल नहीं रह जाता। ऐसा बोलेंगे तो आप आंदोलन नहीं चला सकेंगे। आदमी एक हो या हजार—उसके सवालों के लिए लड़ना हमारा परम कर्तव्य है। यही बात महात्मा फुले और बाबा साहब ने कही है। तब मेरी आत्मकथा दलित साहित्य में स्वीकारी गई।

बहन के बारे में आपने लिखा कि बहन के परिवार में भी कुछ दिक्कतें पैदा हुईं?

मेरी छः बहनें हैं, सभी की शादी हुई, टूट गई। ऐसी कई शादियाँ हुईं और

वे सभी शादियाँ रखैलों के लड़कों से ही हुईं। अब ऐसी स्थिति है कि मेरी एक भी बहन अपने पति के साथ नहीं रहती। ऐसे ही किसी के साथ रहती हैं। इतना 'लब्धप्रतिष्ठित' साहित्यकार होकर भी मेरा घर नहीं है, गाँव नहीं है।

दलित साहित्य के मूल सूत्र क्या हैं? उसका विकासक्रम क्या रहा है?

दलित साहित्य के तीन सूत्र हैं—पहला, वेदना—हजारों बरसों से ये समाज जिसे जी रहा है वह वेदना दलित साहित्य का प्रमुख अंग है—पूरे दलित साहित्य में वेदना दिखाई पड़ेगी। दूसरा सूत्र है नकार कि हम यह जिंदगी नहीं चाहते, हम इंसान की जिंदगी चाहते हैं। नकार के बाद तीसरा स्टेज है—विद्रोह। इस व्यवस्था को नष्ट करने की बात आती है कि समता, स्वतंत्रता, न्याय, बंधुत्व के रूप में जो भी समाज आएगा, वो समाज हमारा होगा। हमें जो अछूत बनाता है, दोयम स्थान देता है, वो हमारा नहीं है।

आक्रोश और नकार के बाद जब विद्रोह आने लगा तो मराठी समाज में बहुत हलचल पैदा हो गई कि विद्रोह की बात नहीं होनी चाहिए। इससे समाज में दरार पड़ेगी। यह बहुत तीखा स्वर है। तोड़-फोड़ की भाषा है। मैं पूछता हूँ—हम हज़ारों बरसों से झाड़ू लगा रहे थे, झोंपड़ियों में थे, विद्रोह की बात नहीं करते थे, जी-जी करके बात करते थे, तब आपकी दया कहाँ थी? जब हम न्याय की बात करते हैं, हम और अधिकार की बात करते हैं तो आपको लगता है कि समाज में दरार पैदा होगी। ये तो हजारों बरसों से चलती आ रही दरार है, इसको ही तो पाटना है।

विद्रोह तो नक्सलबाड़ी में भी हुआ था। उसके बारे में आप लोगों के यहाँ क्या चर्चाएँ थीं?

'हमारे साथ अन्याय हो रहा है', 'हमारे साथ इंसानियत का बर्ताव करो' या 'हम पर दया करो'—1960 के पहले दलित साहित्य में यही सब था।

हमें दया से घृणा है, हमें अधिकार चाहिए। इसकी पहचान हमें 1960 में हुई। अपना संविधान, मूलभूत अधिकार, हमें हक चाहिए—इसका आत्मभान हुआ। इसकी वजह से हम विद्रोह कर उठे, इसी वक्त दलित पैंथर, दलितों का एक झाल संघटना (जुझारू संगठन) उभरकर आया। जहाँ भी गाँव में दलितों पर अत्याचार हुआ, इस संगठन के सौ-दो सौ लड़के गाँव में चले जाते थे। वहाँ जो अन्याय करने वाला मुखिया हो, सवर्ण हो उसके घर पर पहुँचकर हमला बोल देते थे। पूरे गाँव वालों को पीटते थे। यह पूरे महाराष्ट्र में होने लगा। एक चिनगारी थी, वो भड़क उठी तो पूरी आग भड़क उठी। महाराष्ट्र के गाँव-गाँव में अन्याय होता ही था, लेकिन इसके विरुद्ध एक संगठन की ज़रूरत थी। कोई तो शुरू कर दे, कोई पहला पत्थर उठाए। अब सभी पत्थर उठाने को तैयार हुए। ऐसा बंबई में शुरू हो गया। 9 जुलाई, 1972 को यह संगठन शुरू हुआ। इधर संगठन ने विद्रोह को जमीनी विस्तार दिया उधर दलित लेखकों ने दलित पैंथर आंदोलन की ऊष्मा को साहित्य में प्रस्तुत करना शुरू

कर दिया। साहित्य और आंदोलन इस तरह चलने लगा। दलित पैंथर ने एक मुक्त आदमी के लिए संघर्ष शुरू कर दिया और दलित लेखक ने एक मुक्त आदमी की संकल्पना को अपनी रचना की केंद्रीय विषयवस्तु बनाया।

आप नक्सलबाड़ी की बात कर रहे हैं। दलित पैंथर का जो आंदोलन शुरू हुआ, उसी वक्त महाराष्ट्र में ये नक्सलाइट आंदोलन भी शुरू था। नक्सलाइटों का आंदोलन था। गरीब लोगों के लिए संघर्ष करना और वे बहुत जुझारू थे। मगर दलित पैंथर सब आम गरीबों के लिए नहीं था, वो जो दलित समाज है, सामाजिक रूप से जो पिछड़ा है, वो आर्थिक रूप से भी पिछड़ा है। मगर आर्थिक से पहले जो सामाजिक दुर्बलता है, उसे खत्म करने के लिए दलित पैंथर आया। कई हद तक, नक्सलाइट आंदोलन की प्रखरता से इस आंदोलन को आगे बढ़ाने में मदद मिली। मैंने दलित पैंथर पर एक किताब लिखी है। वही एकमात्र किताब है—दलित पैंथर पर। उसमें मैंने एक जाहिरनामा छापा है। नामदेव ढसाल, जो दलित पैंथर के बड़े लीडर हैं, यह जाहिरनामा उन्होंने तैयार किया था, इसे बनाने में सुनील दिघे ने मदद की थी, वे नक्सलाइट कार्यकर्त्ता थे। जाहिरनामा प्रकाशित होने के बाद दलित पैंथर के युवकों में बड़ी हलचल पैदा हो गई। ये जो घोषणापत्र है, ये नक्सलाइट प्रेरित है, कम्युनिस्ट प्रेरित है—यह आरोप लगाकर दलित पैंथर में फूट हो गई। एक धारा बनी साम्यवाद को नकारने वाली और दूसरी धारा में था साम्यवाद को मानने वाला दलित पैंथर जो नामदेव ढसाल चलाने लगे। इस तरह दलित पैंथर में दो हिस्से हो गए। इससे आगे बढ़कर पूरे दलित आंदोलन में, पूरे दलित साहित्य में यह सवाल खड़ा हो गया है, बहस हो रही है कि एक चाहता है हमें मार्क्स होना चाहिए, एक चाहता है हमें बुद्ध होना चाहिए, वह बहस आज तक चालू है।

दलित साहित्य अभी तो हिंदी में आना ही शुरू हुआ है?

एक आरोप लगाया जा रहा है कि मराठी से दलित साहित्य हिंदी में आ रहा है। मराठी की क़लम लगाई जा रही है। मैं इन लोगों से पूछना चाहता हूँ कि भाई! अंग्रेजी की क़लम हिंदी में लगाई गई तो चलता है, संस्कृत की क़लम यहाँ लगाई गई तो चलता है और मराठी से साहित्य आया तो क्यों नहीं चलेगा। हिंदी साहित्य अपनी घर-गृहस्थी की समस्याओं को लेकर चलता रहा है। इधर ये साहित्य समाज के सवालों को लेकर खड़ा हुआ है और दलित समाज खाली महाराष्ट्र की भूमि में ही सीमित नहीं, पूरे देश में है। दिल्ली से लेकर गली तक ये समाज फैला हुआ है। महाराष्ट्र में प्रगतिशील विचार बहुत हैं, वहाँ सामाजिक कार्य बहुत हैं। उसकी क़लम इधर आ रही है। भाई साहब, यह गलत है। उत्तर भारत से लेकर उधर चला है। अंबेडकर तो बुद्ध, कबीर और फुले को गुरु मानते थे। दो गुरु तो उत्तर भारत के ही हैं। अकेले फुले ही उधर के हैं। ये क्यों नहीं सोचते कि इधर भी बहुत बड़ा सामाजिक आंदोलन चलाना चाहिए। ये नहीं हो रहा है।

गलती भूतकाल की नहीं है, गलती वर्तमान की है। गलती उत्तर भारतीय विचारकों की है। हिंदी लेखकों, समीक्षकों, विचारकों को, ये जो प्रगतिशील धारा हिंदी लेखन में है, उसे अच्छी तरह से पेश करना चाहिए। यहाँ इनका ये सांस्कृतिक अपराध है कि ये लोग जिम्मेदारी से भाग रहे हैं। हमने यह उत्तरदायित्व महाराष्ट्र में निभाया है। मगर यहाँ का हिंदी लेखक, समीक्षक ये क्यों नहीं निभाता, ये मेरे सामने सवाल है। कहते हैं कि दलित साहित्य परंपरा को ठुकरा देता है, परंपरा को नहीं मानता। मेरा कहना है कि इस हिंदुस्तान में जहाँ वेद और स्मृति की परंपरा है, उसी के साथ-साथ एक और परंपरा है—अवैदिक परंपरा जो चार्वाक की थी, बुद्ध की थी, महावीर की थी। उस परंपरा को मानते हैं हम, और इस परंपरा को नहीं मानते। हमारी परंपरा, जितनी वैदिक परंपरा प्राचीन है, उतनी ही प्राचीन है। यदि आपकी परंपरा हमें मनुष्य कहकर मनुष्य के पूरे अधिकार देती तो हम इस परंपरा के खिलाफ खड़े ही क्यों होते? इस परंपरा के खिलाफ खड़ा होना ही हमारी परंपरा है क्योंकि इस परंपरा ने हमारी मनुष्यता नकार दी है। इस परंपरा को स्वीकार कर लेने से तो हमारा युद्ध ही खत्म हो जाएगा। हम अपना युद्ध खत्म नहीं करना चाहते।

आप कह रहे हैं कि उत्तर भारतीय विचारकों ने ऐसा नहीं किया। आपकी समझ से उन्होंने ऐसा क्यों नहीं किया?

मराठी में फुले, अंबेडकर, साहू जी इत्यादि ने सामाजिक कार्य बहुत किया है। उसी समय इधर राजा राममोहन राय ने भी किया। मगर फुले, अंबेडकर का जो कार्य था, वह दबे-कुचले तबकों के लिए था। अंबेडकर स्वयं उस समाज से हैं जो अछूत समाज से आते हैं, मगर अछूत समाज से इतने विचारक नहीं आए, संत नहीं आए।

हिंदी में दलित साहित्य को आगे बढ़ाने के लिए क्या-क्या चुनौतियाँ हैं?

मराठी में ऐसा हुआ है कि लैंगिक, अश्लील, असभ्य, गाली-गलौज वाला साहित्य काफी छापा गया कि ये दलित का है, दलित साहित्य यही है। यदि हिंदी पत्र-पत्रिकाओं ने ऐसा गाली-गलौज वाला गलत साहित्य छापना शुरू कर दिया तो पढ़ने वाला दलित सोचता है कि ये छप रहा है, ये ट्रेंड है तो हम यही लिखेंगे। उसको बढ़ावा मिलेगा। ये जो लिख रहे हैं, सब अच्छा ही लिखेंगे, ऐसा नहीं है। जो अच्छा लिखेंगे, हो सकता है उनके लेखन में कलात्मकता कुछ कम हो और हम कलात्मकता को मानते भी नहीं, हम सामाजिकता को मानते हैं, हम प्रतिबद्धता को मानते हैं। हमें कला का इतिहास नहीं रचना। हमें तो समाज का इतिहास रचना है। जब हम समाज के इतिहास की बात करते हैं, प्रतिबद्धता की बात करते हैं तो जो दलित आंदोलन के लिए सकारात्मक भूमिका निभाने वाले लोग हैं, उन्हें ये अवश्य सोचना होगा कि दलित साहित्य कैसे अच्छा रूप लेगा। मराठी में यह सोचा नहीं गया, तो एक गंभीर त्रुटि दलित साहित्य में आ गई। अंबेडकर, फुले, बुद्ध, कबीर की बात करने वाले, प्रतिबद्धता

और विरोध की बात भी, उसी के साथ सेक्स का भी एक प्रवाह आ गया। आगे बढ़कर यही जबर्दस्त बन गया। फुले, अंबेडकर का विचार नीचे-नीचे रहने लगा।

दलित आत्मकथा में एक दया-दृष्टि की बात नहीं झलकती?

जब दलित आत्मकथा का दौर आया तो यह एक फैशन हो गया कि मुझ पर कितने अन्याय हुए। मैंने कितना सहा। अपने प्रति सहानुभूति उपजाने के लिए वह बात दुहराई जाने लगी कि मैंने किस प्रकार का अमानुषिक जीवन जिया है। जब ऐसा बोलने लगे और वह छपने लगा, बिकने लगा और उसका सम्मान होने लगा तब दूसरों को भी लगा कि मैं भी ऐसा लिखूँ कि कितनी गंदगी से आया हूँ, मुझ पर बहुत अन्याय हुए हैं। यहाँ के सवर्ण समाज की सहानुभूति लेने के लिए हम नहीं लिखते। मगर यहाँ के मीडिया ने उसी तत्त्व को समर्थन दिया और छापना शुरू कर दिया। पूरी दलित आत्मकथा में समाज की बदनामी कराने वाली प्रवृत्ति आ गई। हमारा समाज गंदा है, कुछ समझता नहीं, मरे हुए गाय-भैंस का मांस खाता है। समाज की इस विडंबना का प्रतिनिधित्व करने लगा। इसके खिलाफ भी दलित समाज में आंदोलन हुए, दलित लेखकों पर हमले हुए कि आप समाज की बदनामी करते हैं और प्रसिद्धि पाते हैं, पैसा लेते हैं, पुरस्कार लेते हैं, यह गलत है। व्यवस्था द्वारा कलंकित आदमी के लिए लिखते हुए हम भी उसे अपमानित करने लगे तो उस आदमी का सम्मान कौन करेगा। जिस आदमी को बदनाम करके व्यवस्था ने सम्मान पाया है, हम भी उसे बदनाम करके सम्मान पाने लगें? मैं चाहता हूँ कि एक शरणकुमार लिंबाले, एक दया पवार या एक दलित लेखक सम्मानित नहीं किया जाना चाहिए, पूरा का पूरा समाज सम्मानित होना चाहिए।

शेष समाज तो इन आत्मकथाओं को शस्त्र की तरह नहीं लेता। उसे पढ़कर कहता है—कितना बढ़िया लिखा है, कितना अच्छा लिखा है—जैसे महफिल में बैठकर ग़ज़ल सुन रहे हों। वाह-वाह करके दाद देने लगें। मेरी वेदना को सुनकर जब आप दाद देते हैं तो मैं सोचने लगता हूँ अरे! ये क्या चल रहा है। मैं कहता हूँ कि मुझ पर अन्याय हो रहा है, मुझ पर अत्याचार हो रहा है, मेरी माँ-बहनों को नंगा किया जा रहा है—तो आप बोलने लगे—वाह-वाह। मैं समझ नहीं पाता कि आप आदमी हैं कि शैतान, मुझे दाद दे रहे हैं या मेरे ज़ख्मों पर नमक लगा रहे हैं? ये मेरी वेदना है, कलाकृति नहीं, ये मेरा प्रश्न है। आप अक्करमाशी अच्छी है कहेंगे तो मुझे अपमान लगेगा। मेरी अक्करमाशी अच्छी है कि बुरी है, इससे मुझे ताल्लुक नहीं, अक्करमाशी में मेरे जो प्रश्न हैं, उसके बारे में आपकी भूमिका क्या है, मैं यह जानना चाहता हूँ। जब भी कलाकृति की चर्चा होती है, जब कला की चर्चा होती है, तब प्रश्न को छोड़ दिया जाता है। हम कलावाद का यहीं विरोध करते हैं। हमें कला और कलाकृति को छोड़कर प्रश्नों और आदमी की चर्चा करनी चाहिए।

दलित साहित्य के सौंदर्यशास्त्र पर आपको क्या कहना है ?

जिस साहित्य का नायक आज तक राजा-महाराजा था, नीचे आकर अब मध्यम वर्ग हो गया है। जिस साहित्य में आत्मा, परमात्मा, अध्यात्म, नीति, शृंगार और प्रणय ही विषय रहा हो, उस साहित्य का सौंदर्यशास्त्र दलित साहित्य का सौंदर्यशास्त्र नहीं हो सकता। इस साहित्य का नायक अछूत, एकदम नीच आदमी है। इस नायक को न्याय देने के लिए संस्कृत या अंग्रेजी साहित्य शास्त्र पर्याप्त नहीं होगा। समाज बदल रहा है, साहित्य बदल रहा है, वैसे सौंदर्यशास्त्र भी बदलना चाहिए। इस आदमी को न्याय देने के लिए एक अलग सौंदर्यशास्त्र की जरूरत है। जो प्रस्थापित सौंदर्यशास्त्र है, वह आनंद पर आधारित है। किताब पढ़ने के बाद पाठक को कितना आनंद होगा, यह उस आनंद को महत्त्व देता है। हम आनंद को महत्त्व नहीं देते हैं। मेरी कलाकृति पढ़कर आपको आनंद हुआ, आप बोलने लगे कि मेरी कलाकृति अच्छी है तो हमको संताप होता है।

आनंद के लिए तो एक महफिल लग सकती है। हम महत्त्व देते हैं स्वतंत्रता को। स्वतंत्रता के लिए कई क्रांतियाँ हुई हैं, कई लड़ाइयाँ लड़ी गई हैं, कई लोग जेल गए हैं, शहीद हुए हैं। आनंद के लिए कहीं क्रांति हुई हो, कहीं लड़ाई हुई हो, कहीं जेल गए हों—ऐसा नहीं है। स्वतंत्रता की प्रेरणा मिले, वही कलाकृति मुझे सुंदर लगती है। हमारा सौंदर्यशास्त्र इसी पर आधारित रहेगा।

ये जो दलित साहित्य है, उसको कौन लिख सकता है? सवर्ण लेखक लिख सकता है या दलित लेखक ही दलित साहित्य लिख सकता है? सवर्ण लेखक कह सकता है कि मैं अपनी प्रतिभा से, अपनी कल्पना के बल पर दलित के बारे में लिख सकता हूँ। मगर जब एक दलित लिखता है और जब सवर्ण लेखक लिखता है तो उसमें फर्क होता है। दलित लेखक खुद के अनुभव लिखता है, भोगा हुआ यथार्थ लिखता है। महिला का प्रसूति के बारे में बयान डॉक्टर के बयान से हमेशा ही ज्यादा प्रमाणिक होगा। मराठी में दलितों ने ही जो लिखा है, उसे ही दलित साहित्य कहा गया है। दलितों के अलावा अन्य लेखकों ने भी दलितों के बारे में लिखा है, उसे दलित साहित्य नहीं कहा गया है। अन्य लेखकों ने जो भी लिखा है, उसमें मैंने महसूस किया है कि उनके लेखन में एक तो दया भाव होता है, सहानुभूति होती है। दूसरा वे इस झोंपड़पट्टी में फ्री रूप से सेक्स इन्ज्वॉय करते हैं। दया-सहानुभूति और सेक्स की एक प्रमुख अंतरधारा गैर दलित लेखक की रचना में आती है। वही दलित लेखक दलित साहित्य रच सकता है जिसमें दलित चेतना हो।

इधर जो परिस्थितियाँ बदली हैं, उनका दलित साहित्य पर क्या प्रभाव पड़ रहा है?

पहले गाँव वाले आकर एक अछूत को मार डालते थे। अभी पूरा गाँव आता है और पूरी बस्ती जला देता है। पहले के मुकाबले आज के अत्याचार का परिणाम रौद्र हो गया है। पहले गाँव में पानी नहीं देते थे, मंदिर में जाने नहीं देते थे, ठीक

है, लेकिन आज आंदोलन यहाँ दिल्ली में भड़कता है तो तुरंत उधर कन्याकुमारी, महाराष्ट्र में भड़क उठता है। मराठवाड़ा विद्यापीठ को बाबा साहब अंबेडकर का नाम देने की बात हुई। दूर-दराज में खेत-खलिहान में रहने वाले जो अछूत हैं, उनको जलाया गया, उनके घर, झोंपड़ियाँ ध्वस्त कर दी गईं, किसी का खून हो गया, ये तो कोई लोकतांत्रिक तरीका नहीं है। जिनको विद्यापीठ नहीं मालूम था, जिनके घर में खाने के लिए भी पीठ नहीं था, उन लोगों को आपने मार दिया। हम कोई अलग राज्य नहीं माँग रहे, कोई राष्ट्रीयकरण करने की माँग नहीं कर रहे थे, बस नाम ही तो माँग रहे थे। चारदीवारों की विद्यापीठ है, उसको हम मराठवाड़ा के बजाय अंबेडकर का नाम देने की माँग कर रहे थे। उस माँग के लिए हमको पंद्रह साल संघर्ष चलाना पड़ा सिर्फ मराठवाड़ा के आगे अंबेडकर का नाम लगाने के लिए। मराठवाड़ा ऑटो वर्क्स हो सकता है, मराठवाड़ा किराना स्टोर हो सकता है, मराठवाड़ा लॉण्ड्री हो सकती है लेकिन मराठवाड़ा के साथ अंबेडकर का नाम नहीं जुड़ सकता।

एक सवाल और है जो कि मराठी में चल रहा है, उसके बारे में आपको बताना चाहता हूँ। दलित साहित्य 1960 में शुरू हुआ। 1970 में उसकी किताबें आने लगीं। 1980 में आत्मकथा आई। दलित साहित्य के शुरू होने के दो दशक बाद ही दलित साहित्य के भविष्य के बारे में बातें होने लगीं। दलित साहित्य का भविष्य क्या होगा? सवाल उठाए जाने लगे। मैं पूछता हूँ कि दलित साहित्य के भविष्य को लेकर आप इतने चिंतित क्यों हैं? ये एक घटिया बात है। घातक प्रवृत्ति—कि एकदम भविष्य की बात की जाने लगेगी वरना अतीत की बातें होंगी। यहाँ समीक्षकों की भूमिका बड़ी ही संदिग्ध पाई जाती है।

कहा जाता है कि कबीर बहुत अच्छे थे, उनका साहित्य बहुत अच्छा था। आज जो लिखा जा रहा है उसके बारे में कुछ नहीं कहा जाता है। कहते पाए जाते हैं कि आगे क्या होगा? इनका मकसद होता है आज के बारे में मौन धारण करना, आज के बारे में कुछ नहीं बोलना।

संविधान, कानून इत्यादि की भूमिका तो समाज को मुक्त करने के बजाय प्रतिक्रिया की शक्तियों को संरक्षण प्रदान करने वाली दिखाई दे रही है?

संविधान तो बाबा साहब अंबेडकर ने बनाया। उसमें जो मूलभूत हक दिए गए हैं, हमारे लोगों को कभी मिले नहीं। संविधान एक सोने का पिंजरा है। हम संविधान तक नहीं पहुँचे, न ही संविधान हम तक पहुँचा। अंबेडकर ने कहा था कि संविधान कितना अच्छा है, यह संविधान पर निर्भर नहीं करता, यह संविधान के अमल करने वालों पर निर्भर करता है।

दलितों के हित के लिए संविधान का उपयोग नहीं होता। यहाँ के शासक वर्ग ने अपने हित के लिए उसका उपयोग करना शुरू कर दिया है।

एक उत्पीड़न (विरोधी) कानून है पूरे देश में। अनुसूचित जातियों पर जो

अत्याचार होते हैं, उनको रोकने के लिए उत्पीड़न कानून बनाया गया। नामांतर आंदोलन के दौरान बहुत दंगा हुआ, खून-खराबा हुआ। तब महाराष्ट्र में दलितों ने उत्पीड़न कानून का सहारा लेकर कई केस सवर्णों पर किए। अभी शिवसेना-भाजपा की सरकार आई है तो उन्होंने उत्पीड़न कानून के जरिए जितने भी केस हुए हैं, उन्हें रद्द करवाने के चक्कर में हैं। चूंकि यह कानून केंद्र का है, राज्य सरकार तो उसे रद्द नहीं कर सकती इसलिए ऐसा एक जनांदोलन शिवसेना-भाजपा खड़ा करना चाहती है।

हिंदुओं में जो पोंगापंथी तत्त्व आए हैं, जिनके हाथ में शासन, कानून, शिक्षा और लोकतंत्र को चलाने की जिम्मेदारी है, वही पुनरुत्थान का शस्त्र बने बैठे हैं। हमारे आंदोलन का विश्वास है कि हम आदमी के मन में परिवर्तन ला सकते हैं। हम हिंदुओं के खिलाफ नहीं हैं, हाँ हमारी लड़ाई हिंदू मानसिकता के विरुद्ध है। कोई हिंदू रहे, ईसाई रहे या बौद्ध रहे, उसकी मानसिकता लोकशाही की रहे, सामाजिक समता, स्वतंत्रता न्याय की रहे—यही हमारे आंदोलन की प्रमुख धारा है।

दलित आंदोलन और वामपंथी आंदोलन के आपसी संबंध आप किस तरह देखते हैं?

दलित चेतना को बड़े पैमाने पर साम्यवादी विचारों ने प्रभावित किया है। लेकिन एक हद तक, वह हद कौन-सी है? मान लीजिए साम्यवादी धाराओं के आंदोलन हैं तो वे दलित का प्रतिनिधित्व कैसे करते हैं? एक श्रीमंत के विरुद्ध एक गरीब। वो लड़ाई को धनी और निर्धन के बीच ही केंद्रित रखते हैं। यहाँ तो जो निर्धन है वह निर्धन होने के साथ-साथ अछूत भी है। मैं एक गरीब हूँ, एक सवर्ण भी गरीब है लेकिन वो सवर्ण गरीब मुझे अछूत मानता है। जब हम कारखानों में काम करते हैं तब हम सब मजदूर होते हैं लेकिन जब हम घर लौटते हैं तो मैं अछूत बस्ती में जाऊँगा, वो बनिया की बस्ती में जाएगा, वो यादव की बस्ती में जाएगा। जब दंगा होगा तो अछूत गरीब के घर पर यादव गरीब ही पत्थर फेंकेगा। साम्यवादी आंदोलन की यही सीमा है। सीमा नहीं बल्कि यहीं तक उन्होंने काम किया है। इस सवाल को दलित आंदोलन ने उठाया। दलित समुदाय के सामाजिक प्रश्न दलित आंदोलन ने प्रमुखता से लिए। लेकिन आगे आते-आते यह आंदोलन भी ठहराव का शिकार हो गया है। प्रश्न उठ रहा है कि इससे आगे कहाँ जाएँगे? तो मुझे लगता है कि अब शोषित-पीड़ित जनता के आर्थिक प्रश्न उठाकर ही आगे बढ़ा जा सकता है। आर्थिक शोषण से कटकर केवल सामाजिक प्रश्न उठाने से आंदोलन ठहर गया है। ऐसे में वामपंथियों के साथ सहयोग बहुत आवश्यक हो गया है। मेरा तो मानना है कि हर शोषित को अंबेडकर को पढ़ना चाहिए और हर दलित को मार्क्स को, तभी मिलकर लड़ाई आगे बढ़ सकती है।

(समकालीन जनमत : अप्रैल, 1996)

लक्ष्य से भटक गए हैं कुछ दलित लेखक

शरणकुमार लिंबाले से मोहनदास नैमिशराय

पिछले दिनों निर्मला देशपांडे ने दलित साहित्य को एक फैशन बतलाया था। आपकी इस पर क्या प्रतिक्रिया है?

आज दलित साहित्य की चर्चा और समीक्षा जोरशोर से होने लगी है, जो इस बात का सबूत है कि दलित साहित्य हर विधा में तेजी के साथ लिखा जा रहा है। जहाँ तक निर्मला देशपांडे तथा अन्य समीक्षकों, शिक्षाविदों की बात है, इन दिनों दलित साहित्य को मात्र फैशन बताने वालों की संख्या भी तेजी के साथ बढ़ रही है। जो लोग रुचि बदलने तथा दलित साहित्य में थ्रिल और वायलेंस की तलाश करते हैं, वे अपने आप में भ्रमित हैं। सवर्णों में दलित साहित्य को पढ़ने वाला तबका मध्य वर्ग से आता है। उनमें कुछ अपने हिसाब से दलित साहित्य की समीक्षा भी कर रहे हैं। पर मेरी राय में दलित साहित्य सनसनीखेज साहित्य नहीं है। वह आंदोलन से जुड़ा यथार्थ का साहित्य है जो अपनी अस्मिता और पहचान की तलाश में है।

जहाँ तक मध्य वर्ग के पाठकों की बात है उन्हें किसी दलित लेखक की एकाध कृति पढ़कर अपना निर्णय नहीं देना चाहिए। उनके लिए जरूरी है ज्योतिबा फुले-अंबेडकर के आंदोलन को समझना। तभी निर्मला देशपांडे के साथ ऐसे समीक्षक अनुभव पर आधारित क्रांतिकारी दलित साहित्य को समझ पाएँगे।

इधर कुछ बौद्ध अनुयायी दलित साहित्य से बचने लगे हैं और दलित शब्द की निंदा भी कर रहे हैं। आपके विचार में दलित साहित्य और बौद्ध विचार-प्रणाली में क्या अंतर है?

देखिए, न दलित साहित्य से अब बचा जा सकता है और न ही दलित शब्द की निंदा करना श्रेष्ठ कार्य है। बौद्ध धर्म एक श्रेष्ठ धर्म है ऐसे में बौद्ध अनुयायियों को यह शोभा नहीं देता कि वे दलित साहित्य के बारे में अनाप-शनाप कुछ भी बोलें।

बाबा साहेब अंबेडकर के धर्मांतरण से पहले ही दलित साहित्य प्रकाशित हो

रहा था। हालाँकि 14 अक्टूबर, 1956 को दलितों का धर्मांतरण हुआ था। फिर भी 2 मार्च, 1958 को दलित लेखकों का पहला साहित्य सम्मेलन संपन्न हुआ। यहाँ यही ध्यान देने योग्य है कि इसे बौद्ध साहित्य की बजाय 'दलित साहित्य' नाम से संबोधित किया गया।

असल में धर्मांतरण से दलित समाज की मानसिकता में क्रांतिकारी परिवर्तन हुआ। धर्मांतरण की ऐतिहासिक घटना नए मुक्ति संग्राम का प्रारंभ थी। बौद्ध धर्म के कारण दलितों को एक नया सांस्कृतिक आयाम मिला। इसका दलित साहित्य के विकास पर सकारात्मक प्रभाव हुआ। आजादी के पहले दशक में कुछ लेखक साहित्यकारों के भीतर नए तरह का विचार पनपा। दलित लेखक कहीं बौद्ध साहित्यिक धारा से विमुख न हो जाएँ, इस चिंता से दलित लेखकों के एक गुट ने 'बौद्ध साहित्य का समर्थन' शुरू किया। दलित शब्द दुर्गंधित शब्द है, ऐसे गंदे शब्द को नकारना चाहिए, यह बौद्ध लेखकों तथा बौद्ध अनुयायियों की प्रतिक्रिया थी। दलित लेखकों के पास संस्कृति नहीं है, ऐसी बौद्ध लेखकों की धारणा थी।

दलित समाज ने धर्मांतरण किया तो भी इस समाज को पूर्णतः बौद्ध होने के लिए कुछ समय अभी और लगेगा और उतना ही बौद्ध साहित्य के सृजन में लगेगा इस स्थिति में दलित लेखकों से बौद्ध साहित्य की अपेक्षा करना अनुचित नहीं, तो उचित भी नहीं है। वैसे भी बौद्धों द्वारा 'दलित' शब्द की निंदा उचित नहीं लगती।

ऐसा अकसर कहा जाता है कि दलित साहित्यकारों की भाषा रूढ़ और अश्लील होती है। उसमें सौंदर्य का अभाव है उसमें कला पक्ष भी नहीं होता। आपके इस बारे में क्या विचार हैं?

दलित साहित्य में कला, रस तथा सौंदर्य की चाह रखने वालों से मेरा कहना है कि दलित साहित्य कलावादी अथवा रंजनवादी साहित्य नहीं है इसलिए कलावादी साहित्य के सौंदर्यशास्त्र के आधार पर दलित साहित्य का सौंदर्यशास्त्र सिद्ध करने की चर्चा नहीं की जा सकती। हमें यह भी तय करना पड़ेगा कि कुरूपता से सौंदर्य कैसे अलग किया जाए, इस विषय में भी निश्चित मत प्रतिपादित करना होगा।

मराठी साहित्य का सौंदर्यशास्त्र आनंद पर आधारित है तो दलित साहित्य का व्यथा या वेदना पर। दलित साहित्य में व्यक्त हुई वेदना और विद्रोह पढ़कर पाठक बेचैन होगा या आनंदित? सौंदर्य विचार में रसिक वृत्ति और दलित साहित्य में 'दलित चेतना' का मेल कैसे संभव किया जाए? दलित चेतना क्रांतिकारी मानसिकता है। यह चेतना आनंद पर निर्भर न होकर समता, स्वतंत्रता, न्याय और बंधुभाव पर आधारित है। इसलिए दलित समीक्षकों को सौंदर्य की कल्पना बदलना महत्त्वपूर्ण लगता है। जबकि सौंदर्य की कल्पना हर युग में होने वाले विचारों से संबंधित है।

सभी दलित लेखक एक ही प्रेरणा से लिख रहे हैं। उनकी सभी साहित्यिक कृतियों में जीवन मूल्य व्यक्त हुए हैं। मेरे विचार में दलित लेखकों को तय करना

होगा कि उनके साहित्य में अंबेडकरी विचार कैसे व्यक्त होगा। जो कलाकृति अधिकाधिक 'दलित चेतना' जाग्रत करेगी, वह कलाकृति सर्वश्रेष्ठ होगी।

हिंदी दलित साहित्य में स्वयं दलित समाज की महिलाएँ कम लेखन कर रही हैं इसके क्या कारण हैं?

दलित महिलाएँ गुलामों की गुलाम रही हैं। हिंदी क्षेत्र की महिलाएँ अभी पूरी तरह से आंदोलन की केंद्रीय धारा से नहीं जुड़ पाई हैं। इसलिए उनमें रचनाधर्मिता कम है। वे परंपरावादी विचारों से ओतप्रोत हैं। इसका कारण है कि वे हिंदू देवी-देवताओं से अभी पीछा नहीं छुड़ा पाई हैं। उनके मन में वही सब रचा बसा है, जो उन्हें क्रांति करने से रोकता है। हालाँकि वे सामाजिक बदलाव चाहती हैं, पर उसके लिए तैयार नहीं हैं।

मराठी में मलिका अमर शेख ने पिछले दिनों 'मुझे खाक में मिलने दो' आत्मकथा लिखकर एक जोखिम भरा कदम उठाया है। उसने पुरुषवादी वर्चस्व को चुनौती दी। उसकी आवाज दबी नहीं। बावजूद इस सबके वह अपने पति नामदेव ढसाल के साथ एक ही छत के नीचे रहती है।

इस बारे में मैं यह भी कहना चाहता हूँ कि दलित महिलाओं की रचनाएँ केवल पुरुष की गुलामी के आसपास ही नहीं होनी चाहिए। उनकी कृतियों का केंद्रबिंदु डॉ. अंबेडकर और बुद्ध होना चाहिए। उन्हें उन मूल्यों के लिए लड़ना चाहिए जो संपूर्ण दलित समाज के लिए जरूरी है।

आपकी राय में पिछले दो दशक में दलित साहित्य में क्या बदलाव आए हैं?

पूरे देश के दलित साहित्य का अध्ययन एवं विश्लेषण करने पर हमें इस बात का सुखद अनुभव होता है कि दलित साहित्य बड़ी तेजी के साथ अपनी अस्मिता और सवालों के आसपास लिखा जा रहा है। देश-विदेश में वैसे साहित्य में सवर्ण बुद्धिजीवियों की रुचि बढ़ रही है। उनमें से कुछ दलितों की समस्याओं के नजदीक भी हो रहे हैं। विश्वविद्यालयों के पाठ्यक्रम में दलित साहित्यकारों की रचनाएँ शामिल करने पर बहस होने लगी है। दलित कथाकारों को पुरस्कार भी मिल रहे हैं, पर आज जब मैं पीछे मुड़कर देखता हूँ तो लगता है जैसे दलित आंदोलन ठहर-सा गया है। दलित साहित्य में आक्रोश, आक्रामकता का अभाव हो गया है। उसकी रचनाधर्मिता में अब वैसे सवाल नहीं मिलते। भाषा में संतुलन आया है, शैली परिमार्जित हुई है और कुछ दलित साहित्यकार कहीं अपने उद्देश्य से भटक रहे हैं। वे समझौता करने लग गए हैं।

(राष्ट्रीय सहारा : 10 मार्च, 2002)

सवर्णों को दलितों पर लिखने का हक

शरणकुमार लिंबाले से राकेश तिवारी

शरणकुमार लिंबाले मराठी के चर्चित दलित लेखक हैं। दया पवार की 'अछूत' के बाद लिंबाले की आत्मकथा 'अक्करमाशी' का दलित साहित्य में महत्त्वपूर्ण स्थान है। 'अक्करमाशी' का हिंदी, कन्नड़, पंजाबी आदि कई भारतीय भाषाओं में अनुवाद हुआ है और अभी अंग्रेजी में भी आने वाली है। राजकमल प्रकाशन से हिंदी में उनका एक उपन्यास 'नर वानर' आ रहा है और हिंदी में ही उनका एक अन्य दलित उपन्यास छापने की वाणी प्रकाशन की भी तैयारी है। लिंबाले की अब तक लगभग दो दर्जन पुस्तकें छप चुकी हैं जिनमें आत्मकथाओं, कहानी-संग्रहों, उपन्यासों और कविता-संग्रहों के अलावा कई अन्य पुस्तकें शामिल हैं। यशवंतराव चह्वाण महाराष्ट्र मुक्त विद्यापीठ में कार्यरत लिंबाले पुणे में रहते हैं। वे हाल में दिल्ली आए हुए थे। यहाँ उनसे गपशप के साथ-साथ यह बातचीत भी हुई।

दलित साहित्य को पुरुष प्रधान साहित्य कहा जाता है क्योंकि उसमें दलित स्त्री का नहीं बल्कि दलित पुरुष का दर्द और यथार्थ ही ज्यादा होता है। इस बात से लिंबाले सहमत हैं या नहीं, इसके जवाब में वे कहते हैं—दलित पुरुषों का समाज भी ऐसा है कि स्त्री को शिक्षा नहीं दी जाती। आंदोलन में भी पुरुष ज्यादा हैं। मराठी में दलित महिलाएँ लिख तो रही हैं, पर पुरुष लेखक ही ज्यादा हैं। दलित महिला दलित पुरुष से ज्यादा गुलाम है। एक तो वह जाति व्यवस्था की शिकार है, दूसरा, पुरुष प्रधान व्यवस्था की या पति की शिकार भी रही है। ज्यादातर अन्याय दलित स्त्री पर ही होते हैं। उनका लेखन भारी पैमाने में आए तो दलित साहित्य का रूप सचमुच कुछ अलग होगा। पुरुषों ने जाति व्यवस्था के बारे में जो कुछ लिखा है वह विद्रोही लेखन है। मगर महिलाओं के बारे में जो रुख हिंदू और सवर्ण पुरुष का है वही दलित पुरुष का भी है।

भारतीय समाज में निकट भविष्य में कोई ऐसा सुधार होने की उम्मीद दिखाई

देती है जिससे दलित और गैर दलित का विभाजन खत्म हो जाएगा? वे कहते हैं—मैं कन्फ्यूज्ड हूँ। एक तो आबादी बढ़ रही है, दूसरे बेरोजगारी बढ़ रही है। आगे चल कर इसके भयानक परिणाम होने वाले हैं। आज वे हमें नजर नहीं आ रहे। अगर बेरोजगारी ने जातिवादी रुख लिया तो दंगे हो सकते हैं, समाज में दरार आ सकती है। इसलिए सर्वहारा, शोषित-पीड़ित, दलित सभी को एकजुट करेंगे तो भारतीय समाज, रचनात्मक दिशा में बढ़ सकेगा। भारत सुंदर और बलशाली तभी बनेगा जब भेदभाव खत्म होगा। अभी तो समझ में नहीं आता कि भविष्य में कौन-सी शक्तियों की जीत होगी। परिवर्तनवादी और समतावादी विचारों के लोगों में गुटबाजी है, जबकि प्रतिगामी शक्तियाँ एकजुट हैं।

लिंबाले मानते हैं कि सवर्णों को दलित प्रश्नों पर लिखने का अधिकार है। कहते हैं : 'सवर्णों ने दलित विषयों पर पहले भी लिखा है, जैसे प्रेमचंद वगैरह ने। और आज कमलेश्वर और राजेंद्र यादव जैसे लोग लिख रहे हैं। आपत्ति होती है तो इसकी दो वजहें हैं। एक तो प्रगतिशील विचारधारा का लेखक उपदेशक की भूमिका में आ जाता है। दूसरा, उनके लेखन में दयाभाव होता है, अनुकंपा होती है। हमें किसी की सहानुभूति की जरूरत नहीं, हक और अधिकार चाहिए। कलावादी लेखकों का तो दलितों की दुनिया की तरफ देखने का नजरिया ही भ्रष्ट है। वे दलित औरत का चित्रण 'सेक्सी' औरत की तरह करते हैं। दलित पात्र को अपराधी की तरह पेश करते हैं। तीसरी बात यह है कि सवर्ण साहित्य में दलित को नायक नहीं बनाया जाता। दलित लेखकों ने पहली बार दलित को नायक बनाया और दलित आदमी को केंद्र मान कर लिखा। सवर्ण लेखक के लेखन में दलित चेतना नहीं मिलती। तो जन्म से दलित है, यदि उसके लेखन में भी दलित चेतना नहीं है, वह प्रेमकथाएँ लिख रहा है, जासूसी किस्म की चीजें लिख रहा है तो वह दलित लेखक नहीं है।'

दलितों के प्रश्नों पर गैरदलितों के कलम चलाने की वजह क्या हो सकती है? इस सवाल पर वे कहते हैं—सवर्ण लेखक आज तक दलितों की बस्ती में आने को तैयार नहीं थे। पर यदि आज वे अपनी कल्पना के जरिए वहाँ आ रहे हैं तो भी उनका स्वागत किया जाना चाहिए। दलितों पर लिखने का कारण यह भी है कि दलितों के साहित्य की चर्चा हो रही है। वे सोचते हैं कि हम भी उन पर लिखें ताकि हमारे साहित्य की भी चर्चा हो, हमें भी प्रगतिशील लेखक माना जाए, हम उनके मसीहा हो जाएँ। आखिर ये लोग आज ही क्यों लिखना चाहते हैं? हजारों सालों से इनसे कौन मना कर रहा था? जब दलित साहित्य की शुरुआत थी तो चर्चा होती थी कि अलग साहित्य क्यों। आज दलित साहित्य को मान्यता मिल गई तो उसमें घुस कर उसके अलग अस्तित्व को नष्ट कर देना चाहते हैं। पहले उन्हें छूने को तैयार नहीं थे और अब मित्रता का रुख है।

क्या सवर्ण लेखक दलित लेखकों की आत्मकथाओं की लोकप्रियता से प्रेरित

होकर खुद भी आत्मकथाएँ लिखने लगे हैं या किसी और वजह से? इसका जवाब लिंबाले इस तरह देते हैं—पहला तो यह कि आत्मकथा लिखने में कोई बड़ी प्रतिभा नहीं लगती। इसे एक दुकानदार भी लिख सकता है। प्रतिभा लगती है उपन्यास, कहानी या कविता लिखने में। पर दलितों ने अपनी आत्मकथाएँ बड़ी बेबाकी से लिखी हैं। दलित आत्मकथाएँ खुद को भी नंगा करती हैं और समाज को भी नंगा करके उसका घिनौना सच सामने ला रही हैं। **उसका साहित्यिक मूल्य कम हो सकता है, लेकिन सामाजिक मूल्य ज्यादा है।** और दूसरे लोग आत्मकथाएँ लिख रहे हैं तो अच्छा है। दलितों ने जब मराठी में लिखा तो सवर्ण महिलाओं ने भी लिखा कि उनके साथ अन्याय होता है। उतनी ही आक्रामक सवर्ण महिलाओं की आत्मकथाएँ भी हैं। अभी मुसलमान भी लिख रहे हैं। यह सब दलित साहित्य के प्रभाव से हो रहा है।

दलित लेखकों का अपने लेखन की शुरुआत आत्मकथाओं से करना क्या उचित है जबकि माना यह जाता है कि आत्मकथाएँ तो लंबे दौर के अनुभवों और बाल सफेद होने के बाद लिखी जानी चाहिए? लिंबाले कहते हैं—मेरी 'अक्करमाशी' 25 वर्ष में लिखी गई आत्मकथा है। यदि मैंने साठ साल में लिखी होती तो उलटे कुछ अनुभव विस्मृत हो जाते। आज के अनुभव आज ही लिखने में जो ताजापन है वह बुढ़ापे में लिखने से नहीं होगा। आज मैं 'अक्करमाशी' लिख भी नहीं सकता। जिस बेबाकी से पहले लिख सकता था और नंगा हो सकता था, हुआ। आज मुझे ज्ञानपीठ पुरस्कार भी मिले तो नहीं लिख पाऊँगा। आज तो रिश्तेदारों को, दफ्तर वालों को 'अक्करमाशी' देने तक में हिचक होती है।

हिंदी में दलित साहित्य की स्थिति पर लिंबाले कहते हैं, 'कुछ लोग अच्छा लिख रहे हैं जिनमें मोहनदास नैमिशराय, ओमप्रकाश वाल्मीकि, मलखान सिंह वगैरह हैं। मराठी के दलित साहित्य को पचास वर्ष हो गए। वहाँ के दलित साहित्य की पृष्ठभूमि में फुले और अंबेडकर की विचारधारा और आंदोलन हैं। दूसरा महाराष्ट्र के युवकों ने 'ब्लैक पैंथर' से प्रेरणा लेकर 'दलित पैंथर' जैसा संगठन खड़ा किया। वहाँ के दलित लेखकों ने उसमें शिरकत की और जातीय व्यवस्था के खात्मे की लड़ाई बहुत गर्मजोशी से लड़ी। इसकी वजह से महाराष्ट्र के दलित साहित्य में जुझारूपन आया। दूसरा, मराठवाड़ा विश्वविद्यालय को बाबा साहब का नाम देने के लिए नामांतरण का आंदोलन पंद्रह साल चला। उससे लेखक जुड़े। इसलिए उनके लेखन में आंदोलन की प्रखरता व्यक्त हुई। खुद अंबेडकर ने उत्तर भारत से बुद्ध और कबीर को लिया। उनके विचारों के आधार पर आंदोलन चलाया। फिर भी उत्तर भारत में दलित चेतना का विकास नहीं हो पाया। एक कारण यह भी है कि हिंदी चार प्रांतों में बँटी है। हर प्रांत की जाति प्रथा अलग-अलग है। इसी कारण यहाँ के दलितों में यह भावना नहीं है कि हम सब एक हैं। यहाँ दलित और दलित में भी ऊँच-नीच का भेदभाव है। क्योंकि इन पर अब भी हिंदू धर्म का प्रभाव है।'

आप हिंदू धर्म को मानते हैं या नहीं, इसके जवाब में लिंबाले कहते हैं—मेरा किसी धर्म पर विश्वास नहीं है।

मुख्यधारा के प्रमुख साहित्यकारों की आलोचना के सवाल पर वे कहते हैं कि पूरी दुनिया में साहित्य में पुनर्वाचन, मूल्यांकन किया जाता है। भक्तिकाल के साहित्य का, प्रगतिशील साहित्य और दलित साहित्य का भी पुनर्मूल्यांकन होगा। यदि प्रगतिशील विचारधारा के साहित्य का मूल्यांकन दलित कर रहे हैं तो उसमें बतंगड़ बनाने की जरूरत नहीं है। उन्होंने जब लिखा वह क्रांतिकारी था, इसे नकारा नहीं जा सकता। पर नए मूल्यों के हिसाब से पुनर्मूल्यांकन नहीं करना चाहिए। यह तर्क अच्छा नहीं लगता। साथ ही दलित लेखकों को भी यह ध्यान रखना चाहिए कि प्रगतिशील और साम्यवादी विचारधारा के लोगों ने इस वर्ण व्यवस्था के विरुद्ध लिख कर कुछ मूल्य चुकाया है और एक पृष्ठभूमि तैयार की है। उन्हीं की वजह से सवर्णों में कुछ लोग तैयार हुए हैं। उन्होंने यहाँ के सवर्ण पाठक समुदाय की अभिरुचि बदलने का काम किया है।

अक्करमाशी लिखने के बाद घर, परिवार और अपने समाज की प्रतिक्रिया को लेकर पूछे गए सवाल के जवाब में लिंबाले बताते हैं—'जब मैं आत्मकथा लिख रहा था तो माँ को बहुत अच्छा लगा कि बेटा लेखक बन रहा है। लेकिन जब उसे पता चला कि उसकी आपबीती उसमें व्यक्त हुई है तो वह नाराज हो गई कि मैंने जिसे जन्म दिया उसी ने मुझे बदनाम कर दिया। गाँव वालों ने मेरे गाँव आने पर पाबंदी लगा दी। कहने लगे कि लिखना था तो अपने बारे में लिखते, गाँव के बारे में क्यों लिखा। दलित समाज ने भी मुझे बहुत तकलीफ दी। मुझे गंदे-गंदे पत्र लिखे कि तू हराम की औलाद है। ऐसा इसलिए कि आत्मकथा में एक स्त्री को सवर्ण की रखैल दिखाना उन्हें दलित समाज की और डॉ. अंबेडकर की तौहीन लगी। बहनों ने कहा कि ऐसा लिखकर तू हमारे घर-संसार में आग लगाने निकला है। दरअसल हमारी माँ-बहनों के साथ बलात्कार हुआ है तो यह न कहा जाए कि बलात्कार हुआ है। दलित साहित्य का मुख्य लक्ष्य है कि उनको उनकी गुलामी से अवगत कराया जाए। यदि उसे यह न कहा जाए तो उसके मन में प्रतिकार की और क्रांति की भावना नहीं होगी। हमें निर्भय और निर्लज्ज होकर लिखना होगा। हमारे हित की बात यह है कि हम पर जो अन्याय हुए हैं, वे कितने ही शर्मनाक हों, उन्हें कहना होगा। जब तक उसकी चौराहे पर चर्चा नहीं होगी तब तक मानवता की नई परिभाषा तैयार नहीं होगी। सत्य, शिव और सुंदर की परिभाषा यजमान समाज के हित के लिए बनाई गई है। हमें नई मूल्य व्यवस्था का निर्माण करना होगा। यही दलित साहित्य का धर्म है।'

दलित लेखकों के सामने वर्तमान चुनौतियों को लेकर लिंबाले का कहना है—' 'इंडिया' इक्कीसवीं सदी में जा पहुँचा है और बहिष्कृत भारत आज भी पंद्रहवीं

सदी में जी रहा है। आज भी दलित पीने के पानी के लिए कुएँ तक नहीं जा सकते। हम साँप को ईश्वर मानते हैं, दूध पिलाते हैं लेकिन दलित का स्पर्श भी अपराध मानते हैं। हाल ही में झज्जर में गाय के लिए पाँच दलितों की हत्या हो गई। गाय कितनी भी पवित्र हो पर एक गाय के लिए पाँच इंसानों की जान लेने का समर्थन नहीं किया जा सकता। दलित लेखकों को सोलहवीं सदी की सामाजिक कुरीतियों से भी लड़ना है और इक्कीसवीं सदी के वैश्वीकरण से भी। एक तरफ हम इंटरनेट की बात करते हैं पर दूसरी तरफ दलित के घर में रोटी नहीं है। मुक्त अर्थव्यवस्था और संचार क्रांति से खाली उपभोक्ता सामान ही नहीं आ रहा है, दुनिया की कला-संस्कृति भी भारत में आने लगी है। यह सब हमारे सामने चुनौती की तरह है। दलित लेखक आज तक दलित आदमी के लिए लिखता था, पर अब विश्व स्तर के लेखन से उसकी स्पर्धा है।'

(जनसत्ता : 15 दिसंबर, 2002)

दलित साहित्य पूरे भारत का साहित्य है

शरणकुमार लिंबाले से सूरजपाल चौहान

पिछले दिनों नवंबर, 2002 में मराठी साहित्य के प्रमुख दलित साहित्यकार डॉ. शरणकुमार लिंबाले का एक साहित्यिक कार्यक्रम में गुड़गाँव/दिल्ली आना हुआ था। इस अवसर पर प्रसिद्ध दलित साहित्यकार श्री सूरजपाल चौहान द्वारा लिया गया साक्षात्कार हम अपने पाठकों के लिए प्रस्तुत कर रहे हैं।

डॉ. साहब, दलित साहित्य के मूल स्रोत कौन से हैं? आप उनकी पहचान कैसे करेंगे?

वर्तमान में दलित साहित्य का मूल स्रोत अंबेडकरी विचारधारा और उनका आंदोलन ही है। सैकड़ों वर्षों से इस देश के दलित वर्ण-व्यवस्था के शिकार रहे हैं। दलितों को हमेशा से पीसा और रौंदा गया है। वर्षों तक देश के दलित इस गुलामी से छुटकारा नहीं पा सके। वर्ण-व्यवस्था की गुलामी से छुटकारा डॉ. बाबा साहब ने ही दिलाया है। उन्होंने इस देश के दलितों को नई अस्मिता प्रदान की और उनके अधिकारों के लिए शिक्षित बनो, संघर्ष करो और संगठित रहो का संदेश दिया। उनके इस संदेश ने सारे दलित समाज में सांस्कृतिक हलचल पैदा कर दी। इस हलचल से दलितों को एक नया तेवर मिला और एक नई पहचान बनी।

दलित साहित्य का दूसरा मूल स्रोत है—जाति-व्यवस्था। इसकी वजह से ही दलित साहित्य अस्तित्व में आया। भारत में जब तक जाति-व्यवस्था रहेगी, तब तक दलित साहित्य भी रहेगा। मैं यह स्पष्ट कर देना चाहता हूँ कि जब तक इस देश में जाति-व्यवस्था का अंत नहीं होगा, तब तक दलित साहित्य भी जिंदा रहेगा।

तीसरा मूल स्रोत है—आजादी, लोकतंत्र और शिक्षा का प्रचार। शिक्षा की वजह से ही दलितों में जागृति पैदा हुई है। देश का दलित सोचने लगा है कि देश स्वतंत्र है तो हम क्यों नहीं? आज आप देख ही रहे हैं कि शिक्षा पर किसी एक वर्ग का एकाधिकार नहीं है। शिक्षा एवं कानून से वर्णव्यवस्था ध्वस्त होती नज़र आ रही

है। दलित साहित्य की यह एक विशेष उपलब्धि है कि इसमें अनेक जातियों के लेखक उभरकर सामने आ रहे हैं।

दलित साहित्य के परिप्रेक्ष्य में स्वानुभूति और सहानुभूति के सवाल को लेकर पहले मराठी साहित्य में और अब हिंदी दलित साहित्य में गैर-दलित लेखकों द्वारा खूब हो-हल्ला मचाया जा रहा है। डॉ. साहब, इस अंतर को समझाएँ।

अमेरिकन नीग्रो ने जब अपना लेखन शुरू किया तो वहाँ भी श्वेत लेखकों ने यही सवाल उठाया था कि काले लोगों की समस्या व्यक्त करने के लिए क्या काला होना जरूरी है। 'अंकल टॉम्स केबिन' के श्वेत लेखक की लाखों प्रतियाँ बाज़ारों में बिकीं। इस पुस्तक ने काले और श्वेत लोगों के समाज को बहुत गहरे तक प्रभावित किया। इस सबके बावजूद वहाँ के नीग्रो ने जोर देकर कहा था कि वह सहानुभूति का लेखन है। ऐसा ही आज हमारे यहाँ हो रहा है। हमारे यहाँ कुछ प्रगतिशील लेखकों ने दलित लेखन किया है जिसमें सहानुभूति एवं दया का भाव है। कलावादियों ने मध्यवर्गीय या दलित समाज का भड़कीला वर्णन ही किया है। प्रगतिशील लेखकों द्वारा दलित समाज का ठीक-ठाक व सकारात्मक चित्रण न करने के कारण दलित लेखक उनके लेखन से अपनी सहमति प्रकट नहीं करता। दलित लेखक भोगा हुआ यथार्थ लिखता है। भोगा हुआ यथार्थ, उनकी भाषा, और सामाजिक संदर्भ में उसका व्यक्त होना ही दलित-लेखन में महत्त्वपूर्ण है। उसका इस तरह का लेखन ही उसे ग़ैर-दलित लेखकों से अलग करता है। सीधे-सीधे कहूँ कि ग़ैर-दलित लेखकों के लेखन में दलित चेतना नहीं होती। यहाँ अपनी एक बात स्पष्ट करना चाहूँगा कि चाहे कोई जन्म से ही दलित क्यों न हो यदि उसके लेखन में दलित चेतना नहीं है—वह प्रेमगीत, जासूसी उपन्यास या रोमांटिक कहानियाँ लिख रहा है और उसके मन-मस्तिष्क में सांस्कृतिक कलावाद का भूत, पिशाच, राक्षस बैठा है जो परंपरावादी है, उसे हम कतई भी दलित साहित्यकार नहीं मानेंगे। हम चाहते हैं कि दलित आंदोलन, दलित चेतना, दलित आदमी, दलित समाज का सही रूप व्यक्त हो। ऐसा काम केवल दलित लेखक ही कर सकता है। सवर्ण लेखक तो हमारी दलित बस्तियों तक में आने को तैयार नहीं थे, क्योंकि उनके बाप-दादाओं ने हमें अछूत माना है। इन्होंने हमारे अलग रहने का स्थान, अलग श्मशान सब अलग ही निर्धारण किया है। कितनी हैरानी की बात है, जिन्होंने हमारा स्पर्श, हमारी छाया और हमारी वाणी भी तिरस्कृत की, वे आज दलित साहित्य लेखन की बात करते हैं। कल्पना की उड़ान भरने वाले और कल्पना लोक में निचरण करने वाले चले हैं दलित साहित्य का लेखन करने!

सूरजपाल जी, ग़ैर-दलितों की इस बहस के पीछे छिपी मानसिकता को समझना जरूरी है। वे आज ऊँचे-ऊँचे पदों तक पहुँच रहे हैं। इन ग़ैर-दलितों से हमारी प्रगति देखी नहीं जाती। कई ऐसे उदाहरण सामने आए हैं कि ग़ैर-दलित अपनी जाति छिपाकर आरक्षण का लाभ उठा रहे हैं। इसी तरह सवर्ण लेखक अपनी जाति छिपाकर साहित्य

का अगुवा होना चाहता है। मेरा कहना तो यह है कि जाति छिपाकर या छुपाने से काम नहीं चलेगा, जाति का टूटना आवश्यक है। जब तक जातिगत बस्ती बनी रहेंगी, तब तक जाति-व्यवस्था खत्म नहीं होगी। मैं इन ग़ैर-दलित लेखकों से पूछना चाहता हूँ कि जाति-व्यवस्था में रहकर क्या जाति-व्यवस्था के विरोध में लिख सकेंगे?

कुछ आलोचकों की मान्यता है कि दलित साहित्य में दलितों द्वारा अपना नंगापन उघाड़ा जाता है, ताकि अपने प्रति हमदर्दी हासिल की जाए। आपकी आत्मकथा 'अक्करमाशी' से लेकर 'जूठन' (ओमप्रकाश वाल्मीकि) या 'तिरस्कृत' (सूरजपाल चौहान) तक पर इन आलोचकों ने यही आरोप लगाया है। इन आलोचकों का दोषारोपण कहाँ तक उचित है?

ऐसे लोगों को आलोचक कहना ठीक नहीं है, ऐसे आलोचकों को दलित साहित्य में कभी कच्चापन नज़र आता है तो कभी नंगापन। इन्हें दलित साहित्यकारों द्वारा लिखित दलित जीवन की वास्तविकता में घिन दिखाई देती है। ये तथाकथित हिंदी के आलोचक कोई न कोई बहाना बनाकर दलित साहित्य को नकारने में लगे हुए हैं। इनके इस प्रकार के दोषारोपण से दलित साहित्य का दरिया बहने से अब रुकने वाला नहीं है। दलित लेखकों ने जब अपनी आत्मकथाएँ लिखीं और उनकी चर्चा होने लगी तब कुछ दलित मठाधीशों ने भी चिल्लाना शुरू कर दिया कि दलित लेखक अपनी आत्मकथाओं में नंगापन दिखाने में लगे हुए हैं। ऐसे लोगों को ज्ञात होना चाहिए कि दलित साहित्य की भाषा दलित जीवन की भाषा है। हिंदी के ग़ैर-दलित आलोचकों की तरह ही नीग्रो साहित्य के सम्मुख भी आई थी। इन ग़ैर-दलित लेखकों की शुरू से ही मानसिकता रही है कि समाज में कितने ही अत्याचार, बलात्कार या घिनौने काम होते रहें, उस पर कलम कतई न चले। ये समाज के सच्चे यथार्थ पर चुप्पी साध कर रह जाते हैं। जबकि दलित साहित्यकार इसके विरोध में उठ खड़ा होता है। हमारे जीवन के सच्चे यथार्थ में भी इन्हें नंगापन व घिन दिखाई देती है। सूरज जी, है न कितना आश्चर्य! हमारे समाज के प्रति आज तक कितनी बेहूदगी हुई है, उसे लिखना ही दलित लेखक की प्रतिबद्धता है और आज तमाम ग़ैर-दलित लेखक इस सच्चाई से बौखलाकर ऐसी वाहियात बातें करने लगे हैं। हमें इनकी बातों पर ध्यान नहीं देना चाहिए।

डॉ. साहब, ग़ैर-दलित लेखकों के दलित-विषयक लेखन पर आपके क्या विचार हैं?

संविधान में सभी को लेखन द्वारा अपने विचार व्यक्त करने की स्वतंत्रता है। ग़ैर-दलित लेखक यदि दलितों पर, उनकी समस्याओं पर लिख रहे हैं, तो उन्हें लिखने दो। ऐसा करने से हम उन्हें रोक नहीं सकते। उनके और हमारे लेखन में स्पष्ट अंतर है। हमारे इस लेखकीय-भेद को नामवर सिंह, कमलेश्वर, मैनेजर पांडेय, रमणिका गुप्ता, जैसे आलोचक और लेखक पहले से ही स्वीकारने लगे हैं। प्रगतिशील विचारधारा

के लोग हमारा साथ दे रहे हैं तो हमें इनका स्वागत व आदर करना चाहिए। साथ-साथ यह भी है कि हमें सतर्क रहने की जरूरत है, कहीं लेखन के माध्यम से कोई हमारा अहित न कर जाए।

डॉ. साहब आपके मतानुसार दलित साहित्य की अवधारणा अलग से जरूरी है। ये अलगाव के बिंदु कौन-कौन से हैं?

बाबा साहब भीमराव अंबेडकर ने कहा था, 'इस देश में दो देश हैं। एक भारत और दूसरा बहिष्कृत भारत।' आज भी यह चित्र बदला नहीं है। गाँव और शहर में दलित बस्ती और सवर्ण बस्ती में सीमा रेखा स्पष्ट दिखाई देती है। ऐसे ही समाज में जो भेद हैं, वह साहित्य में भी दिखाई देते हैं। जैसे दलित समाज अलग है, वैसे ही दलित साहित्य अलग है। दलित लेखकों की प्रतिबद्धता की भावना, उनकी दलित चेतना, उनकी भाषा और यथार्थ चित्रण ही दलित साहित्य को सवर्ण साहित्य से अलग कर देता है। सूरज जी, हमारी तो भाषा तक का शोषण हुआ है। दूसरा, हमारा लेखक कार्यकर्ता है। वह आंदोलन से जुड़ा है और अपने लेखन को हथियार मानकर चलता है। ये सब बातें ही दलित साहित्य की अवधारणा को पृथक् करती हैं।

भविष्य में दलित साहित्य को किन-किन चुनौतियों से जूझना पड़ सकता है? इसकी दशा और दिशा पर कुछ प्रकाश डालेंगे?

भारत के तीन चेहरे हैं। एक हिंदुस्तान, दूसरा भारत और तीसरा इंडिया। इंडिया इक्कीसवीं सदी में जा पहुँचा है तो दूसरी ओर हिंदुस्तान सोलहवीं सदी में जी रहा है। आज दुनिया के देश चंद्रमा और मंगल ग्रहों की यात्राएँ कर रहे हैं। नए-नए आविष्कार हो रहे हैं, लेकिन आज भारत का दलित कुएँ की जगत पर जाकर पानी पीने को तरस रहा है। आज ग्लोबल होने की बात हो रही है। दुनिया संचार के माध्यमों के जरिए समीप आ रही है। मुक्त अर्थव्यवस्था ने दुनिया को बाज़ार का रूप दे दिया है। उसूलों तक की कीमत लगाई जा रही है दलित लेखक इसी दुविधा में फँसा है कि उसे सोलहवीं सदी की समाज-व्यवस्था से लड़ना है कि इक्कीसवीं सदी के चेलेंजों से भिड़ना है। अभी तक तो हमारे पाठक सीमित थे। एक भाषा, एक प्रांत के थे, लेकिन अब हमारा साहित्य दुनिया की कई भाषाओं में अनूदित हो रहा है। धीरे-धीरे इसके लोग दलित साहित्य के प्रति आकर्षित हो रहे हैं। अब केवल दलित समाज ही पाठक नहीं है, दूसरे लोग भी पाठक बन रहे हैं। इस ओर विशेष ध्यान देने की जरूरत है कि दलित साहित्य पूरे भारत का साहित्य है। दलित लेखक को अपनी जाति से बाहर निकलकर अन्य दलित जातियों/उपजातियों की पीड़ा व्यक्त करनी होगी।

डॉ. साहब, आपका पूरा जोर इस बात पर रहा है कि दलित साहित्य का मूल आधार अंबेडकरी विचारधारा हो। हिंदी के प्रमुख दलित साहित्यकारों ओमप्रकाश वाल्मीकि व मोहनदास नैमिशराय का भी यही मानना है। लेकिन दूसरी ओर डॉ.

धर्मवीर जैसे दलित लेखकों ने बुद्ध के साथ-साथ अंबेडकर को लेकर भी प्रश्न खड़े करने शुरू किए हैं। ऐसा लगने लगा है कि दलित साहित्य का आधार खिसकने लगा है।

बाबा साहब ने सन् 1956 में बौद्ध धर्म स्वीकार किया, तब उनकी धारणा थी कि बौद्ध होने के बाद उनकी जाति नष्ट हो जाएगी, मगर ऐसा नहीं हुआ। जब दलितों ने बौद्ध धर्म स्वीकार किया तब हिंदुओं ने उन्हें नव-बौद्ध कहा, बौद्ध नहीं। लोगों ने बौद्ध धर्म तो स्वीकार किया लेकिन उनके बीच वर्ण-व्यवस्था ज्यों की त्यों बनी रही। वर्ण-व्यवस्था ने दलितों के लिए जो बस्तियाँ अलग बनाई थीं, हम उन्हीं में रहते रहे। धर्म-परिवर्तन के बाद दलितों की मानसिकता तो बदली मगर ग़ैर-दलितों की मानसिकता नहीं बदली। वे आज भी उन्हें अछूत मानते हैं। यही वजह है कि बौद्धों पर ग़ैर-दलित अत्याचार करते रहे। इसी कारण दलित लेखकों/चिंतकों और कुछ गर्म दल के लोगों को लगता है कि बाबा साहब को बौद्ध धर्म नहीं अपनाना चाहिए था। दलितों के ऐसे कुछ गर्म-दल के लेखकों का मानना है कि बाबा साहब यदि मुस्लिम या ईसाई धर्म अपना लेते तो उन्हें अंतर्राष्ट्रीय जनसमुदाय का समर्थन मिल जाता। लेकिन यह अर्द्धसत्य है। बौद्ध धम्म तो अंतर्राष्ट्रीय धम्म है। दुनिया के न जाने कितने देशों में यह फैला हुआ है। सबसे बड़ी समस्या यह रही कि भारत के पूरे दलितों ने बौद्ध धम्म स्वीकार नहीं किया है। यदि देश के सारे दलित बौद्ध धम्म स्वीकार कर लें तो इस समस्या का रूप बदल सकता है। कुछ लोग बाबा साहब के धर्म परिवर्तन को लेकर भ्रम पैदा कर रहे हैं। उन्हें यह समझ लेना चाहिए कि पूरा दलित लेखन बुद्ध के दर्शन और बाबा साहब की चेतना पर ही अधारित है। किसी भी बड़े-छोटे लेखक को कुछ बोलने या लिखने से पहले सोच-समझ कर अपने विचार व्यक्त करने चाहिए। उसे ध्यान रखना चाहिए कि कहीं दलित आंदोलन डगमगा तो नहीं जाएगा?

आप दलित साहित्य की किन-किन विधाओं पर कलम चला रहे हैं और अब तक कितना लिख चुके हैं?

अब तक मराठी में मेरी तीस पुस्तकें प्रकाशित हो चुकी हैं। मैंने कहानी, कविता, नाटक, उपन्यास, समीक्षा और कई पुस्तकें संपादित कीं। कई अनुवाद भी किए हैं। हिंदी में भी तीन पुस्तकें—अक्करमाशी (आत्मकथा), देवता आदमी (कहानी संग्रह) और दलित साहित्य का सौंदर्यशास्त्र (समीक्षा) प्रकाशित हुई है। अब राधाकृष्ण प्रकाशन से उपन्यास 'नरवानर' शीघ्र ही आ रहा है। प्रभात प्रकाशन, नई दिल्ली से 'दलित ब्राह्मण' (कहानी संग्रह) भी आनेवाला है। आजकल मैं एक उपन्यास पर कार्य कर रहा हूँ।

हिंदी दलित साहित्य के लेखकों से कुछ कहना चाहेंगे?

हम हिंदी के दलित साहित्य के लेखकों को एक सूत्र में पिरोने का कार्य करें।

एक संगठन बने, जिससे देश की विभिन्न प्रांतीय भाषाओं में लिखे दलित साहित्य का विकास तीव्रता से होगा। प्रांतीय भाषा में लिखे दलित साहित्य का अनुवाद हिंदी में और हिंदी में लिखे दलित साहित्य का अनुवाद देश की दूसरी भाषाओं में होना आज बहुत जरूरी है। दलितों में ऐसा संगठन बनेगा, तभी यह कार्य हो सकेगा। आज तमाम दलित लेखकों को आपस में तालमेल बनाए रखने की जरूरत है। अंत में मेरी ओर से हिंदी के दलित साहित्य के तमाम लेखकों को हार्दिक शुभकामनाएँ।

(अपेक्षा : जनवरी-मार्च, 2003)

संघर्ष का बँटवारा नहीं किया जा सकता

शरणकुमार लिंबाले से बजरंग बिहारी तिवारी

शरणकुमार लिंबाले मराठी दलित साहित्य के शीर्ष हस्ताक्षरों में से एक है। उनकी आत्मकथा 'अक्करमाशी' ने देश-दुनिया के संवेदनशील पाठकों का ध्यान अपनी ओर आकृष्ट किया। इस कृति का अनुवाद हिंदी सहित तमाम दीगर भाषाओं में हुआ। शरणकुमार लिंबाले के रचना-कर्म का अधिकांश हिंदी में अनूदित होकर आ चुका है और विभिन्न पत्र-पत्रिकाओं में इन पर लगातार चर्चा होती रहती है। 'दलित साहित्य का सौंदर्यशास्त्र' और 'नरवानर' (उपन्यास) के बाद उनका नवीनतम उपन्यास 'हिंदू' और एक कहानी संग्रह 'दलित ब्राह्मण' हाल ही में वाणी प्रकाशन से छपकर आया है। वैसे तो परंपरा यह है कि एक रचनाकार से बातचीत में प्रश्नकर्ता का केंद्रीय आग्रह पारिवारिक पृष्ठभूमि, प्रेरणास्रोत, परिवेश तथा रचना-प्रक्रिया जानने-समझने का होता है लेकिन हमने इस संवाद को केंद्रित किया है उन सवालों, मुद्दों तथा विवादों पर जो इस वक्त दलित-विमर्श, विशेषकर हिंदी क्षेत्र के दलित-विमर्श के समक्ष उपस्थित हैं।

मध्यकाल के भक्ति आंदोलन और आधुनिककाल के प्रगतिशील आंदोलन के बाद साहित्यिक-वैचारिक आंदोलन के रूप में दलित आंदोलन का नाम लिया जा सकता है जिसकी व्याप्ति, जिसका परिप्रेक्ष्य अखिल भारतीय है। आज सभी प्रमुख भारतीय भाषाओं में दलित रचनाकारों की सक्रियता दिखाई दे रही है। सभी भाषाओं में दलित-लेखकों के अपने संगठन हैं, सभी संगठनों का घोषित वैचारिक उत्स बाबा साहब डॉ. भीमराव अंबेडकर का विचार-दर्शन है। इसके बावजूद, अखिल भारतीय स्तर पर किसी उल्लेखनीय, सक्रिय, संगठित दलित लेखकों के साझा मंच की कमी महसूस की जाती है। इस दिशा में कई पहल जरूर हुई हैं मगर बात ज्यादा बनी नहीं। अधिकांश पहलों से आने वाली दिक्कतों के बारे में जानना चाहेंगे। यह भी कि ऐसे देशव्यापी मंच की प्रकृति कैसी हो, उसका सांगठनिक स्वरूप कैसा हो, उसके मूलभूत

सरोकारों में क्या-क्या शामिल किया जाए?

आपने ठीक बात उठाई है। अखिल भारतीय स्तर पर दलित लेखकों का साझा मंच होना आवश्यक है। यह बात मैं मानता हूँ। मगर इसमें बहुत सारी दिक्कतें हैं। हमारे देश में अनेक प्रांत हैं। अनेक भाषाएँ और उनकी बोलियाँ हैं। अनेक धर्म और उनमें जातियाँ हैं। इसे हम विविधता कहते हैं। यह सारी विविधता नहीं बल्कि विभिन्नता है। भाषा अलग होने से संवाद नहीं होता। जाति अलग होने से 'रोटी-बेटी का व्यवहार' नहीं होता। हम एक-दूसरे के प्रति ऊँच-नीच का भाव रखते हैं। यह हमारी सभ्यता है। अछूत जातियों में भी छुआछूत है। इसके कारण हम अनेक गुटों में बँटे हैं। हमारे बीच सांस्कृतिक खाई दिखाई देती है।

इस देश में दो देश हैं। एक भारत और दूसरा बहिष्कृत भारत। दलित साहित्य इस बहिष्कृत भारत का प्रतिनिधित्व करता है।

स्वाधीनता के बाद महाराष्ट्र में सामाजिक आंदोलन खड़ा हुआ। बाबा साहब अंबेडकर के विचार से प्रभावित होकर विषमता के विरोध में मास मूवमेंट शुरू हुआ। इस आंदोलन के प्रभाव में दलित लेखक लिखने लगे। मराठी में दलित साहित्य का उदय सन् 1960 में हुआ। इस पर बहुत बहस हुई है। इस साहित्य का अन्य भाषाओं में भी अनुवाद हुआ। इसके कारण अन्य भाषाओं में भी दलित साहित्य जन्मा। हिंदी, कन्नड़, पंजाबी, गुजराती, तमिल, तेलुगु और मलयालम में दलित साहित्य का निर्माण होने लगा। दलित लेखकों ने अपने-अपने राज्यों में अपनी-अपनी भाषाओं में संगठन स्थापित किए। दलित साहित्य पर संगोष्ठी शुरू की। जिसके चलते भारतीय भाषाओं में दलित साहित्य का उदय हुआ और भारतीय स्तर पर दलित लेखकों का साझा मंच बनाने की माँग शुरू हुई इसलिए दलित लेखकों ने अपने मंच बनाए। यह मंच दलित साहित्य आंदोलन को आगे बढ़ाने के लिए स्थापित हुए। बाद में, इन मंचों में दलित लेखकों में कंपटीशन शुरू हुआ। 'तू-तू–मैं-मैं' की बात शुरू हुई। गुटबाजी खुलकर सामने आई। इन मंचों के द्वारा विकास की बात होने की बजाय प्रतियोगिता और प्रतिशोध की भावना पनपने लगी। ऐसा सभी भाषाओं, सभी प्रदेशों में हुआ। महाराष्ट्र में भी दलित लेखकों के बीच ऐसी गुटबाजी हुई। हिंदी में भी इसकी गूँज उठने लगी है। सोहनलाल सुमनाक्षर, जयप्रकाश 'कर्दम' और तेजसिंह जी ने दलित लेखकों को संगठित करना शुरू किया है। अपनी पत्रिकाएँ निकाली हैं। दलित साहित्य सम्मेलन का आयोजन किया जा रहा है।

अपने गुट में शुमार लेखक की बेशुमार प्रशंसा होती है और गुट के बाहर रहने वाले अच्छे लेखक को नजरअंदाज किया जाता है। इस कारण नए चेहरों में संभ्रम पैदा होता है। किसके साथ जाएँ, किसकी सुनें–यह भावना संभ्रम को बढ़ाती है। वैसे, गुट से दूर रहकर लिखने वालों की संख्या बहुत कम होती है। दलित साहित्य एक

'पोलिटिकल पार्टी' की तरह है। मैं दलित साहित्य को अपने आंदोलन का 'पोलिटिक डाक्युमेंट' समझता हूँ। पोलिटिकल पार्टियों में जिस तरह के गुट होते हैं और जिस तरह ये पार्टियाँ चलती हैं उसी तरह हमें काम करना होगा। फिरकापरस्त ताकतों को हटाने के उद्देश्य से हम लिख रहे हैं।

आप अखिल भारतीय स्तर पर दलित लेखकों के साझे मंच की बात कर रहे हैं। दलित साहित्य आज भी पूरे भारतीय स्तर पर पहुँचा नहीं। अनेक भाषाओं और प्रदेशों में दलित साहित्य की शुरुआत होनी है। मराठी और हिंदी में इस साहित्य ने अपना सिक्का जमाया है। इस साहित्य को भारतीय दलित साहित्य के रूप में उभरने के लिए और वक्त चाहिए। अभी तो भारतीय स्तर पर दलित साहित्य की बहस शुरू हुई है।

भारतीय साहित्य 'हिंदू साहित्य' है और इस 'हिंदू साहित्य के विरोध में दलित साहित्य का निर्माण हो रहा है, विकास हो रहा है। हिंदू-दलित, ईसाई-दलित, सिख-दलित, मुस्लिम-दलित लेखकों में दलित चेतना उभर रही है। आने वाले समय में यह 'धर्म के विरुद्ध शस्त्र' के रूप में सामने आएगी। हजारों सालों से अनेक धर्मों ने दलितों का शोषण किया है। सभी धर्मों में दलित हैं। सभी देशों में दलित हैं। सभी भाषाओं में दलित हैं। आज यह दलित क्रांति का दूत बन गया है। इनको इकट्ठा करके बात शुरू करनी होगी। दलित साहित्य के विकास के लिए अखिल भारतीय स्तर पर दलित लेखकों का एक साझा मंच बनाने की जरूरत है। ऐसा मंच जो सभी भाषाओं के प्रदेशों में दलित साहित्य पर संगोष्ठी, मेला और सम्मेलन का आयोजन कर सके। विभिन्न भारतीय भाषाओं में सक्रिय दलित लेखकों के साझा मंच पर आने से दलित साहित्य के विकास को गति मिलेगी। अन्यथा अपनी भाषाओं और जातियों तक सीमित दलित लेखक भटक जाएँगे। इसलिए विभिन्न भाषाओं में लिखने वाले दलित लेखकों का एक साझा मंच होना ही चाहिए। एक महत्त्वपूर्ण बात यह भी होगी कि किस प्रदेश में किस जाति की क्या आबादी है। जनसंख्या एक अहम मुद्दा है। विभिन्न प्रदेशों में विभिन्न प्रकार की दलित जातियाँ, जनजातियाँ हैं। जिस जाति की आबादी ज्यादा है उस जाति के लेखक भी अधिक होते हैं। उनका संगठन होता है और वे अपना गुट बनाने की कोशिश करते हैं। दलित लेखकों को अपनी जाति तोड़कर बाहर आना होगा। जब तक हम स्वयं ही जाति को नहीं तोड़ेंगे तब तक सही दिशा में सोच नहीं सकेंगे। दलित चेतना जाति-व्यवस्था के विरुद्ध शुरू हुआ विद्रोह है। इसका ध्यान रखकर ही दलित लेखकों को साझा मंच बनाना होगा। अंबेडकरवाद इस मंच का आधार होगा।

दया पवार ने अपनी आत्मकथा में लिखा था कि उनके वक्त के दलित नेता, कार्यकर्ता और बुद्धिजीवी कम्युनिस्टो के प्रति शत्रुता का, उपहास का भाव रखते थे।

इसकी वजहें क्या रहीं इसे कई लेखकों ने स्पष्ट किया है लेकिन साथ ही यह माँग भी उठती रही है कि दोनों वैचारिक उपक्रमों को मिल-जुलकर चलना चाहिए क्योंकि दोनों का लक्ष्य शोषणविहीन समतामूलक समाज का निर्माण करना है। आशंकाएँ अब भी बरकरार हैं लेकिन मेल-मिलाप के प्रयत्न कुछ तेज हुए दिखाई देते हैं। बाबूराव बागुल ने अभी हाल में लिखा है कि समान विचार वालों में एकता न हो इसकी पुरजोर कोशिश 'आत्मावादी, ईश्वरवादी व यथास्थितिवादी' करते हैं। जाहिर है ऐसे लोग दोनों पक्षों में हैं। मार्क्सवाद व अंबेडकरवाद में पारस्परिक सहयोग के मसले पर आप क्या राय रखते हैं? अगर यह एकता वांछित है तो क्या कदम उठाए जाने चाहिए?

दलितों ने मार्क्सवाद के संदर्भ में उपहास का भाव प्रकट किया है, क्योंकि यहाँ कम्युनिस्ट ब्राह्मण जाति से आए थे। मार्क्सवाद का नेतृत्व भारत में सवर्णों के हाथों में था। इसलिए दलितों ने 'ब्राह्मण कम्युनिस्ट' का विरोध किया। कम्युनिस्टों ने ट्रेड यूनियन चलाई। मिल मजदूरों की लड़ाई लड़ी। वर्ग युद्ध की भाषा बोली। भारतीय मार्क्सवाद मजदूरों और मिलों तक ही सीमित रहा। वह किसानों का आंदोलन नहीं बन सका। भारतीय कम्युनिस्टों ने जाति-व्यवस्था के खिलाफ मौन साधा इसलिए दलितों को मार्क्सवाद अपना विचार और आंदोलन नहीं लगता।

दलितों ने अपने हक और अधिकार की लड़ाई शुरू की है। यह विषम व्यवस्था हजारों सालों से चली आई है। इसके विरुद्ध किसी एक जाति अथवा किसी एक वर्ग का संघर्ष पर्याप्त नहीं। इस व्यवस्था के विरुद्ध सबको इकट्ठा होना होगा। दलित-शोषित जन समूह के बँटे रहने से यह व्यवस्था दृढ़ और चिरंजीव हुई है। जब तक हम बँटे रहेंगे तब तक यह व्यवस्था अमर रहेगी। इसे नष्ट करने के लिए सबको एक फ्रंट बनाना होगा। यह लड़ाई किसी एक वर्ग या जाति की नहीं है।

भारतीय कम्युनिस्टों को सामाजिक विषमता के विरुद्ध लड़ना होगा। इस लड़ाई में दलितों को साथ देना होगा। हम नेता बनें और आप कार्यकर्ता रहें, यह भूमिका छोड़नी होगी। मार्क्सवाद का विकास भारतीय संदर्भ में करना होगा। अंबेडकरवाद को स्वीकारना होगा। मिल के गेट के भीतर सब जातियों के मजदूर एक होते हैं और मिलकर संघर्ष करते हैं। पर मिल के बाहर सब अपनी-अपनी जाति-बिरादरी का हिस्सा बन जाते हैं। जब दंगे होते हैं तब यही सवर्ण मजदूर दलित मजदूरों पर हमला करते हैं। यह सच है। इसे नकारा नहीं जाता। इसलिए मार्क्सवाद को दलितों का प्रबोधन करने की जरूरत नहीं। उन्हें सवर्णों का प्रबोधन करना होगा। हम जितना एड्स के विरुद्ध प्रचार करते हैं उतना जाति व्यवस्था के विरुद्ध नहीं जो एड्स से भी भयानक बीमारी है।

हिंदी में आधुनिक दलित लेखक को शुरू हुए 20-25 वर्ष हो चुके हैं, अर्थात्, साहित्येतिहास के दृष्टिकोण से देखा जाए तो एक युग, एक पीढ़ी बीत चुकी है। इस

मोड़ पर आकार कुछ लोगों को, कुछ 'इनसाइडर्स' को लगता है कि आंदोलन ठहर-सा गया है, नए मुद्दे नहीं जुड़ रहे हैं और पुराने मुद्दों के नवीन ट्रीटमेंट की विधियाँ नहीं खोजी जा रही हैं। जिनसे जूझना है वे भेस बदलकर ज्यादा ताकतवर रूप में मौजूद हैं। मराठी में दलित आंदोलन का एक लंबा दौर आपने देखा है, उसमें शामिल रहे हैं। ऐसे प्रश्न वहाँ भी उठे हैं। हिंदी का दलित-लेखन मराठी से प्रेरणा लेता रहा है। तो, ठहराव के इस मोड़ पर आप क्या कहना चाहेंगे?

आज दलित आंदोलन ठहर-सा गया है, ऐसा लगता है। इसके कई कारण हैं। इसे समझने के लिए हमें पीछे जाना होगा। इस देश को आजादी मिल गई। अंग्रेज चले गए। अंग्रेजों की जगह अमीरों ने ले ली। यह देश डेढ़ सौ साल गुलाम था। लेकिन दलित तो हजारों साल से गुलाम रहे हैं। स्वाधीनता के बाद दलितों का शोषण बढ़ा। उन पर अत्याचार बढ़े। इसलिए दलित युंवाओं ने इसके विरुद्ध अपना मोर्चा खोला। महाराष्ट्र में दलित पैंथर का उदय हुआ। मैं दलित पैंथर से जुड़ा था। दलित पैंथर के गरम तेवर के कारण हम विद्रोही और आक्रामक बनते हैं। इसी काल में नक्सली आंदोलन बढ़ रहा था। पंजाब और कश्मीर में उग्रवादी आंदोलन चलाए जा रहे थे। 'बंदूक लेकर लड़ाई लड़नी होगी, लिखने से काम नहीं चलेगा'। यह भावना बलवती हो रही थी।

यह देश विशाल है। इसकी आबादी बहुत बड़ी है। कानून, पुलिस और फौज भी बड़ी है। इसके विरुद्ध कैसे लड़ सकते हैं? यह सवाल चिंतित करता था। हम लोगों को मारना नहीं बदलना है, हमें युद्ध नहीं बुद्ध चाहिए। यह भावना जोर पकड़ती गई। आपात्काल से लेकर बाबरी मस्जिद गिराने तक का समय हमारे आंदोलन के लिए बहुत पॉजिटिव था। इस काल में महाराष्ट्र में दलित पैंथर ने मराठवाड़ा विश्वविद्यालय का नाम बदलकर डॉ. बाबा साहब अंबेडकर विश्वविद्यालय करने की माँग उठाई। इसे लेकर पंद्रह साल तक आंदोलन करना पड़ा। इस आंदोलन ने मुझे आक्रामक बनाया। अनेक दलित लेखक और कार्यकर्ता आक्रामक बने। दलित आंदोलन तेजी से बढ़ने लगा।

रूस में मार्क्सवाद का पतन हुआ। लेनिन का पुतला उखाड़ा गया। भारत में बाबरी मस्जिद गिराई गई। सांप्रदायिक ताकतों का संगठन बढ़ा। संघ परिवार, बीजेपी, विश्व हिंदू परिषद् और बजरंग दल जैसे सांप्रदायिक संगठन बढ़ने लगे। बीजेपी गठबंधन सत्ता में आया। मंडल और मंदिर का प्रश्न पूरे दौर में गरमाया रहा। संघ परिवार ने राम मंदिर का मुद्दा छेड़कर लोगों को अतीत में धकेल दिया। लोग 'रोटी के बजाय—राम' सोचने लगे। इसी काल में हाइटेक की बात होने लगी। अफगानिस्तान और इराक पर आक्रमण कर अमेरिका ने अपनी ताकत का प्रदर्शन किया। दूसरी तरफ दलितों, शोषितों के आंदोलन ठहर से गए।

बीसवीं सदी का आखिरी दशक बहुत महत्त्वपूर्ण रहा। दुनिया में अमेरिका का वर्चस्व बढ़ गया। भारत में सांप्रदायिक ताकतों के बढ़ने के साथ हिंसा, दंगे, आक्रोश और गुनाह बढ़ रहे थे। बाबरी मस्जिद ध्वस्त होने के बाद देश का सामाजिक वातावरण बदलने लगा। मुंबई में दंगे हुए। कश्मीर में आतंकवादी कार्रवाइयाँ बढ़ीं। देश की शांति को खतरा हो गया। राजनीतिक दहशतगर्दी के विरोध में चर्चाएँ शुरू हुई। राजनीतिक दहशतगर्दी ने पूरे विश्व को ही अपने घेरे में ले लिया। परंतु पिछले हजारों वर्षों से सामाजिक दहशतगर्दी दिन-दहाड़े हो रही है। उसकी ओर गंभीरता से नहीं देखा जाता। बढ़ती अपराधवृत्ति, बेरोजगारी, भ्रष्टाचार के कारण समाज में बेचैनी बढ़ी है। मुक्त अर्थव्यवस्था, ग्लोबलाइजेशन, वर्ल्ड बैंक और विनिवेश की चर्चा जोरों से चलने लगी। इंटरनेट, इलेक्ट्रॉनिक मीडिया और विश्व समाज की बात होने लगी। समाज में 'खाओ पिओ मौज करो' का गुडफील बढ़ने लगा। एक ओर इंडिया शाइनिंग की बात हो रही थी तो दूसरी ओर किसान आत्महत्या करने लगे थे। बाबा साहब अंबेडकर के नाम पर आंदोलन चलाने वाली बीएसपी मनुवादी ताकतों के साथ जा रही थी। इस सबका अर्थ 'आइडियॉलाजी' खत्म हो रही है। आंदोलन ठहर से गए हैं, यह अनुमान लगाया जा रहा था। आपका प्रश्न भी इसी संदर्भ में उठाया गया है।

दलित साहित्य मनुवादी ताकतों के विरुद्ध विद्रोह है। प्राचीन काल का मनुवाद और आधुनिककाल के मनुवाद में बहुत अंतर है। आधुनिककाल के मनुवाद की भाषा बदल गई है। चेहरा बदल गया है। शास्त्र बदल गए हैं। समाज तेजी से बदल रहा है। नयी तकनीक और विज्ञान तेजी से आ रहा है। निजीकरण बढ़ा है। दलितों का आरक्षण खत्म हो रहा है। दलित अनेक गुटों में फँसे हैं। नेतागण स्वार्थ और सत्ता के पीछे भाग रहे हैं। दुनिया चाँद पर जा रही है और भारत में दलित मंदिर तक नहीं जा रहा है क्योंकि उसे अछूत ठहराया गया है। दलित आंदोलन और दलित साहित्य ने अपनी पूरी ताकत इस प्राचीन व्यवस्था से लड़ने में लगाई और जिस तेजी से वैश्वीकरण हो रहा है उसे अनदेखा किया। मार्क्सवाद को नकारना, वैश्वीकरण के बारे में ढिलाई बरतना ये बातें आज गंभीर रूप ले चुकी हैं। यहाँ की परिवर्तनवादी ताकतें अलग-थलग पड़ गई हैं। इसी कारण दलित आंदोलन और साहित्य ठहर-सा गया है, ऐसा लग रहा है। मुझे लगता है, इक्कीसवीं सदी की ओर उड़ान भरने के लिए आंदोलन ने 'टेकऑफ' की स्थिति ली है।

हिंदी क्षेत्र को देखें तो साफ प्रतीत होता है कि दलित राजनीति और दलित साहित्य लेखन दो भिन्न अभियान हैं, विपरीत दिशा में जाते हुए। दलित साहित्यकार हिंदुत्व की शक्तियों से लड़ने के लिए जाहिरा तौर पर कटिबद्ध दिखते हैं जबकि दलित राजनीति को हिंदुत्व से कोई परहेज नहीं। यहाँ तक कि बसपा नेता मायावती गुजरात नरसंहार के बाद नरेन्द्र मोदी के पक्ष में प्रचार करती हैं, अपने समुदाय के लोगों को

'वोट ट्रांसफर' करने का निर्देश देती हैं। जिन परिवर्तनकामियों ने बसपा के उभार से बड़ी उम्मीदें बाँध रखी थीं उनके सामने विचित्र स्थिति है। अभी कुछ ही दिनों पहले इस विचित्र विडंबना में बढ़ोतरी करते हुए हिंदी के एक चर्चित दलित लेखक ने एक अखबार में मायावती के पक्ष में लेख लिखा है और उसमें सुझाव दिया है कि दलितों के साथ वामपंथियों को भी बसपा का समर्थन करना चाहिए। उनके सुझाव पर टिप्पणी करने की जरूरत नहीं लेकिन इस उल्लेख का मकसद यह दर्शाना है कि दलित साहित्य में एक ऐसी धारा है जो सत्ता में बने रहने के सभी तरीकों को जाएज मानती है और अपनी वैचारिकी को राजनीतिक सत्ता के रुझान के अनुसार बदलती रहती है। इस स्थिति का, इसके प्रभाव, दुष्प्रभाव का विश्लेषण आप किस तरह करते हैं? सत्ता से जुड़े रहने की कामना ने कुछेक मराठी दलित लेखकों को शिवसेना का समर्थक बना दिया था। इससे क्या मराठी दलित-लेखन पर कुछ नकारात्मक असर पड़ा?

दलित राजनीति और दलित साहित्य दो अलग-अलग धाराएँ हैं। दलित राजनीति अपने लक्ष्य से भटक रही है ऐसा आपका मानना है। दलित राजनीति ही नहीं भारत की पूरी राजनीति एक अलग दौर से गुजर रही है। राजनीति में प्रयोग किए जा रहे हैं। बसपा भाजपा के साथ गई। वैसी दलित पैंथर के नामदेव ढसाल ने शिवसेना का समर्थन किया। इस पर दलित आंदोलन में तीखी प्रतिक्रया प्रकट हुई।

भारतीय राजनीति में उथल-पुथल हो रही है। जार्ज फर्नांडीस, रामविलास पासवान, शरद यादव जैसे नेता बीजेपी के साथ गए हैं। शरद पवार ने विदेशी मूल को लेकर एनसीपी का गठन किया था। अब वे सोनिया को समर्थन दे रहे हैं। जनादेश ने भारत की राजनीति और राजनेताओं को मजबूर बनाया है। दलित राजनीति अपने बलबूते सत्ता में आने की स्थिति में नहीं है। दलित राजनीति 'पोलिटिकल बार्गेनिंग पावर' है। इस पर ध्यान देना होगा।

आज बीजेपी और कांग्रेस जैसी बड़ी पार्टियों को दूसरों का समर्थन लेना पड़ रहा है। यह गठबंधन की राजनीति का दौर है। वामपंथी पार्टियों ने भी कांग्रेस को अपना समर्थन दिया है। मायावती ने बीजेपी को और सपा को भी अपना समर्थन दिया था। न उनकी सपा के साथ पटी न बीजेपी के साथ। पोलिटिकल पार्टियाँ सत्ता में आने के लिए संघर्ष करती हैं और सत्ता हासिल करना उनका अंतिम लक्ष्य होता है। मायावती का बीजेपी के साथ जाना एक मजबूरी थी और उनका गुजरात में बीजेपी के लिए वोट माँगना एक अपराध था। भाजपा से गठजोड़ के मुद्दे पर कुछ लोगों ने विरोध किया और पार्टी से बाहर हो गए। बीएसपी में इस बात पर फूट पड़ी।

बीएसपी दलितों की पार्टी है। हम सब इसे एक मॉडल के रूप में देख रहे हैं। यह बात सच है। दूसरी ओर इस पार्टी के सब सांसद अंबेडकरवाद को स्वीकारते हैं ऐसा नहीं कहा जा सकता। क्या बाहुबलियों को दलित सांसद के रूप में देखना पसंद

करेंगे? दलित राजनीति की समीक्षा करना दलित लेखकों का अहम कार्य है। कुछ दलित लेखकों को बीएसपी का समर्थन करना होगा और जब इनके नेता भटक जाते हैं तब विरोध भी करना होगा।

दलित राजनीति का असर दलित साहित्य पर हमेशा हुआ है। दलित राजनीति के संदर्भ में दलित लेखकों ने विपुल लेखन किया है। कुछ दलितों का बीजेपी और शिवसेना के साथ जाने से दलित आंदोलन पर बुरा असर नहीं हुआ। कांग्रेस ने हिंदुत्ववादी संगठनों का डर दिखाकर दलितों का इस्तेमाल किया। दलितों को गुमराह किया। दलित जनता कांग्रेस के पीछे-पीछे भागती थी। दलितों को जब इस गलती का अहसास होने लगा तब उन्होंने कांग्रेस को नकारना शुरू किया। दलितों का बीजेपी के साथ जाना 'निगेटिव वोटिंग' जैसा है। दलित वोट जब बीजेपी को मिलने लगे तब कांग्रेस की आँखें खुलने लगीं। उसने दलितों और अल्पसंख्यकों के संदर्भ में अपना रवैया बदला। बीएसपी के जलवे की वजह से कांग्रेस को सुशील कुमार शिंदे को अपना मुख्यमंत्री बनाना पड़ा। इतना ही नहीं, बाबा साहब की बात करनी पड़ी। दलित वोट और दलित आंदोलन को समझना पड़ा। लिबरल होने की कोशिश करनी पड़ी। इसका अर्थ यह नहीं कि सांप्रदायिक ताकतें बदल गईं। कभी तो किसी मोड़ पर दलितों और सांप्रदायिक ताकतों को यह महसूस करने की जरूरत थी। इससे दलित साहित्य पर अच्छा असर हुआ है। दलित लेखकों ने फासीवाद के मुद्दे पर अपना रुख स्पष्ट किया है। मैंने इस संदर्भ में दो उपन्यास लिखे हैं। राधाकृष्ण प्रकाशन से 'नरवानर' और वाणी प्रकाशन से 'हिंदू' उपन्यास प्रकाशित हुए हैं।

दलित-लेखन ब्राह्मणवाद की समाप्ति को अपना प्राथमिक उद्देश्य मानता है। ब्राह्मणवाद का एक पहलू दलित-दमन है तो दूसरा स्त्री-उत्पीड़न। यह दुखद सच्चाई है कि दलित-लेखन का अधिकांश स्त्री-प्रश्न पर पर्याप्त संवेदनशील नहीं दिखाई देता। यह भी रेखांकित करने योग्य है कि कई दलित लेखक ब्राह्मण पितृसत्ता को, घोर स्त्री विरोध को न केवल आत्मसात किए हुए हैं बल्कि उसे मजबूत भी कर रहे हैं। ऐसे में दलित-विमर्श का घोषित संकल्प संदिग्ध तो दिखाई ही पड़ने लगता है और साथ ही उससे कई आशंकाएँ भी पनपने लगती हैं। स्त्री पराधीनता के सवाल पर मराठी में किस तरह की बहस चली है? आपका अपना 'स्टैंड' क्या है? अभी कुछ ही समय पूर्व मराठी की चर्चित दलित लेखिका उर्मिला पवार ने बड़ी तल्ख टिप्पणी की कि 'दलित पुरुष मनुष्यता के लिए संघर्ष करते हैं लेकिन मनुष्यता है क्या यही नहीं जानते क्योंकि अपनी पत्नियों के प्रति उनके व्यवहार में मनुष्यता तो दिखाई नहीं देती।'

दमनवाद का नाम ब्राह्मणवाद है। भारत में इसे 'ब्राह्मणवाद' के नाम से पहचाना जाता है। यह फासिस्ट ताकत है जो स्त्रियों, दलितों और शोषितों पर अत्याचार करती है। प्रगतिशील विचार का ब्राह्मण हमारा मित्र है। ब्राह्मणवाद का

शिकार हुआ दलित हमारे लिए चिंता का विषय है।

दलित स्त्री जैसे जाति-व्यवस्था की गुलाम है वैसे पुरुष-सत्ता की भी गुलाम है। उसका दोहरा शोषण होता है, दलित स्त्री जाति-व्यवस्था के विरुद्ध और दलित पुरुष-सत्ता के विरुद्ध लड़ रही है। दलित पुरुष इस व्यवस्था के गुलाम हैं तो दलित स्त्री गुलाम बनी है। हम समता और सामाजिक न्याय का समर्थन करते हैं। हम दलित स्त्री पर होने वाले अन्याय के खिलाफ हैं। इतना ही नहीं हम किसी भी स्त्री पर होने वाले अन्याय के पक्ष में नहीं। दलित एक क्रांतिकारी मानसिकता है। यह मानसिकता किसी भी गुलामी का समर्थन नहीं कर सकती।

पितृसत्ता के सवाल को आगे बढ़ाएँ तो पिछले दिनों हिंदी क्षेत्र के एक दलित 'दार्शनिक' (?) ने एक 'नई थ्योरी' पेश की है। इस 'थ्योरी' के अनुसार दलितों की पराजय, उनकी दुर्दशा का कारण ब्राह्मणवाद नहीं है। बल्कि दलित समाज में मौजूद 'मातृसत्ता' है। 'थ्योरी' के अनुसार अब दलितों को अपनी प्राथमिकता बदलनी चाहिए। उन्हें ब्राह्मणवाद से संघर्ष करने से पहले 'मातृसत्ता' को पराजित करना चाहिए। स्पष्ट ही यह स्त्री-विरोधी, मनुष्य-विरोधी मनुवादी विचारधारा की समर्थक 'थ्योरी' है। 'मातृसत्ता' से लड़ाई के नाम पर दलित स्त्रियों को जो थोड़ी बहुत छूट घर से बाहर निकलने, आर्थिक रूप से आत्मनिर्भर होने की सुविधा हासिल है उसे छीन लेने की साजिश लगती है यह 'थ्योरी'। इस 'थ्योरी' की जिस तरह आलोचना होनी चाहिए थी वह नहीं हुई। एक प्रतिष्ठित रचनाकार होने के नाते आप इस 'थ्योरी' पर, इस विचार पर, उसे निर्मित करने वाले संस्कारों पर क्या टिप्पणी करेंगे?

मैं पिछले माह तिरुवनंतपुरम् गया था। वहाँ मेरी धर्मवीर जी से बात हुई। वे 'मातृसत्ता' के संदर्भ में बात कर रहे थे। हम जब शिमला में मिले थे तब भी इस बात को उन्होंने मुझसे कहा था। उन्होंने इस पर रिसर्च किया है। मैंने उनकी थ्योरी पढ़ी नहीं इसलिए इसपर टिप्पणी करना उचित नहीं होगा।

प्राचीन काल में मातृसत्ता थी। आज तो पूरे विश्व में पुरुषसत्ता है। दलितों में भी मातृसत्ता कहीं नहीं है। तो, मातृसत्ता का विरोध करने की बात कहाँ उठती है? धर्मवीर ब्राह्मणवाद का विरोध करते हैं। वे हमेशा अपनी बात रेडिकल स्टाइल से रखते हैं। इसलिए उनको समझने में दिक्कतें आती हैं।

दलित-विमर्श के सामने एक सवाल आंतरिक जातिवाद का भी है, आपस में ही जाति-बंधनों की परवाह करने वाले जाति-व्यवस्था के मजबूत तंत्र को कैसे तोड़ सकेंगे? तो क्या पहले आंतरिक जातिवाद से निपटा जाए, उसके बाद मनुवादी विचारधारा से संघर्ष किया जाए? कई लोग यह मानते हैं कि अगर अभी आंतरिक जातिवाद के मसले पर ध्यान देंगे तो हमारी शक्ति बँट जाएगी और हम अपने 'मूल लक्ष्य' से भटक जाएँगे। एक असमंजस की स्थिति बन गई है। कौन-सी दिशा सुझाएँगे आप?

अंबेडकरवाद जाति व्यवस्था का शत्रु है। इसका अर्थ यह कि वह आंतरिक जातिवाद का भी शत्रु है। दलितों को आंतरिक जातिवाद से भी लड़ना होगा, इसके बिना जाति व्यवस्था खत्म नहीं होगी। हम ऊँची जाति वालों के साथ लड़ेंगे और नीची जाति वालों के साथ जाति व्यवस्था को बनाए रखेंगे तो लड़ाई पूरी नहीं होगी। आपने पूछा है कि क्या पहले आंतरिक जातिवाद से निपटा जाए उसके बाद मनुवादी विचारधारा से संघर्ष किया जाए। मुझे इस पर हँसी आती है। चित्रों का जैसा बँटवारा किया जा सकता है वैसा संघर्ष का बँटवारा नहीं किया जा सकता। हमें इस लड़ाई को एक साथ लड़ना होगा। पहले आंतरिक जातिवाद से लड़ें बाद में ब्राह्मणवाद से—ऐसा नहीं हो सकता। हमारे पास इतना वक्त कहाँ है! ब्राह्मणवाद से संघर्ष करने से आंतरिक जातिवाद के खिलाफ लड़ने की प्रेरणा मिलेगी, ऐसा मेरा मानना है।

इस भूमंडलीकरण माहौल में जब आर्थिक उदारीकरण, बाजारीकरण हमें अपनी गिरफ्त में ले चुका है तो दलित-विमर्श इस पर कैसा रवैया अख्तियार करे? हिंदी के कई दलित विचारकों का मानना है कि उदारीकरण, बाजारीकरण का अभियान स्वागत योग्य है और दलितों की मुक्ति अब इसी से होगी। यह भी जोड़ दूँ कि कुछ दलित साहित्यकार कहते हैं कि आर्थिक उदारीकरण, बाजारीकरण आदि मुद्दे उच्च वर्गों-सवर्णों के शगल हैं। दलित-विमर्श के एजेंडे में इनकी कोई जगह नहीं। उसे तो अपने परमशत्रु-वर्णवाद से ही जूझना है।

यह बिल्कुल सही है। उदारीकरण बाजारीकरण से हमें मुक्ति मिलेगी। इससे हमें कोई नुकसान नहीं होगा। कुछ हुआ तो लाभ ही होगा। उदारीकरण से यहाँ के पूँजीपति डर गए हैं। स्वदेशी वाले डर गए हैं। किसान डर गए हैं। हमें तो इनको डराना है। धमकाना है। उदारीकरण से हमारा आरक्षण खत्म होगा ऐसा प्रचार हो रहा है। यहाँ के निजी बाजार में दलितों का क्या स्थान है? शेयर मार्केट में गिरावट आने से दलितों का क्या बिगड़ता है? यहाँ की निजी व्यवस्था दलितों के आरक्षण के विरोध में है। बाहर की संस्कृति, सभ्यता, भाषा, मीडिया, साहित्य, फैशन, धर्म और बाजार यहाँ आना चाहिए। इससे यहाँ का हिंदू यथार्थ बदल जाएगा। यहाँ का समाज लिबरल बनेगा। यहाँ के ब्राह्मणवाद को चैलेंज मिलेगा। हम यह मन से चाहते हैं। आज हमारा मालिक हिंदू है। कल ईसाई बनेगा। इससे क्या फर्क पड़ने वाला है। हम नंगे हैं। हमें आदत-सी हो गई है। अब आँधी, बरसात, धूप से डर नहीं लगता। हम तो आँधी की प्रतीक्षा कर रहे हैं। जब भी अकाल पड़ता है तब यहाँ का किसान लिबरल बनता है। वह सड़क पर आता है और हमारे साथ काम करने लगता है। डर उन्हें होगा जो इस व्यवस्था में सुरक्षित हैं। गाय को पवित्र मानने वाले दलितों को अछूत मानते हैं। शिवजी के साँप को दूध पिलाने वाले दलितों को पीने का पानी तक नहीं देते। हमें ऐसी संस्कृति से घृणा है।

अभी एक प्रश्न भाषा का भी उठा है। यह माँग की गई है कि हिंदी सहित तमाम भारतीय भाषाएँ ब्राह्मण-संस्कारों से भरी हुई, ब्राह्मण-वर्चस्व की वाहक हैं। इसलिए इन्हें खत्म कर देना चाहिए और अंग्रेजी भाषा को स्वीकार करना चाहिए। अंग्रेजी ही दलित-अभिव्यक्ति का माध्यम हो सकती है। उसी से दलित-मुक्ति की राहें खुलती हैं। यह भी कहा गया कि अंग्रेजों के भारत-आगमन से ही दलितों की भलाई का दौर शुरू हुआ।

यह गलत नहीं है। यहाँ मुसलमान आए तब बहुजन वर्ग से संतों का उदय हुआ। ब्रिटिश आए तब दलितों को शिक्षा का अधिकार मिला। हम फौज में दाखिल हो सके। हमें रेल, पोस्ट और बंदरगाहों पर काम मिला। नया विचार और नया कानून आया। ब्रिटिश काल में नव-जागरण हुआ। दलित और स्त्री सुधार की बात हुई। यहाँ की व्यवस्था ने शंबूक को शूद्र मानकर उसका सिर उड़ाया। एकलव्य का अँगूठा छीन लिया। इस व्यवस्था ने शिवाजी महाराज को शूद्र मानकर उनका राज्याभिषेक नहीं किया।

भारतीय साहित्य और भाषाएँ ब्राह्मण संस्कारों से भरी हुई हैं। संस्कृत को देववाणी माना गया। अछूतों को इसे पढ़ने का अधिकार नहीं था। बाबा साहब अंबेडकर संस्कृत पढ़ना चाहते थे। लेकिन पढ़ न सके उन्हें फारसी भाषा का अध्ययन करना पड़ा। अंग्रेजी को नकारने वाले अपने बच्चों को अंग्रेजी स्कूलों में डालते हैं। स्वदेशी की भाषा बोलने वालों की बहू-बेटियाँ विदेशों में बसी हैं। हमें स्वदेशी के नाम पर गुमराह किया जा रहा है। अब हम भी अंग्रेजी स्कूलों में जाएँगे, विदेश जाएँगे। इसमें गलत क्या है? यह तो पहले ही होना चाहिए था। बाबा साहब ने अपना पूरा लेखन अंग्रेजी में ही किया है।

दलित-विमर्श में एक स्वर यह उभरा है कि बाबा साहब ने बौद्ध धर्म अपनाकर 'ऐतिहासिक गलती' की थी। उनके इस कदम से दलित विभ्रम के शिकार हुए। बौद्ध धर्म तो क्षत्रियों का है क्योंकि एक क्षत्रिय राजकुमार ने उसका प्रवर्त्तन किया। वह दलितों का धर्म कैसे हो सकता है? माँग की जा रही है कि दलितों का अपना धर्म हो, जिस धर्म का संस्थापक कोई दलित ही हो। बौद्ध धर्म निरीश्वरवादी धर्म है जबकि जिस दलित धर्म की प्रस्तावना की जा रही है वह ईश्वरवादी होगा। प्रस्तावक कह रहे हैं कि जब दलितों का कोई अपना ईश्वर होगा तो वे स्वयं को सुरक्षित, मजबूत महसूस करेंगे। प्रसंगवश, बाबूराव बागुल अपनी एक कविता में लिखते हैं, 'ये देश दुख का सागर। इसलिए देवी-देवता बहुत हैं।' नए ईश्वर का आविष्कार, दलित-धर्म के औचित्य पर आपकी क्या राय है? दलितों की समस्याओं के समाधान में धर्म की क्या भूमिका हो सकती है?

बाबा साहब अंबेडकर ने बौद्ध धर्म स्वीकार कर गलती की थी। ऐसा एक स्वर

प्रसंगवश सुनाई देता है, क्योंकि दलितें के बौद्ध धर्म स्वीकार करने के पश्चात उन पर होने वाले अन्याय थमे नहीं। जिस वजह से धर्मांतरण किया वह बदला नहीं। धर्मांतरण करने के बाद दलितों के साथ दुर्व्यवहार किया जाता है इसलिए दलितों में हिंदुओं के प्रति 'वेदना और विद्रोह' की भावना बढ़ने लगती है। महाराष्ट्र में मराठवाड़ा विश्वविद्यालय को बाबा साहब अंबेडकर नाम देने के लिए बहुत उग्र आंदोलन चलाया गया। इस दौरान एक दलित नेता और लेखक अरुण कांबले ने भारत की नागरिकता से इस्तीफा देने की मुहिम चलाई थी। इतना ही नहीं रामदास आठवले जी ने 'हजारों के साथ धर्मांतरण करेंगे' ऐसी घोषणा की थी। इसकी वजह से बहुत खलबली मच गई। इस घोषणा के पीछे 'हम बौद्ध नहीं मुसलमान बनेंगे' ऐसा छुपा स्वर था। महाराष्ट्र में ईसाई दलितों ने अपना मोर्चा बाँधना शुरू किया है। यहाँ ईसाई दलित साहित्य की एक अलग धारा शुरू हुई है। उनके सम्मेलन हो रहे हैं। महाराष्ट्र के मुस्लिमों में भी ऐसी सोच बढ़ने लगी है। उन्होंने 'मुस्लिम साहित्य' के मेले शुरू किए हैं। अमेरिका में भी कालों ने 'आइ एम ब्लैक, ब्लैक इज ब्युटीफुल' का नारा दिया था। दलितों, पिछड़ों को 'अपनी स्वयं की आइडेंटिटी' की खोज करनी है यह उनकी सांस्कृतिक जरूरत है। उन्हें अपनी पहचान चाहिए जिसे आज तक नकारा गया था और अपमानित किया गया था।

धर्मवीर से मेरी इस संदर्भ में विस्तार से बात हुई है। उनका कहना है 'दलितों में प्राचीन काल से दलितों के संत हुए हैं—जिन्होंने अपनी भाषा और स्वर में ईश्वर की आराधना की है। संत रैदास, संत चोखामेला, संत कक्कया जैसे दलित संतों ने ईश्वर के संदर्भ में लेखन किया है। संत कबीर, म. फुले और रामस्वामी पेरियार ने ईश्वर और धर्म के संदर्भ में एक अलग स्वर छेड़ा है।' 'आइ एम अ प्रोटेस्टेंट हिंदू' ऐसा बाबा साहब अंबेडकर जी ने कहा था। इसे सामने रखकर एक नए दर्शन का निर्माण किया जा सकता है। ऐसी पहल होनी चाहिए।

महाराष्ट्र में दलितों ने बाबा साहब अंबेडकर को एक नए धर्म की स्थापना करने के लिए कहा था। बाबा साहब को इसमें काफी मुश्किलें दिखाई दीं। उन्होंने 'बुद्ध और उनका धम्म' किताब लिखकर दलितों को एक नया बौद्ध धर्म देने का प्रयास किया। दलितों ने बौद्ध धर्म का अनुसरण करना शुरू किया। मैं धर्म की जरूरत को मानता नहीं। यह बुद्धिजीवी की सोच हो सकती है। आम आदमी को धर्म और ईश्वर की जरूरत होती है। दलित तो हिंदू धर्म का ड्रापआउट है। उसे दूसरा नया धर्म और ईश्वर नहीं मिला तो वह हिंदू धर्म और ईश्वर का गुलाम बना रहेगा। दलितों और स्त्रियों को गुलाम बनाने के लिए हिंदू धर्म का निर्माण किया गया है। यह विधान हर धर्म के संदर्भ में भी कर सकते हैं। दलितों को नए धर्म की आवश्यकता है और वह बौद्ध धर्म है। ऐसा मेरा मानना है।

आपने दलित सौंदर्यशास्त्र की अवधारणा पर काम किया है। दलित सौंदर्यशास्त्र पर आपकी पुस्तक सभी भारतीय भाषाओं में शायद पहली पुस्तक है। आप दलित सौंदर्यशास्त्र की जरूरत, उसकी बनावट व बुनावट पर कुछ कहें। हिंदी में तो अभी मुख्य बहस इस मोड़ पर है कि दलित-लेखन को किसी सौंदर्यशास्त्र की जरूरत नहीं। सौंदर्यशास्त्र का आग्रह दलित पीड़ा को, उस दंश की तीव्रता को कुंद करेगा।

दलित साहित्य को किसी सौंदर्यशास्त्र की जरूरत नहीं ऐसा कहना गलत होगा। दलित साहित्य को अलग सौंदर्यशास्त्र की जरूरत है। सौंदर्यशास्त्र साहित्य की फिलॉसफी है। साहित्य के निर्माण के लिए सौंदर्यशास्त्र की जरूरत नहीं होती। साहित्य के निर्माण के बाद उसकी मीमांसा करने के लिए सौंदर्यशास्त्र की जरूरत होती है। समीक्षाशास्त्र का एक ब्रांच है सौंदर्यशास्त्र। इसके अध्ययन से लेखक और पाठक को भी लाभ होगा। सौंदर्यशास्त्र दलित पीड़ा और दंश को कुंद करेगा ऐसा सोचने वालों ने न तो सौंदर्यशास्त्र का अध्ययन किया है न ही उन्हें इसमें रुचि है।

सवर्ण साहित्य का सौंदर्यशास्त्र अपने साहित्य को कला मानना है और साहित्य सृजन को आनंद देने का हेतु। दलित साहित्य दलित आंदोलन का हथियार है और वह दलितों की मुक्ति के लिए लिखा जाता है। इसे लेकर मराठी में दलित साहित्य के सौंदर्यशास्त्र पर बहस हुई है। हिंदी में भी ओमप्रकाश वाल्मीकि जी ने इस पर लिखा है।

दलित साहित्य का विषय, आशय अलग है, दलित साहित्य का नायक और स्वर अलग है। दलित साहित्य कला नहीं पोलिटिकल डाक्युमेंट है। इसका लक्ष्य मानव मुक्ति है पाठक का आनंद नहीं। इसकी थ्योरी अपने अधिकार और स्वतंत्रता की भावना से विकसित हुई है। इसे ध्यान में रखकर इस साहित्य की चर्चा होनी चाहिए। ऐसी चर्चा के लिए हम अलग सौंदर्यशास्त्र की बात करते हैं। इस दिशा में विकास करने का प्रयास भी किया है।

एक रचनाकार की सक्रियता का दायरा कैसा और कितना हो? रचनाकार की सामाजिक-सांस्कृतिक गतिविधियों से उसका लेखन-कर्म किस तरह प्रभावित होता है? मराठी के दलित रचनाकारों की आंदोलनधर्मी सक्रियता की प्रायः चर्चा होती है। शायद यही वजह है कि मराठी दलित-लेखन में जो वैविध्य, अनेकरूपता, प्रौढ़ता तथा अनुभव बहुलता नजर आती है, हिंदी के दलित-लेखन में उसके अभाव को लेकर अकसर शिकायत सुनने को मिलती है। हिंदी के दलित-साहित्यकारों के बारे में कहा जाता है कि वे किसी भी किस्म के जनांदोलनों से लंबे वक्त तक सीधे जुड़े नहीं रहे हैं। दलित-उत्पीड़न के प्रसंग में विरोध के लिए रैली निकालनी हो, साक्षरता-प्रसार के लिए गाँव-देहात में जन-अभियान चलाना हो, रंगमंच के जरिए जागरूकता फैलाने का प्रयत्न करना हो, दूर-दराज के क्षेत्रों में वैचारिक-साहित्यिक कार्यशालाओं का आयोजन करते

रहना हो; इन सबमें हमारे लेखकों की अग्रणी उपस्थिति दिखाई नहीं देती। शायद यही वजह हो कि उनका रचनाकर्म कुछ ही विधाओं में, एक ही तरह के अनुभवों तक सीमित रहा है। दलित आंदोलन के परिप्रेक्ष्य में मराठी के दलित लेखकों की सक्रियता किस तरह की रही है? उनके व्यक्तित्व-निर्माण में इस सक्रियता का कैसा योगदान रहा है?

महाराष्ट्र में दलित युवाओं का आंदोलन दलित लेखकों ने शुरू किया। नामदेव ढसाल, राजा ढाले, जबि पवार, अरुण कांबले जैसे लेखकों ने दलित आंदोलन का नेतृत्व किया है। रामदास आठवले और जोगेंद्र कबाडे के नाम भी इस संदर्भ में लिए जा सकते हैं। लक्ष्मण माने और लक्ष्मण गायकवाड़ ने खानाबदोशों का आंदोलन चलाया है। महाराष्ट्र में दलित आंदोलन के शीर्ष स्थान पर दलित लेखक थे और हैं इसलिए दलित लेखकों को 'कार्यकर्ता कलावन्त' (एक्टिविस्ट राइटर) कहा गया है। आंदोलन के साथ होने का प्रभाव मराठी के दलित लेखकों पर पड़ा है। उनका लेखन एक हमले जैसा लगता है। इसमें आक्रोश और आवेश है। प्रमुख स्वर विद्रोह का रहा है। इसलिए उनकी आलोचना भी हुई है। सवर्ण समीक्षकों ने दलित लेखकों को सुझाव दिए कि उन्हें कार्यकर्ता के रूप में नहीं लिखना चाहिए। इससे कलामूल्यों की क्षति होगी। साहित्य का सृजन तटस्थ रहकर करना चाहिए आदि। 'दलितों का अनुभव' और 'दलित आंदोलन से जुड़ी चेतना' मराठी दलित साहित्य की विशेषता है।

आंदोलन से जुड़े रहने का अर्थ अर्थात् अभियान चलाना इतना सीमित मतलब नहीं रखता। दलित लेखकों का लिखना स्वयं आंदोलन का एक रूप है। कोई रैली निकालता है तो कोई कविता लिखता है। कविता और रैली दलितों के असंतोष को प्रकट करने के माध्यम हैं। दोनों में भावना एक ही होती है।

लेखकों का जन आंदोलन से जुड़े रहना लाभदायक साबित हो सकता है। इससे उनकी प्रतिबद्धता प्रखर रूप लेगी। उनके साहित्य में आम आदमी की आवाज गूँजेगी। उनके अनुभव का दायरा समृद्ध होगा। उनका उत्तरदायित्व खरा उतरेगा। उनके लेखन में आंदोलन के प्रति जवाबदेही की भावना प्रकट होगी। आंदोलन एक ऊर्जा का रूप होता है। लोगों के लिए लिखने वालों को हमेशा लोगों के बीच में रहना चाहिए।

भारतीय समाज-व्यवस्था का रंग-ढंग पिछले कुछ दशकों में तेजी से बदला है। वर्चस्व की पारंपरिक शक्तियों ने अपनी कार्यविधि में बहुत बदलाव किया है। वे अब ज्यादा संगठित, सूक्ष्म और गतिशील हुई हैं। कई बार इन्हें, इनके प्रतिनिधियों को पहचानना मुश्किल होता है। वे एक साथ स्थानीय हैं और बहुराष्ट्रीय भी। दलितों का उत्पीड़न इसलिए कई स्तरों पर साथ-साथ हो रहा है। समता और न्याय के पक्ष में लड़ने वाले ऐसी विषम और जटिल परिस्थिति में क्या करें?

सांप्रदायिक ताकतें जब सत्ता में आईं तो उनका तेवर आक्रामक बन गया। उन्होंने 'राम मंदिर' का प्रश्न उठाकर लोगों को इमोशनली ब्लैकमेल किया। बाबरी मस्जिद के ध्वस्त होने से लेकर गुजरात के दंगों तक का दौर उग्र हिंदुत्व का है। इस दौरान प्रगतिशील हिंदुओं ने मौन साधा और प्रगतिशील आंदोलन ठहर से गए। उनमें बिखराव आया। उनके गुट हो गए जबकि सांप्रदायिक ताकतें मजबूत हो गई थीं। ब्राह्मणवाद का विरोध करने के लिए प्रगतिशील आंदोलन और दलित आंदोलन को साझा मंच बनाना होगा। साझा कार्यक्रम तैयार करना होगा। नवजागरण का आंदोलन चलाना होगा। मंडल आयोग में निर्देशित जातियों, अनुसूचित और जनजातियों, महिलाओं और शोषित तबकों को इकट्ठे आना होगा। सेकुलर फोर्स मजबूत करने के लिए आवाज उठानी होगी। संघर्ष करना होगा।

इस वक्त मराठी में दलित-लेखन का जो परिदृश्य है, उसका आकलन आप कैसे करेंगे? अपनी समूची विकास-यात्रा में इसने जो निर्णायक पड़ाव देखे हैं, उसका मूल्यांकन आप किस प्रकार करते हैं? तमाम भारतीय भाषाओं में दलित अभिव्यक्ति का जो स्वरूप है, उसकी जो दिशा है उस पर आपकी राय क्या है?

दलित साहित्य की विकास यात्रा में कई निर्णायक पड़ाव आए हैं। दलित साहित्य अपने शुरुआती दौर में दलितों के प्रति सवर्णों के मन में दया भाव उत्पन्न करना चाहता था। हम भी इंसान हैं हमें इंसानियत चाहिए ऐसा उसका स्वर था। यह बाबा साहब के पहले का साहित्य था। इसमें दलित संतों के साहित्य का भी समावेश किया जा सकता है। बाबा साहब के विचार और आंदोलन से दलितों की समूची मानसिकता में परिवर्तन आया। दलित शायरों ने बाबा साहब के गुणगान में 'भीमगीत' लिखे। कई शायरों ने 'अंबेडकरी जलसा' (फोक प्ले) शुरू किया। अंबेडकर काल का लेखन बाबा साहब के विचार और आंदोलन को लोगों तक पहुँचाने के हेतु किया गया था। इसमें जाति व्यवस्था और हिंदू धर्म के प्रति आक्रोश व्यक्त हुआ है। बंधु माधव और वामन कर्डक का इस संदर्भ में जिक्र किया जाना चाहिए।

बाबा साहब के देहांत के पश्चात दलितों में एक दरार दिखाई देती है। एक वैक्यूम दिखाई देता है। आजादी और धर्मांतरण के कारण दलितों में एक नई चेतना निर्मित हुई। आजादी के बाद भी दलितों पर अन्याय होता रहा। तब दलित युवाओं ने दलित आंदोलन को अपने हाथ में लिया। दलित पैंथर का गठन हुआ। बाबा साहब के देहांत (1956) से लेकर दलित पैंथर के गठन (1972) तक दलितों के मन में हाहाकार की भावना बढ़ रही थी। इसे दलित कवियों और कहानीकारों ने व्यक्त किया है। बाबुराव बागुल की कहानी और नामदेव ढसाल की कविता इस काल का परिचय देगी। 'आजादी किस गधी का नाम है' ऐसा सवाल ढसाल ने अपनी कविता में उठाया। अनेक दलित युवाओं ने कविता लिखी। दलित कविता बहस का विषय बन

गई। करीब तीन सौ कविता संग्रह प्रकाशित हुए हैं 'दिन दहाड़े दलित स्त्री को नंगा किया जाता है। कैसी आजादी? राष्ट्रध्वज को क्या गाँड़ में डालना है?' ऐसा सवाल राजा ढाले ने पूछा। इस सवाल से पूरे महाराष्ट्र में बवाल मच गया। राजा ढाले हीरो बन गए। ढाले का विरोध और समर्थन शुरू हुआ। बाबुराव बागुल की कहानियों ने विद्रोह का तप्त आविष्कार किया। अमिताब, बामन डोभाल और योगिराज बाघमारे जैसे कहानीकारों ने दलितों की व्यथा-वेदना का चित्रण किया। आज पचास से अधिक कहानी संग्रह प्रकाशित हैं। इसके साथ दलित समीक्षा पर ग्रंथ भी प्रकाशित होने लगे। मराठी दलित साहित्य में सबसे ज्यादा समीक्षा ग्रंथ प्रकाशित हुए हैं। इनकी संख्या तीन सौ से ऊपर होगी। भालचंद्र फडके, गंगाधर पानतावड़े, जनार्दन वाघमारे और यशवंत मनोहर प्रमुख समीक्षक रहे। म.ना. वानखेडे और जनार्दन वाघमारे ने दलित साहित्य को ब्लैक साहित्य के साथ जोड़ने की भरसक कोशिश की।

दलित पैंथर का संगठन लड़ाकू था। दलित पैंथर ने शिवसेना के खिलाफ दंगे किए। शंकराचार्य की यात्रा पर जूते फेंके। जिस गाँव-देहात में दलितों पर अन्याय होता पैंथर के कार्यकर्ता गाँव जाकर पूरे गाँव की पिटाई करते। उन्होंने अपने भाषणों में हिंदू देवी-देवताओं को गाली देना शुरू किया। बसें जलाईं। पथराव किया। जुलूस निकाला। अभियान शुरू किया। गाँव-गाँव में पैंथर का जलवा दिखने लगा। पैंथर ने गुंडागर्दी की। दहशत फैलाई। इस असर दलित लेखन पर भी दिखाई देगा। दलित साहित्य ने भारतीय साहित्य में दंगा-फसाद शुरू किया है।

दलित पैंथर ने मराठवाड़ा विश्वविद्यालय के नामांतरण की बात उठाई। शिवसेना और सवर्णों ने इसका विरोध किया। दलित पैंथर ने आंदोलन छेड़ा। गाँव-गाँव जुलूस निकाले। जेल गए। सवर्णों ने दलितों की बस्तियाँ जलाईं। दलितों का खून किया। उनकी आँखें निकालीं। दलित महिलाओं पर अन्याय हुआ। कई घर उजाड़े। दलितों ने गाँव छोड़ना शुरू किया। कइयों ने नौकरी छोड़ दी। यह सिलसिला पंद्रह वर्ष तक चला। नामांतरण आंदोलन के लिए दलितों ने भारी कीमत चुकाई हैं। कई लोगों ने आत्मदाह किया। नामांतरण आंदोलन ने दलित साहित्य को ऊर्जा दी है। दलित नाटककारों ने दलित प्रश्नों पर नाटक लिखे, उनका मंचन किया। जब मराठी थियेटर 'हिट एंड हॉट' नाटकों में डूबा था तो दलित थियेटर की एक पहचान बनी। प्रेमानंद गज्वी, दत्ता भगत, प्रकाश त्रिभुवन, रामनाथ चव्हाण, टेक्सास गायकवाड़ और भि.शि. शिंदे आदि दलित नाटककारों ने दलित थियेटर को चर्चित किया। दलित नाटकों की तीस किताबें प्रकाशित हुई हैं।

दलितों ने नवजागरण का आंदोलन तेज किया। गाँवों, कस्बों, होटलों में दलित-साहित्य की चर्चा होती थी। तहसील और जिला स्तर पर दलित साहित्य के मेले और सम्मेलन आयोजित होते थे। दलित लेखक कर्ज लेकर अपनी किताबें प्रकाशित

करते थे। अपनी पत्रिकाएँ निकालते थे। आज भी यह माहौल बना हुआ है। इसमें गंगाधर पानतावड़े की पत्रिका 'अस्मिता दर्श' का योगदान उल्लेखनीय है। दलित नाटक के बाद दलित आत्मकथा का दौर शुरू हुआ जो आज तक जारी है। दया पवार के 'बलूतं' (अछूत) ने एक इतिहास रचा, इस किताब की बेहद चर्चा हुई। दया पवार के बाद शंकर राव लिंबाले और किशोर काले की आत्मकथाएँ चर्चित रहीं। आज करीब दो सौ आत्मकथाएँ प्रकाशित हैं। दलित साहित्य स्कूली पाठ्यक्रम से लेकर विश्वविद्यालय पाठ्यक्रम तक पढ़ाया जाता है। दलित लेखकों को पुरस्कार मिले। सम्मान मिला। उनकी बेहद चर्चा हुई। उनकी किताबों का अनुवाद होने लगा।

दलित उपन्यास विधा का विकास नहीं हुआ। अण्णाभाऊ साठे के उपन्यास महत्त्वपूर्ण रहे हैं। कुमुद पावड़े, बेबी कांबले, शांताबाई कांबले, उर्मिला पवार, ज्योति लाम्जेवार और प्रज्ञा लोखंडे आदि लेखिकाओं ने दलित महिलाओं की पीड़ा को व्यक्त किया है। राव साहब कस्बे से लेकर गोपाल गुरु तक बुद्धिजीवियों ने दलित आंदोलन पर प्रकाश डाला है।

मराठी के बाद हिंदी में दलित साहित्य प्रचुर मात्रा में प्रकाशित हो रहा है। मोहनदास नैमिशराय, ओमप्रकाश वाल्मीकि, सूरजपाल चौहान, मलखान सिंह, श्योराज सिंह 'बेचैन', कंवल भारती, धर्मवीर, एन. सिंह, तेजसिंह, चमनलाल, जयप्रकाश 'कर्दम' आदि प्रमुख नाम हैं। अन्य भारतीय भाषाओं में भी दलित साहित्य का उदय हो रहा है। अंग्रेजी में भी दलित राइटिंग पर बहस शुरू हुई है। ओरियंट लांगमैन ने 'प्वॉयजंड ब्रेड' नाम की एंथ्रालॉजी प्रकाशित की है। भामा, काँचा, इलैया, दया पवार, नरेन्द्र जाधव, लक्ष्मण गायकवाड़, शरणकुमार लिंबाले, लक्ष्मण माने, किशोर काले, दत्ता भगत, ओमप्रकाश वाल्मीकि, जोसेफ मैकवान जैसे नाम अखिल भारतीय स्तर पर चर्चित हैं। ये ओपनर्स हैं, आगे चलकर नए लेखक आएँगे। आज भारतीय दलित साहित्य की हलचल शुरू हुई है। इस संबंध में और कुछ कहना मुनासिब न होगा।

दलित-विमर्श के लिए ऐसे मुद्दे जो छूट गए हों, छोड़ दिए गए हों, उपेक्षित हों, जिन पर ध्यान दिया जाना आप बहुत आवश्यक समझते हों? दलित-विमर्श की कार्य सूची की 'अपडेटिंग', अगर जरूरी है तो, कैसे हो?

यह बहुत महत्त्वपूर्ण सवाल है। दलित साहित्य के साथ दलित समीक्षा का उदय हुआ। दलित समीक्षकों ने दलित लेखकों को रास्ता दिखाया। दलित समीक्षा के कारण दलित साहित्य का विकास संभव हुआ। दलित समीक्षा दो प्रकार की है। दलित समीक्षकों और गैर-दलित समीक्षकों ने दलित साहित्य की समीक्षा की है। दलित समीक्षा में दो प्रमुख स्वर हैं। एक दलित साहित्य की प्रशंसा करने वाला, दूसरा कटु आलोचना करने वाला। स्तुति और आलोचना से दलित समीक्षा भरी हुई है। दलित साहित्य की वास्तविक समीक्षा नहीं हुई। दलित साहित्य को 'कला' मानकर इस

साहित्य के कलामूल्यों की समीक्षा नहीं हुई। दलित समाज ने जो पीड़ा भोगी है उस त्रासदी की चर्चा हुई परन्तु साहित्य मूल्यों की मीमांसा नहीं हुई। दलित विमर्श एक शास्त्र के रूप में विकसित नहीं हुआ। वह विधाओं के और लेखकों के पीछे दौड़ता रहा। जब कविता लिखी गई तब कविता की समीक्षा हुई। जब कहानी लेखन का दौर चला तो कहानी की समीक्षा हुई। इसी तरह आत्मकथाओं के दौर में उसकी ही चर्चा होती रही। पॉपुलर विधाओं की समीक्षा हुई है। दलित समीक्षकों ने एक सिद्धांत के रूप में दलित विमर्श का विकास किया होता तो दलित उपन्यास विधा की उपेक्षा नहीं होती।

दलित समीक्षकों ने वैश्वीकरण, उदारीकरण, विनिवेशीकरण, बाजारीकरण के परिप्रेक्ष्य में अपना मन्तव्य नहीं रखा। उन्हें इस मोड़ पर दलित साहित्य के विकास के लिए ब्लू प्रिंट देना जरूरी था। इस संदर्भ में उनकी सोच में कमी है। दलित लेखकों के अहं ने भी दलित समीक्षकों को आड़े हाथों लिया, दलित लेखक प्रगतिशील विचारधारा के प्रति अविश्वास की भावना व्यक्त करते रहे। गैर-दलितों ने दलित समीक्षकों के प्रति ऊटपटाँग बातें करके दूरी बनाए रखी। दलित साहित्य का गंभीर अध्ययन करके इस साहित्य की समीक्षा करने का कार्य किसी ने भी नहीं किया। एक ओर दलित लेखक पॉपुलर और बोल्ड स्टेटमेंट देते रहे दूसरी ओर वाहवाही की बात होने लगी। इससे दलित-विमर्श में भटकाव नजर आने लगा। मुझे लगता है इस स्थल पर ही दलित साहित्य आंदोलन ठहर-सा गया है। इस रुकावट को दूर करने के लिए गहराई से सोचने और लिखने की जरूरत है।

(कथादेश : अगस्त, 2004)

●●●